Hans Graf von Lehndorff · Lebensdank

Der Weg, die Wahrheit und das Leben

(JOHANNES 14, 6)

Zu welchem Ziel reißt uns die Zeit noch hin?
Herr Christus, laß uns dir die Ehre geben.
Du bist der Weg, die Wahrheit und das Leben,
und nur von dir hat unser Sein den Sinn.

Du bist der Weg. Wir gehn mit sicheren Schritten
nur, wo dein Fuß den schmalen Pfad uns bricht.
Du hast die Finsternis für uns durchlitten,
und wo wir folgen, scheint ein helles Licht.

Du bist die Wahrheit. Unser Tun und Sagen
ist nur in deinem Namen von Bestand.
Das Wort vom Kreuz, das du uns aufgetragen,
hat Macht, zu retten noch aus Todes Hand.

Du bist das Leben. Wer mit dir begonnen,
dem öffnet sich der sternenweite Raum.
Es wächst, wo alles Hoffen schon zerronnen,
aus dürrem Land ein immergrüner Baum.

So legen wir die Zeit in deine Hand;
mag sie zu noch so fernen Ufern streben –
du bleibst der Weg, die Wahrheit und das Leben,
und alle Tage sind dir zugewandt.

HANS GRAF VON LEHNDORFF

Hans Graf von Lehndorff

Lebensdank

Kreuz Verlag

CIP-Kurztitelaufnahme der Deutschen Bibliothek

Lehndorff, Hans Graf von:
Lebensdank / Hans Graf von Lehndorff. – 1. Aufl.,
(1. – 12. Tsd.) – Stuttgart : Kreuz-Verlag, 1983.
   ISBN 3-7831-0717-2

1. Auflage (1.-12. Tausend)
© Kreuz Verlag, Stuttgart 1983
Gestaltung: Hans Hug
Umschlagfoto: M. Thonig – ZEFA
Satz: Typobauer Filmsatz GmbH, Scharnhausen
Druck und buchbinderische Verarbeitung: F. Spiegel, Ulm
ISBN 3 7831 0717 2

Inhalt

Aus der Botschaft der ersten Christen

Vom Lesen der Bibel

2. Timotheus 3,15

Weil du von Kind auf die Heilige Schrift weißt, kann dich dieselbe unterweisen zur Seligkeit durch den Glauben an Jesum Christum.

Die Heilige Schrift unterscheidet sich von allen Weisheits- und Lehrbüchern der Welt. Das möchte ich an zwei Punkten zeigen:

1. Man kann die Bibel nicht im Ganzen und ein für allemal erfassen. Man kann sie wohl von vorne bis hinten lesen und studieren, kommentieren oder auswendig lernen, aber man darf sich nicht einbilden, damit ihren Inhalt in den Griff zu bekommen oder sie so zu kennen, daß sie einem fortan nichts Neues mehr zu sagen hätte. Die Bibel enthält ja keine fest umrissene Lehre, die sich in ein System bringen ließe, das man sich zu eigen machen und an ihre Stelle setzen könnte. Es ist vielmehr umgekehrt: Je besser wir die Heilige Schrift kennen, je mehr wir von ihrem Gehalt ergriffen werden, desto abhängiger werden wir von ihr, desto mehr brauchen wir sie. Denn dann haben wir erfaßt, daß sie nicht irgendwelche Meinungen und moralischen Normen vermitteln will, sondern Hilfe für unser tägliches Dasein, Weisung für den heutigen Tag und Kraft für unseren persönlichen Glauben. Aus dieser Perspektive werden die Worte der Bibel sehr viel bestimmter, lebensnäher und handgreiflicher. Die Heilige Schrift lehrt uns zu leben, wenn wir das, was sie uns im Augenblick zu sagen hat, wirklich zu Herzen nehmen und danach handeln und entscheiden. Solange wir sie aber nur mit dem Verstand zur Kenntnis nehmen, bleibt sie uns verschlossen, ist Menschenwort und nicht wirksames Gotteswort.

2. Die Bibel ist auch kein Nachschlagewerk, in dem man,

angesichts einer schwierigen Situation oder einer dringenden Entscheidung, bestimmte Stellen, die uns passend erscheinen, aufschlagen kann, um dann ein Rezept zur Lösung unserer aktuellen Probleme zu erlangen. So direkt können wir unsere Weisheit nicht beziehen, denn die Bibel gibt keine Patentlösungen und nimmt uns die persönliche Entscheidung nicht ab. Was sie uns gibt, ist Zuversicht und Gewißheit, Kräfte, die wir brauchen, wenn wir entscheiden müssen und nicht fehl gehen wollen. Diese Kräfte vermittelt sie uns auf geheime Weise in jedem Wort und jedem Satz. Wenn wir sie so lesen und uns von ihr die Richtung weisen lassen, dann merken wir, daß hier nicht Menschen reden, sondern Gott spricht.

Der Christ schöpft also seine Weisheit nicht aus sich selbst, auch nicht aus einem dogmatischen System, sondern aus dem Buch, das ihm *zum Leben* gegeben worden ist. Die Bibel zeigt uns, wie es mit uns und unserem Dasein steht, daß Gott uns ernst nimmt und uns begegnen will, und was es bedeutet, Christus anzugehören und ihm nachzufolgen. Das heißt nicht, wir könnten uns durch Bibellesen und gute Werke die ewige Seligkeit erkaufen. Aber das Wort Gottes macht uns frei zur Entscheidung für Jesus Christus; und wenn wir uns mit Leib und Seele von ihm abhängig machen und unser Leben auf ihn hin ausrichten, dann werden wir erfahren, was es heißt, gesegnet zu sein: nämlich Grund haben für Gotteslob und Lebensdank.

Die folgenden Auslegungen von Bibeltexten sind in den letzten beiden Jahrzehnten entstanden; viele von ihnen wurden zuerst als Andachten gehalten, nicht wenige vor einer Krankenhausgemeinde. Die biblischen Texte sind bewußt in der älteren Luther-Übersetzung wiedergegeben, die mir die vertrauteste ist. Das Register am Schluß des Buches ermöglicht es, den Band auch dem Kirchenjahr entsprechend zu lesen.

Aus der Botschaft des Alten Testaments

Das Bild Gottes

1. MOSE 1, 24–27

Und Gott sprach: Die Erde bringe hervor lebendige Tiere,
ein jegliches nach seiner Art: Vieh, Gewürm und Tiere
auf Erden, ein jegliches nach seiner Art. Und es geschah also.
Und Gott machte die Tiere auf Erden, ein jegliches nach
seiner Art, und das Vieh nach seiner Art, und allerlei
Gewürm auf Erden nach seiner Art. Und Gott sah,
daß es gut war.
Und Gott sprach: Lasset uns Menschen machen,
ein Bild, das uns gleich sei, die da herrschen über die Fische
im Meer und über die Vögel unter dem Himmel und über
das Vieh und über die ganze Erde und über alles Gewürm,
das auf Erden kriecht. Und Gott schuf den Menschen
ihm zum Bilde, zum Bilde Gottes schuf er ihn; und schuf sie
einen Mann und ein Weib.

Daß der Mensch innerhalb der göttlichen Schöpfungsord-
nung eine Sonderstellung einnimmt, erfahren wir schon auf
den ersten Seiten der Bibel. Worin besteht diese Sonderstellung? Die Tiere, so lesen wir, sind geschaffen worden, ein
jedes »nach seiner Art«. Das heißt mit anderen Worten: Das
Tier hat seinen Sinn in sich selbst, es erfüllt seinen Zweck
dadurch, daß es da ist. Seine Existenz bedarf keiner besonderen Sinngebung. Der Mensch aber ist nicht »nach seiner
Art« geschaffen, er trägt seinen Sinn nicht in sich selbst,
sondern er ist, wie es hier heißt, »zum Bilde Gottes« geschaffen. Der Mensch kann nicht so sein wie das Tier, das
lebt und darin Genüge findet, daß es da ist. Sondern es ist in
ihn etwas hineingelegt, das ihn umtreibt und nicht zur Ruhe
kommen läßt. Ein Streben über sich selbst hinaus, das er
sich nicht zu erklären vermag, sondern für das er eine
Deutung und Sinngebung braucht.

Diese innere Unruhe, ist sie nicht eine Erfahrung, die wir alle machen, der eine mehr, der andere weniger bewußt? Suchen wir nicht auch nach einem Sinn für unser Dasein, einem Sinn, den wir uns nicht selber geben können? Wenn wir also die Bibel nach einer Deutung fragen, so sagt sie uns dieses: Du Mensch, du seltsames Wesen mit deinen vielen Möglichkeiten zum Guten wie zum Bösen, du trägst deinen Sinn nicht in dir selbst, sondern du hast eine besondere Bestimmung mit auf die Welt gebracht. Du bist dazu ausersehen, Bild Gottes zu sein. Denn Gott ist Geist, er ist nicht bildhaft, er hat kein Aussehen, jedenfalls nicht eins, das wir mit unseren Augen wahrnehmen könnten. Aber er will erkennbar und begreifbar werden in dem, was er tut. Und dazu hat er sich den Menschen erschaffen. Am Menschen und dem, was er sagt und tut, will Gott Gestalt gewinnen und für die Augen der Welt erkennbar werden.

Das ist die Deutung der Heiligen Schrift für die Rätselhaftigkeit des menschlichen Wesens, für seine Unruhe, sein Streben, sein Fragen nach dem Sinn und auch für die daraus resultierende seelische Not. Gott hat dem Menschen eine hohe Aufgabe zugedacht und tut alles, um ihn daran zu erinnern.

14

Abraham glaubte dem Herrn

1. MOSE 15, 6

Abraham glaubte dem Herrn,
und das rechnete er ihm zur Gerechtigkeit.

Was soll uns das? So werden wir erst einmal fragen. Was
haben wir mit Abraham zu tun, diesem alten Mann mit dem
langen Bart, wie ihn der eine oder der andere von uns
vielleicht noch aus der Bilderbibel kennt? Kann uns ein
Mensch, der vor mehr als 3000 Jahren in einem fernen Land
gelebt haben soll, heute noch etwas Wesentliches sagen?
Nun, die Bibel scheut sich nicht, uns diesen Mann auch
heute noch als ein Vorbild vor Augen zu stellen, und zwar
wegen einer Eigenschaft, die wir alle, ob Gesunde oder
Kranke, so gut brauchen können wie wohl keine andere
menschliche Eigenschaft.

Abraham glaubte dem Herrn. – Das ist es! Sein Glaube ist
das, was ihn aus allen Menschen seiner Zeit herausgehoben
und uns zum Vorbild gemacht hat. Abraham glaubte – es ist
eine lange, ins einzelne gehende Geschichte, von der uns
die Bibel über viele Seiten Kenntnis gibt. »Er glaubte« – das
heißt nicht: Er war der Meinung, daß es einen Gott gibt.
Sondern es heißt: Er gehorchte diesem Gott, der ihn rief, in
allen Dingen und tat alles, was er von ihm verlangte. Er
verließ sein Land, seinen Besitz, seine Freunde und zog aus
in eine unbekannte und unsichere Zukunft. Immer wieder
kam er in kritische Situationen, in denen nach menschlichem Ermessen alles wieder zu scheitern schien, was Gott
ihm zugesagt hatte. Alles lief anders, als er sich das vorgestellt hatte. Und dennoch überwand er immer wieder seine
Zweifel und Bedenken und folgte den Befehlen, die Gott
ihm gab. Dabei war er keineswegs ein Held oder ein Ideal-
mensch, sondern ein Mensch wie jeder andere auch, mit

Fehlern und Schwächen und Ängsten. Das Besondere an ihm war nur sein Glaube – und den hat Gott ihm so hoch angerechnet wie keine andere Leistung, die ein Mensch erbringen kann. Gott hat ihm seinen Glauben zur Gerechtigkeit angerechnet, wie es hier heißt. Wenn ich es recht verstehe, ist damit wohl gemeint: Er stand vor Gott als ein Gerechter da. Seine Sünde trennte ihn nicht von Gott. Die Konsequenz davon war, daß Gott ihm alles gab, was er ihm zugesagt hatte. Er hat ihn zum großen Volk gemacht, nicht nur im Rahmen seiner leiblichen Nachkommenschaft, sondern darüber hinaus als Vater aller Menschen, die an Gott glauben – bis in unsere Tage hinein.

Auch uns gilt dieses Wort. Auch wir werden dazu aufgerufen, Abrahams Kinder zu sein. Auch uns will Gott das Beste geben, was er zu geben hat: nämlich die Erfüllung unseres Daseins in seiner unmittelbaren Nähe. Er will uns die Gewißheit spüren lassen, daß wir sein Eigentum sind. Er will uns seine Liebe erweisen mitten in unseren Sorgen, Nöten und Zweifeln, gerade da, wo wir glauben, von ihm vergessen zu sein. Das einzige, was er als Gegenleistung verlangt, das einzige, was er uns zur Bedingung macht, ist, daß wir ihm fest vertrauen. – Können wir das fassen? Ist Gott nicht viel zu fern von uns? Kann er uns überhaupt noch hören und sehen? Sind wir ihm nicht ganz und gar gleichgültig? Haben wir uns im Laufe der Jahrhunderte nicht zu viele andere Götter geschaffen, die wir anbeten und auf die wir vertrauen: Wissenschaft, Technik, berühmte Menschen, große Erfindungen? Wie sollte da in uns noch Platz sein für das, was der Gott der Bibel sagt?

Aber das ist nicht erst heute so. Schon in alten Zeiten haben sich die Menschen mit ihrer Weisheit und ihren Ansprüchen den Weg zu Gott verbaut, und es hat immer nur wenige gegeben, die da hindurchgedrungen sind und ihren Mitmenschen einen Weg zeigen konnten. Anders wurde es erst, als Gott sich entschloß, nicht mehr darauf zu warten, daß die Menschen sich zu ihm kehren, sondern selber zu ihnen zu gehen. In seinem Sohn Jesus Christus ist er unter uns getreten, um unser Leben zu teilen, mit uns zu leiden und schließlich für uns in den Tod zu gehen. Er streckt seine Hand nach uns aus, damit wir sie ergreifen und uns von ihm führen lassen, in gesunden wie in kranken Tagen. Wenn wir uns an ihn halten, können wir nicht in die Irre gehen, sondern werden mit Sicherheit zu dem Ziel gelangen, das Gott uns bestimmt hat.

Gott verlangt nicht von uns, daß wir Helden oder Idealmenschen werden, sondern er will, daß wir an Jesus Christus glauben und uns ganz in seine Hand geben. Dann werden auch wir, so wie Abraham, vor Gott gerecht werden, und keine Macht der Welt wird uns aus seiner Hand reißen.

Die Herrlichkeit Gottes

2. MOSE 33, 17–23

Der Herr sprach zu Mose: Was du jetzt geredet hast,
will ich auch tun; denn du hast Gnade vor meinen Augen
gefunden, und ich kenne dich mit Namen.
Er aber sprach: So laß mich deine Herrlichkeit sehen.
Und er sprach: Ich will vor deinem Angesicht alle meine Güte
vorübergehen lassen und will ausrufen des Herrn Namen
vor dir. Wem ich aber gnädig bin, dem bin ich gnädig;
und wes ich mich erbarme, des erbarme ich mich. Und
sprach weiter: Mein Angesicht kannst du nicht sehen; denn
kein Mensch wird leben, der mich sieht. Und der Herr
sprach weiter: Siehe, es ist ein Raum bei mir; da sollst du
auf dem Fels stehen. Wenn denn nun meine Herrlichkeit

*vorübergeht, will ich dich in der Felskluft lassen stehen und
meine Hand ob dir halten, bis ich vorübergehe.
Und wenn ich meine Hand von dir tue, wirst du mir
hintennachsehen; aber mein Angesicht kann man nicht
sehen.*

Wenn die Welt noch Millionen von Jahren fortbestehen
sollte und Gott es zulassen sollte, daß wir Menschen zum
Mars und zu anderen Sternen fliegen – eins wird sicher
nicht geschehen, nämlich daß wir Gott dadurch auch nur
einen Schritt näher kommen. Vielmehr wird der Fortschritt
der Technik denen, die nach dem tieferen Sinn ihres Lebens
suchen, die Tatsache ihrer Gottferne eher noch deutlicher
vor Augen führen. Deshalb können wir sicher sein, daß eins
nie verblassen wird, solange es Menschen gibt, nämlich der
Glanz des Wortes Gottes, wie er zum Ausdruck kommt in
den Berichten und Zeugnissen derer, die ein intensives und
inniges Verhältnis zu Gott gehabt haben, unabhängig davon, ob sie nun zu Fuß durch die Wüste wandern mußten,
ob sie auf Pferden geritten oder mit Autos gefahren sind
oder ob sie in Flugzeugen über die Erde oder durch den
Weltraum flogen.

Wie das Verhältnis eines Menschen zu Gott aussehen
kann, mit welcher Spannung geladen und von welchen
Höhen und Tiefen es begleitet sein kann, dafür gibt es kaum
ein eindrucksvolleres Beispiel als das zweite Buch Mose,
dem unser Abschnitt entnommen ist. Mose, der Führer des
Volkes Israel, eine Gestalt von hoher Dynamik, ist schon
von Jugend auf von Gott vorbestimmt für ein gewaltiges
Werk. Von ihm heißt es einerseits, daß Gott zu ihm sprach,
wie ein Mensch mit seinem Freunde redet, und andererseits
heißt es von ihm, er sei der geplagteste von allen Menschen
seiner Zeit gewesen. Er war der Geplagteste, weil er ganz
allein stand, ohne Hilfe von Menschen, immer nur auf Gott

angewiesen, immer dazu gezwungen, gegen den Willen und die Neigungen seines Volkes zu regieren, sogar gegen sich selbst und seine eigenen Wünsche. Unsere Phantasie versagt, wenn wir versuchen, uns vorzustellen, wie ein Mann das vierzig Jahre lang ausgehalten hat. Wir können nur ahnen, wie groß demgegenüber das Gewicht des persönlichen Erlebens in der Begegnung mit Gott gewesen sein muß. Von dem Ablauf einer solchen Begegnung hören wir in unserem Bibelwort.

Mose begehrt die Herrlichkeit Gottes zu sehen. Auch er ist gebunden an die Grenzen, die dem Menschen Gott gegenüber gesetzt sind. Er möchte einmal wenigstens Gott sehen, um eine Handhabe, einen Beweis dafür zu haben, daß Gott wirklich existiert und daß er nicht einem Phantom gehorcht. Und Gott tut, was Mose begehrt. Aber nicht direkt, von Angesicht zu Angesicht, wie Mose es sich wünscht. Das ist nicht möglich, denn der Mensch könnte das Angesicht Gottes nicht ertragen, er würde daran sterben. Aber Gott tut es in einer Form, die der Natur des Menschen angemessen ist. Er gibt ihm einen Schutzraum, einen Unterstand, da kann er stehen, wenn die Herrlichkeit Gottes vorübergeht. Er wird einen Begriff von ihr bekommen, ohne daran zugrunde zu gehen. Und er wird ihr hintennachsehen können, wenn sie vorüber ist, und wird von ihr sagen und loben und danken können. Das will Gott ihm geben, und er wird getröstet und um vieles gefestigter seinen schweren Weg weitergehen können.

Wir fragen nun, was uns dies Geschehen zu sagen hat. Sind wir doch weder ein Mose noch eine von den anderen Gestalten, die uns das Alte Testament nahebringt und denen wir uns vergleichen könnten. Dennoch haben wir Zugang zu der gleichen Erfahrung. Denn in dem Verhältnis des Menschen zu Gott ist etwas grundsätzlich neu geworden. Jesus Christus hat die Kluft beseitigt, die von Natur zwischen Mensch und Gott gesetzt ist. Der Fels bei Gott, dieser Unterstand, in dem Mose steht, als Gott vorübergeht, den gibt es auch für uns kleine Menschen. Jesus Christus bietet uns diesen Platz an, den Standort, auf dem er selbst steht. Von dort aus haben seither zu allen Zeiten Menschen wie wir, Männer und Frauen, die Herrlichkeit Gottes gesehen, sei es im Toben der Panzerschlacht, im Grauen der Bombennächte, in der Ausweglosigkeit der Gefangenschaft oder ganz einfach in der stillen und wortlosen Nachfolge Jesu im Dienst an seinen Geschöpfen, das heißt den Menschen, mit denen wir leben. Möge Gott auch uns seine Herrlichkeit sehen lassen.

Bindung und Freiheit

Josua 23, 14–16

Siehe, ich gehe heute dahin wie alle Welt; und ihr sollt wissen von ganzem Herzen und von ganzer Seele, daß nicht ein Wort gefehlt hat an alle dem Guten, das der Herr, euer Gott, euch verheißen hat, es ist alles gekommen und keins ausgeblieben.
Gleichwie nun alles Gute gekommen ist, das der Herr, euer Gott, euch verheißen hat, also wird der Herr auch über euch kommen lassen alles Böse, bis er euch vertilgt von diesem guten Lande, das euch der Herr, euer Gott gegeben hat; wenn ihr übertretet den Bund des Herrn, eures Gottes, den er euch geboten hat, und hingehet und andern Göttern dienet und sie anbetet, daß der Zorn des Herrn über euch ergrimmt und euch bald umbringt hinweg von dem guten Lande, das er euch gegeben hat.

Der alte Josua liegt auf dem Sterbebett. Er hat das Volk Israel über den Jordan geführt, das gelobte Land eingenommen und starke Feinde besiegt, oft auf wunderbare Weise. Nun am Ende des Lebens gibt er Rechenschaft: Alles Gute ist eingetroffen, was Gott versprochen hat unter der Bedingung, daß seinen Weisungen gefolgt wird. Aber Josua sieht es kommen: Genauso wird logischerweise alles Schlechte kommen, wenn das Volk abfällt: unerwartete Niederlagen, Knechtschaft, Austreibung, Uneinigkeit, Zerfall des Volkes, trotz starker Könige.

Das Volk Israel ist kein gewöhnliches Volk wie andere, die ihre Lebensdauer haben, aufsteigen und wieder vergehen. Es ist nicht abhängig von menschlicher Tatkraft und Größe, von Führern und Königen, von ihren Leistungen, sondern allein vom Glauben an Gott. Es sind andere Bedingungen, Bindungen und Freiheiten, die dem menschlichen Verstand unzugänglich sind: Bindungen an Gott, Freiheit von Machtmitteln weltlicher Art, von Ängsten, daß ihre Kraft zu schwach sei. Gottes Sache wird hier durchgefochten, durch Menschenhand und Menschenmund. Die Menschen müssen nur bereit sein und vertrauen. Das ist alles, was verlangt wird zum Bestehen und Wachsen. Wo das Vertrauen verlorengeht, da kommt der Zerfall der Einheit, Zerstreuung in alle Winde.

Das ist der Weg des Volkes Israel, der im Alten Testament handgreiflich vor Augen geführt wird. Er ist auch für uns von Bedeutung, weil es genau derselbe Weg ist, den jeder einzelne Mensch geht, der durch Jesus in ein Abhängigkeitsverhältnis zu Gott dem Vater gekommen ist. Das ist kein gewöhnlicher Mensch mehr, der von seiner Kraft, Klugheit, seinem Verstand und Glück abhängig ist, der auf den Höhepunkt kommt und wieder vergeht, sondern ein Mensch, der nur dann Bedeutung hat und einen Sinn erfüllt, wenn er sich an Jesus hält und ihm in allen Dingen vertraut; bei dem es ganz gleich ist, ob er jung oder alt, reich oder arm, Mann oder Frau, gesund oder krank ist, dem nicht einmal der Tod etwas anhaben kann, wenn er Jesus folgt, ja dessen Sieg erst vollständig wird, wenn er durch den Tod hindurchgegangen ist. Und der nichts ist, wenn er Jesus verleugnet.

Das ist der Weg des Christenmenschen und der ganzen Gemeinde Jesu in aller Welt. Sie wird bestehen bis ans Ende der Welt, wie Jesus es gesagt hat. Sie ist unabhängig von den Grenzen, die man ihr setzt, und von der menschlichen Kraft, die ihr zuwächst. Sie ist überall da - lebendig und stark -, wo sie Jesus Christus als ihren Herrn bekennt: mit Wort und mit Tat. Wo das nicht geschieht, hat sie ihre Daseinsberechtigung verloren.

Ungehorsam und Sünde

RICHTER 10, 6-16

Aber die Kinder Israel taten fürder übel vor dem Herrn und dienten den Baalim und den Astharoth und den Göttern von Syrien und den Göttern von Sidon und den Göttern Moabs und den Göttern der Kinder Ammon und den Göttern der Philister und verließen den Herrn und dienten ihm nicht.
Da ergrimmte der Zorn des Herrn über Israel, und er verkaufte sie unter die Hand der Philister und der Kinder Ammon. Und sie zertraten und zerschlugen die Kinder Israel von dem Jahr an wohl achtzehn Jahre, nämlich alle Kinder Israel jenseits des Jordans, im Land der Amoriter, das in Gilead liegt. Dazu zogen die Kinder Ammon über den Jordan und stritten wider Juda, Benjamin und das Haus Ephraim, also daß Israel sehr geängstet ward. Da schrien die Kinder Israel

zu dem Herrn und sprachen: Wir haben an dir gesündigt;
denn wir haben unsern Gott verlassen und den Baalim
gedient.
Aber der Herr sprach zu den Kindern Israel: Haben euch
nicht auch gezwungen die Ägypter, die Amoriter, die Kinder
Ammon, die Philister, die Sidonier, die Amalekiter und
Maoniter, und ich half euch aus ihren Händen, da ihr zu mir
schriet? Und doch habt ihr mich verlassen und andern
Göttern gedient; darum will ich euch nicht mehr helfen. Gehet
hin und schreiet die Götter an, die ihr erwählt habt; laßt
euch dieselben helfen zur Zeit eurer Trübsal.
Aber die Kinder Israel sprachen zu dem Herrn: Wir haben
gesündigt, mache es nur du mit uns, wie dir's gefällt; allein
errette uns zu dieser Zeit. Und sie taten von sich die fremden
Götter und dienten dem Herrn. Und es jammerte ihn, daß
Israel so geplagt ward.

Dies ist eine der Geschichten, von denen das Alte Testament voll ist: Thema ist der Abfall von Gott, die Hinwendung zu anderen Göttern, mit den entsprechenden Konsequenzen für das Volk Israel. Es wird von Gott schwer bestraft
durch Krieg mit den umliegenden feindlichen Völkern,
Zerstörung seiner Städte, Zerstreuung, Verlust der moralischen Überlegenheit. Erst wenn das Volk am Boden liegt,
kommt die Erkenntnis des Ungehorsams, die Abwendung
von den falschen Göttern, die erneute Hinwendung zu Gott
mit der Bitte um Hilfe aus der Not. Gott verhält sich zunächst
ablehnend: Jetzt, wo es euch schlecht geht, kommt ihr
gekrochen. Ruft doch eure neuen Götter an, vielleicht helfen
sie euch. Ich habe keine Lust mehr, mich mit euch
herumzuärgern. Ihr verdient nur das Gericht über euch. –
Ja, ja, geben sie zu, mach mit uns, was du willst, aber errette
uns jetzt erst einmal aus dem Verderben. Und endlich
erbarmt sich Gott seines Volkes wieder.

Denn Gott ist kein unpersönliches Prinzip, keine Macht, die über allem schwebt und die Gedanken und Geschicke der Menschen lenkt, wobei der Mensch passiv bleibt. Er ist vielmehr ein lebendiger Gott, dem es nicht gleichgültig ist, was die Menschen tun. Er läßt ihnen die Freiheit, ihm zu dienen oder sich von ihm abzuwenden und anderen Göttern zu dienen, solchen, die sie sich selbst zurechtgemacht haben als faßbare Ausprägungen ihrer eigenen Gedanken, Begierden und Wünsche. Nur müssen sie dann auch die entsprechenden Konsequenzen tragen. Im Alten Testament sind es Krieg, Vernichtung, Elend.

Auch wir heutigen Menschen sind stets geneigt, Gott aus unserem Leben auszuklammern und andere Mächte an die erste Stelle zu setzen, die unseren Wünschen und Zielen entsprechen, in erster Linie das Geld und die Parteipolitik. Beides aber führt die Menschen nicht zusammen, sondern auseinander und macht sie blind und taub für das, was Gott von ihnen will, nämlich die verständnisvolle und hilfreiche Hinwendung zu ihren Mitmenschen.

Möge das Alte Testament uns eine Mahnung sein, die Stimme Gottes nicht zu überhören, wenn sie uns in unserem Tageslauf begegnen sollte.

Salomo bittet um Weisheit

2. Chronik 1, 7–12

In derselben Nacht aber erschien Gott Salomo und sprach zu ihm: Bitte, was soll ich dir geben?
Und Salomo sprach zu Gott: Du hast große Barmherzigkeit an meinem Vater David getan und hast mich an seiner Statt zum König gemacht. So laß nun, Herr Gott, deine Worte

wahr werden an meinem Vater David; denn du hast mich zum König gemacht über ein Volk, das so viel ist als Staub auf Erden. So gib mir nun Weisheit und Erkenntnis, daß ich vor diesem Volk aus- und eingehe; denn wer kann dies dein großes Volk richten?

Da sprach Gott zu Salomo: Weil du das im Sinn hast und hast nicht um Reichtum noch um Gut noch um Ehre noch um deiner Feinde Seele noch um langes Leben gebeten, sondern hast um Weisheit und Erkenntnis gebeten, daß du mein Volk richten mögest, darüber ich dich zum König gemacht habe, so sei dir Weisheit und Erkenntnis gegeben; dazu will ich dir Reichtum und Gut und Ehre geben, daß deinesgleichen unter den Königen vor dir nicht gewesen ist noch werden soll nach dir.

Jesus hat einmal gesagt: »Trachtet am ersten nach dem Reich Gottes, so wird euch alles andere von selbst zufallen.«

Es gibt wohl keine bessere und eindrucksvollere Erläuterung dieses Wortes als die soeben gehörte Geschichte vom Regierungsantritt des Königs Salomo. Das Alte Testament ist ja überhaupt deswegen so wichtig für uns, weil es für das gegenseitige Verhältnis zwischen Gott und Mensch so anschauliche und einprägsame Berichte und Bilder bietet.

Hier hören wir von Salomo, dem König, der wegen seiner Weisheit noch heute im Sprichwort weiterlebt. Und wir hören etwas von dem Geheimnis dieser Weisheit. Sie beruht nämlich ganz einfach darauf, daß dieser Mann etwas von Gott weiß. Das zeigt sich schon in den ersten Worten, die er spricht. Aus ihnen erfahren wir nämlich, daß er sich selbst nicht als einen Menschen sieht, mit dem etwas grundsätzlich Neues, eine neue Ära anfängt, sondern als einen Menschen, der ein längst begonnenes Werk fortzusetzen hat. Er spricht von der Gnade, die Gott seinem Vater David hat zuteil werden lassen, und bittet als erstes, Gott möge diese Gnade auch auf ihn übertragen. Daß er sich von der Art dieser Gnade keine falschen Vorstellungen macht, erkennen wir, wenn wir die vielen Kapitel der Geschichte Davids durchlesen. Sie schildern uns nämlich den Weg eines Menschen, der keineswegs auf Rosen gebettet gewesen ist, sondern der alle Tiefen und Leiden des menschlichen Daseins, insbesondere die Konsequenzen seines eigenen Handelns hat tragen müssen. Es gehört schon ein Wissen vom Wesen Gottes dazu, wenn ein Mensch diesen Weg als einen Gnadenweg erkennt und darum bittet, ihn fortsetzen zu dürfen. Dann erst sieht Salomo auf das, was vor ihm liegt, und erkennt die ungeheure Verantwortung, die auf ihm lastet. Wie soll er dieser Verantwortung gerecht werden ohne Gottes Rat und Führung? Das Schicksal Tausender von Menschen ist in seine Hand gelegt worden – wie soll er als schwacher Mensch bei allem guten Willen und bei aller Gerechtigkeitsliebe das Volk so führen, daß jeder zu seinem Recht kommt, das heißt, daß keinem die Möglichkeit verbaut wird, den Weg zu Gott zu finden? Diese Gedanken und diese Sorge beschäftigen ihn derartig, daß darüber seine persönlichen Interessen ganz in den Hintergrund treten.

Wären wir doch auch Menschen, die ganz von der einen Sorge erfüllt sind, auf welche Weise wir es Gott recht machen und ihm die Wege ebnen können! Dann würden nämlich auch wir von der leidigen und niederziehenden Sorge um unser eigenes Fortkommen und Wohlergehen befreit werden. Dann würden wir nicht mehr beunruhigt werden von der Vorstellung, unser Glück liege vielleicht anderswo als da, wo wir gerade sind, und wir verbrächten unser Leben umsonst. Wir würden mehr Stetigkeit erlangen, einen festen Standort, von dem aus wir uns umsehen und die besondere Aufgabe erkennen können, die Gott für uns bereithält. Wir würden ruhig disponieren und unsere Kräfte einteilen können. Und wir würden gewiß sein können, daß

26

Gott alles tun wird, um uns die äußeren Vorbedingungen für unser Werk zu schaffen. So wie er dem Salomo die Herrlichkeit garantiert, die ein König braucht, um auch als König auftreten zu können, so wird er auch uns die natürliche Basis unseres Lebens garantieren, die unserer jeweiligen Stellung angemessen ist, ohne daß wir uns darum sorgen müssen. Das heißt nicht, daß wir immer auf Rosen gebettet sein werden. Gott wird uns oft genug in Situationen führen, in denen wir an ihm und dem Sinn unsrer Aufgabe zweifeln werden, auch in Nöte des Leibes und der Seele, und er wird uns auch die Folgen unsrer Fehler nicht ersparen. Aber das wird immer um unser selbst willen geschehen, damit wir nicht vergessen, wie sehr wir auf seine Barmherzigkeit angewiesen sind und ihn von ganzem Herzen suchen müssen.

Wir sind, wenn wir im Dienste Gottes stehen, keine Neuanfänger, sondern was wir tun ist nichts anderes als die Fortsetzung eines Werkes, das längst vor uns begonnen wurde. Es ist auch nicht unser Werk und nicht auf unsere Ideen gegründet. Es steht und fällt keineswegs mit unseren Kräften – dann müßten wir nämlich verzagen, wenn wir keinen rechten Erfolg sehen –, sondern es ist Gottes Werk, für das er allein die Verantwortung trägt. Ihm dürfen wir es getrost zubilligen, daß er sich etwas dabei denkt, wenn er uns schwache Menschen zu seinen Werkzeugen macht.

Bewährung in der Not

1. Könige 17, 8–16

*Da kam das Wort des Herrn zu ihm und sprach: Mache dich
auf und gehe gen Zarpath, welches bei Sidon liegt, und bleibe
daselbst; denn ich habe daselbst einer Witwe geboten, daß
sie dich versorge.*

*Und er machte sich auf und ging gen Zarpath. Und da
er kam an das Tor der Stadt, siehe, da war eine Witwe und
las Holz auf. Und er rief ihr und sprach: Hole mir ein
wenig Wasser im Gefäß, daß ich trinke. Da sie aber hinging
zu holen, rief er ihr und sprach: Bringe mir auch einen
Bissen Brot mit.*

*Sie sprach: So wahr der Herr, dein Gott, lebt, ich habe
nichts Gebackenes, nur eine Handvoll Mehl im Kad und ein
wenig Öl im Krug. Und siehe, ich habe ein Holz oder zwei
aufgelesen und gehe hinein und will mir und meinem Sohn
zurichten, daß wir essen und sterben.*

*Elia sprach zu ihr: Fürchte dich nicht! Gehe hin und mach's,
wie du gesagt hast; doch mache mir am ersten ein kleines
Gebackenes davon und bringe mir's heraus; dir aber und
deinem Sohn sollst du danach auch machen. Denn also
spricht der Herr, der Gott Israels: Das Mehl im Kad soll nicht
verzehrt werden, und dem Ölkrug soll nichts mangeln bis
auf den Tag, da der Herr regnen lassen wird auf Erden.*

*Sie ging hin und machte, wie Elia gesagt hatte. Und er aß
und sie auch und ihr Haus eine Zeitlang. Das Mehl im Kad
ward nicht verzehrt, und dem Ölkrug mangelte nichts nach
dem Wort des Herrn, das er geredet hatte durch Elia.*

Das Alte Testament ist voll von anschaulichen Geschichten,
die von dem berichten, was zu allen Zeiten Menschen
erlebt haben, die auf Gottes Befehl gehört und auf sein Wort
vertraut haben. Hier in unserem Text handelt es sich um

eine Zeit größter äußerer Not. Es gibt kein Wasser im Lande. Im Auftrag Gottes hat der Prophet Elia dem König Ahab mitgeteilt, daß es wegen seiner Gottlosigkeit so lange nicht regnen würde, bis Gott es wieder erlaubte. Nun befinden sich alle miteinander in der gleichen Not, Elia selbst nicht ausgenommen. Aber für ihn sorgt Gott in besonderer Weise, damit er erhalten bleibt. Er befiehlt ihm, sich am Bach Krith zu verstecken, der noch etwas Wasser führt und wo zwei Raben kommen werden, um ihm Brot und Fleisch zu bringen. Als auch dieser Bach ausgetrocknet ist, zieht Elia auf Gottes Geheiß weiter in die Gegend von Zarpath. Dort begegnet er einer halb verhungerten Witwe, die sich schon auf ihren Tod vorbereitet hat. Elia sieht wohl, in was für einem Zustand sie sich befindet. Trotzdem verlangt er etwas von ihr, so viel, wie sie eigentlich gar nicht zu leisten imstande ist. Er sagt: Mach mir zuerst etwas zu essen, und von dem Rest, den du dann noch hast, kannst du für dich und deinen Sohn eine letzte Mahlzeit machen, wie du es vorhattest. Die Witwe tut, wie er ihr befohlen hat. Aber zu ihrem Erstaunen wird das Gefäß, in dem sie das Mehl aufbewahrt, nicht leer, und der Krug behält immer einen Rest Öl – und das wird so lange weitergehen, bis es wieder regnen und die Not ein Ende haben wird.

Was will uns diese Geschichte sagen? Auch über uns kann plötzlich wieder eine Notzeit hereinbrechen, wie wir sie schon erlebt haben, eine Zeit, in der wir so ein Wort wie dieses brauchen können und auch verstehen. Gott kommt manchmal erst durch die Wüste zu uns, und seine Hilfe wird erst dann ganz real, wenn wir uns selbst nicht mehr helfen können. Manchmal verlangt er von uns etwas gerade dann, wenn wir nichts mehr zu geben haben. Gerade dann, wenn niemand mehr aus noch ein weiß, verlangt er Vertrauen, Vertrauen auf seine Macht. Wer diesen Sprung wagt, dem läßt er seine Hilfe zuteil werden. Diese Hilfe besteht keineswegs immer darin, daß er die Not beseitigt, vielmehr darin, daß er dem Menschen mitten in der Not eine Aufgabe stellt, in der er sich zu bewähren hat. Er braucht den Menschen für seine Zwecke und stellt ihn dadurch auf festen Grund. Dabei gibt er ihm nicht einen Vorrat an Kraft für längere Zeit, sondern genau so viel, wie er für den Tag braucht. Er erhält ihn von Tag zu Tag in der Not des Leibes wie auch der Seele.

So ist die Erfahrung des Elia für viele Menschen zum Trost und Ansporn ihres Lebens geworden. Wir Menschen können einander ja nur das Gute wünschen, so wie wir es sehen. Gott aber geht andere Wege mit uns. Er führt uns in der Not und lehrt uns, daß der wirkliche Mensch erst da anfängt, wo Gott in sein Leben tritt. Er nimmt ihn dann erst ganz ernst. So wollen wir ihn bitten, daß er auch uns in solchen Zeiten nicht fernbleibe, sondern uns eine Aufgabe stellt und mit dem versorgt, was zu deren Lösung notwendig ist.

Trost inmitten der Verzweiflung

Hiob 38, 1–21

Und der Herr antwortete Hiob aus dem Wetter und sprach: Wer ist der, der den Ratschluß verdunkelt mit Worten ohne Verstand? Gürte deine Lenden wie ein Mann; ich will dich fragen, lehre mich!
Wo warst du, da ich die Erde gründete? Sage an, bist du so klug? Weißt du, wer ihr das Maß gesetzt hat oder wer über sie eine Richtschnur gezogen hat? Worauf stehen ihre Füße versenkt, oder wer hat ihr einen Eckstein gelegt, da mich die Morgensterne miteinander lobten und jauchzten alle

Kinder Gottes? Wer hat das Meer mit Türen verschlossen,
da es herausbrach wie aus Mutterleib, da ich's mit Wolken
kleidete und in Dunkel einwickelte wie in Windeln, da ich
ihm den Lauf brach mit meinem Damm und setzte ihm
Riegel und Türen und sprach: »Bis hierher sollst du
kommen und nicht weiter; hier sollen sich legen deine stolzen
Wellen!«?
Hast du bei deiner Zeit dem Morgen geboten und der
Morgenröte ihren Ort gezeigt, daß sie die Ecken der Erde fasse
und die Gottlosen herausgeschüttelt werden? Sie wandelt
sich wie Ton unter dem Siegel, und alles steht da wie im
Kleide. Und den Gottlosen wird ihr Licht genommen, und
der Arm des Hoffärtigen wird zerbrochen.
Bist du in den Grund des Meeres gekommen und in den
Fußstapfen der Tiefe gewandelt? Haben sich dir des Todes
Tore je aufgetan, oder hast du gesehen die Tore der
Finsternis? Hast du vernommen, wie breit die Erde sei? Sage
an, weißt du solches alles?
Welches ist der Weg, da das Licht wohnt, und welches ist der
Finsternis Stätte, daß du mögest ergründen seine Grenze
und merken den Pfad zu seinem Hause? Du weißt es ja; denn
zu der Zeit wurdest du geboren, und deiner Tage sind viel.

Das Buch Hiob ist die große Dichtung im Alten Testament, in der es um die Bewältigung des Leidens geht. Der fromme und gottesfürchtige Hiob wird plötzlich nicht nur seiner Kinder und seines Besitzes beraubt, sondern auch von Krankheiten befallen, die ihm große Schmerzen bereiten und ihn in abstoßender Weise verunstalten. Seine Freunde kommen und wollen ihn trösten. Aber sie sehen nur die Not des Leibes, nicht aber Hiobs Seelennot, seinen Zweifel an Gott, den er in all seinem Elend nicht mehr zu erkennen vermag, dem er aber dennoch seinen Notschrei und seinen Protest entgegenschleudert. Schließlich verlassen Hiob auch die Freunde. Nun ist es ganz still geworden um ihn – und da geschieht das Unvermutete: Gott antwortet dem Hiob!

Gott antwortet auf eine merkwürdige Art. Er geht auf keine der Fragen ein, die ihm Hiob gestellt hat, sondern er stellt ihm seinerseits eine Unzahl weiterer Fragen, Fragen aus der Natur und der Schöpfung, auf die Hiob nicht antworten kann und die seine Fragen an Gott in den Hintergrund treten lassen. In einer großartigen Schau wird die Schöpfung Himmels und der Erde vor unseren Augen entwickelt.

Wie können solche Fragen dem Hiob nützen? Wie sollen sie ihm Trost geben und die Spannung zwischen ihm und Gott wieder aufheben? Wie kann ihn solches Fragen innerlich und äußerlich wieder auf die Beine bringen? Was ist das überhaupt für ein Vorgang, der hier mit den einfachen Worten bezeichnet wird: »Da antwortete Gott dem Hiob«?

Sicherlich antwortete Gott nicht wie durch einen Lautsprecher oder durch eine geheimnisvolle Stimme aus dem Äther. Aber es geschieht, daß der dichte Schleier der Verzweiflung, der sich über Hiob gelegt hatte, zerreißt und daß er – großartiger als jemals vorher – wieder den Himmel sehen darf. Auf einmal öffnet sich ihm die Herrlichkeit der Gotteswelt gerade an einer Stelle, an der er vor einer undurchdringlichen Wand zu stehen schien. Nun sieht er sich selbst nicht mehr als einen Ausgestoßenen, verkannt, unverstanden und an den Rand geworfen, sondern in der Mitte stehend, handelnd, leidend, wirklich sehend und begreifend. Wie soll er Gott noch aufhalten wollen in einem Werk, in das er, Hiob, als gar nicht wegzudenkender Teil mit eingeplant ist?

Das ist der Trost, den Hiob erfährt; und das ist auch uns der einzige Trost in ausweglos scheinenden Lagen: nicht daß uns irgendeine der vielen Warum-Fragen beantwortet oder erklärt würde – eine solche Erklärung würde uns kaum

32

einen Tag lang befriedigen –, sondern daß sich uns ganz neue Seiten der Welt und unseres Lebens öffnen, daß wir Augen bekommen für Dinge, die wir vorher nicht ahnten, daß wir teilhaben an diesen Dingen und merken, wie es um uns steht. Es ist ja noch gar nicht aus mit uns! Unsere Aufgabe ist noch in keiner Weise erfüllt oder zu Ende. Im Gegenteil: Die Welt ist viel größer, als wir je geahnt haben, und uns werden neue Verpflichtungen und größere Verantwortung zuteil als bisher. Jetzt kehrt sich der Sinn alles dessen, was unwiederbringlich verloren ist, auf einmal um. Wir erkennen, daß Gott mit denen, die wir liebten, seinen eigenen Weg gegangen ist, daß sie nicht sinnlos vernichtet wurden. Gott hat sie uns nicht genommen, um uns zu Boden zu werfen und zu vernichten, sondern um uns dadurch einen neuen Blick, ein neues Verständnis zu geben für seine Welt, die größer ist als unser Horizont.

Das letzte Geheimnis allerdings, nämlich daß Gott selbst in unser tiefstes Leiden hinabsteigt und gerade dort am nächsten bei uns ist, das können wir erst begreifen, seitdem Jesus Christus ans Kreuz gegangen ist. Ihm sei die Ehre gegeben über alles menschliche Begreifen hinaus.

Verstörung und Hilfe

PSALM 43

Richte mich, Gott, und führe meine Sache wider das unheilige Volk und errette mich von den falschen und bösen Leuten! Denn du bist der Gott meiner Stärke; warum verstößest du mich? Warum lässest du mich so traurig gehen, wenn mich mein Feind drängt? Sende dein Licht und deine Wahrheit, daß sie mich leiten und bringen zu deinem heiligen

Berg und zu deiner Wohnung, daß ich hineingehe zum
Altar Gottes, zu dem Gott, der meine Freude und Wonne ist,
und dir, Gott, auf der Harfe danke, mein Gott.
Was betrübst du dich, meine Seele, und bist so unruhig in
mir? Harre auf Gott; denn ich werde ihm noch danken,
daß er meines Angesichts Hilfe und mein Gott ist.

Dieser Psalm ist das Gebet eines Mannes, dessen Leben im
Dienst des großen Unternehmens steht, das Gott unter den
Menschen in Gang gesetzt hat. Was wir von ihm hören, ist
zugleich Klage und Lobgesang; Klage, weil er sich in seiner
natürlichen Umwelt nicht mehr zu Hause fühlt. Durch sein
Reden von Gott und sein Handeln nach Gottes Gebot hat er
sich aus der Gesellschaft, in die er hineingeboren wurde,
herausmanövriert. Er hat sich Feinde geschaffen unter seinen Mitmenschen, weil er die Regeln und Vereinbarungen,
nach denen sie leben, nicht mehr anerkennt, seitdem ein
neues Gesetz für ihn maßgebend geworden ist. Um ihn
mundtot zu machen, benutzen sie jede Gelegenheit, ihn ins
Unrecht zu setzen. Sie lachen ihn aus mit seinem Gott, der
doch nicht zu sehen ist und von dem man nichts spürt.
Dieses Verhalten seiner Mitmenschen ist eine harte Probe
für ihn. Würde er doch gern mit allen in Frieden leben. Wie
sehr wünschte er sich, daß auch sie einen Begriff bekämen
von der Herrlichkeit Gottes, wie er sie selber erfahren hat.
Statt dessen erntet er Widerstände und Spott. Unter dieser
Last schleicht er traurig einher wie einer, den Gott vergessen hat. Womit soll er sich verteidigen? Gott hat ihm alle
Waffen aus der Hand genommen und ihn seiner Schwachheit überlassen. Fast ist er zu einer lächerlichen Figur geworden, und er fragt sich, was Gott davon hat, daß er ihn so
zappeln läßt. Wird nicht sein eigener Name, sein eigenes
Werk dadurch in den Staub gezogen?
  In seiner tiefen Verstörung wendet er sich an Gott mit

beschwörenden Worten: »Richte du mich, Gott! Überlaß mich nicht dem Urteil der Menschen. Führe meine Sache, die doch die deine ist. Laß mich dein Licht wieder sehen, damit ich dich aus vollem Herzen loben und preisen kann.«

Wie wird Gott solchen Betern, die es gewiß auch heute gibt, antworten? Wird er ihnen gut zureden, sie mit Erklärungen hinhalten? Seitdem es Ostern gibt, wissen wir es genau. Er wird ihren Blick auf seinen Sohn Jesus Christus richten, der in seinem Auftrag den Weg bis ans Kreuz von Golgatha gegangen ist, unbeirrt durch alle Widerstände, die sein Werk zunichte zu machen drohten. Bei ihm werden sie Antwort auf alle ihre Fragen finden und wieder frei werden zum Lobe Gottes, das der Inhalt ihres Lebens ist.

Manchmal bin auch ich verzagt und einsam, traurig und ohne Antwort auf meine Fragen. Gib mir dann Hoffnung, Geduld und neuen Mut, daß ich dich, meinen Gott, wieder aus ganzem Herzen loben kann.

Dankbarkeit und Lob

PSALM 103, 2

Lobe den Herrn, meine Seele, und vergiß nicht, was er dir Gutes getan hat.

Die russische Dichterin Anna Achmatowa hat einmal gesagt:

»Wir glaubten Bettler zu sein, die nichts mehr besäßen, als aber ein Verlust nach dem anderen uns traf, also daß jeder Tag uns zum Trauertag wurde, da begannen wir Lieder zu singen von der großen Barmherzigkeit Gottes und von unsrem wirklichen Reichtum.«

Wenn wir diese Worte auf uns wirken lassen, wundern wir uns nicht mehr darüber, daß wir heute keine Lobgesänge mehr zustande bringen. Es geht uns zu gut. Wir haben den Maßstab verloren für das, was dem Menschen zusteht. Wir haben uns daran gewöhnt, für unser gutes Recht zu halten, was pure Freundlichkeit Gottes ist. Wir können alles kaufen, was man sich nur denken kann. Das Brot, das wir essen, hat für uns nichts mehr zu tun mit Saat und Ernte, Wetter und Wind, Arbeit und Tränen, sondern es kommt aus dem Selbstbedienungsladen. Wir haben zu viel Geld, zu viel Zeit, zu viel Gelegenheit, vor Schwierigkeiten und Auseinandersetzungen auszuweichen. Es gibt zu viel Unterhaltung, zu viel Medikamente, zu viel Reiz- und Betäubungsmittel. Alle diese Dinge trennen uns von Gott, halten unsere Seelen gefangen und ersticken das Lob auf unsren Lippen. Wir sehen keine Veranlassung, für etwas dankbar zu sein, was uns automatisch in den Schoß fällt.

Wie arm sind wir geworden! Denn arm ist der Mensch zu nennen, der keinen Grund findet, Gott zu danken für all das Gute, das er ihm erwiesen hat. Setzen wir nicht mit dieser Unfähigkeit zu danken ein großes Fragezeichen, ja mehr noch: ein großes Nein hinter unser Leben? Denn was hätte das Dasein eines Menschen mit allem, was er darin erfahren und geschafft, erkämpft und durchlitten hat, für einen tieferen Sinn, wenn nicht den, daß Gottes Güte und Herrlichkeit daran erkennbar würde?

Was muß geschehen, um unserem Leben wieder Tiefgang zu geben und unsren Mund für das Lob Gottes frei zu machen? Müssen erst wieder Katastrophen kommen, um uns aufzuschrecken? Vergiß nicht! heißt es in unsrem Psalmwort. Ja, das ist es wohl. Wir vergessen so leicht. Wenn wir uns nicht immer wieder erinnern lassen, leben wir in den Tag hinein ohne ein Gespür für die Nähe Gottes. Und doch haben wir das sichere Empfinden, daß uns etwas

Wesentliches fehlt. Wir Älteren haben genug erlebt, um zu wissen, wie schnell alle Sicherheit ein Ende haben kann und wie zerbrechlich der Boden ist, auf dem wir so sicher einhergehen. Und wir haben auch das erfahren, wie groß die Hilfe ist, die Gott anbietet, und was für ein Freiheitsgefühl sie uns vermittelt, wenn nichts Materielles und nichts Gedankliches mehr da ist, was uns von Gott trennt. »Die Vogelfreiheit ist doch die größte von allen Freiheiten«, sagte einmal jemand zu mir in den Tagen des Schreckens. Und dies Wort ist in mir haften geblieben. Sollte Gott nicht in der Lage sein, uns auch heute, mitten in allem Überfluß, eine solche Freiheit zu schenken? Sollte er nicht auch heute in der gleichen Weise an uns festhalten, wie er es damals getan hat? Vergiß nicht! Das heißt: Laß dich erinnern! Suche nach dem roten Faden, der dein Leben durchzieht. Du wirst ihn finden, und er wird dir beweisen, daß Gott dich auch heute nicht aus der Hand lassen will. Auch heute will er dir geben, was du brauchst, um zu leben: nicht Güter der Welt, gesicherte Existenz, Erfolg und Anerkennung – das alles interessiert ihn nicht –, sondern durch die Gewißheit, daß er dir nahe ist, will er deinem Leben Gewicht und Rückhalt, Mittelpunkt und Ziel geben. Nicht mehr Zufall und Angst vor der Ungewißheit sollen über dich bestimmen, sondern Gottes heiliger Wille und Plan sollen an dir und durch dich zum Ziel geführt werden.

Der Herr hält uns auch heute in dieser so schwer durchschaubaren Zeit seine Hand hin und bietet uns die Freiheit an, die nur er allein geben kann. Ach, daß wir doch zugreifen und dadurch wieder Grund genug finden, sein Lob zu verkünden!

Mit den Augen des Knechts

PSALM 123, 2

Siehe, wie die Augen der Knechte auf die Hände ihrer Herren sehen, wie die Augen der Magd auf die Hände ihrer Frau, also sehen unsre Augen auf den Herrn, unsern Gott, bis er uns gnädig werde.

Wenn ich als Arzt an meinen alten chirurgischen Lehrmeister denke, dann tauchen vor meinem inneren Auge immer als erstes seine Hände auf, seine Hände als stärkster Ausdruck seiner Persönlichkeit.

Und das nicht etwa aus ästhetischen Gründen, weil sie besonders wohlgebildet gewesen wären, sondern wohl deshalb, weil ich auf diese Hände und das, was sie taten und wie sie es taten, immer besonders geachtet habe. Als ich dann später einmal unser heutiges Psalmwort hörte, hat es mich ganz stark bewegt, weil mir daran bewußt wurde, wie groß die Bindung an meinen Lehrmeister gewesen ist und wie sehr mir daran gelegen war, mich ihm und seiner Art anzupassen.

Vielleicht hat der eine oder andere in seinem Leben auch einmal eine solche Erfahrung gemacht und kann sich glücklich schätzen, einen Menschen neben sich gehabt zu haben oder noch zu haben, dessen Autorität man sich freiwillig unterordnen konnte.

Auch der Psalmdichter weiß etwas von dem Segen eines solchen Vertrauensverhältnisses, sonst hätte er nicht gerade das »Sehen auf die Hände« eines anderen zum Bespiel gewählt für ein noch ganz anderes Streben, welches eines Tages plötzlich das Herz eines Menschen überfallen kann. Ich meine das Streben nach einem gnädigen Gott. Ich sage plötzlich, denn von Natur aus liegt bei uns dazu keinerlei Bedürfnis vor, und wir können es auch keinem Menschen einreden, der die Notwendigkeit nicht am eigenen Leibe verspürt. Es kann aber eines Tages dazu kommen. Irgendwann einmal kann eine fremde Macht in unser Leben einbrechen, sei es durch eine Not, mit der wir nicht fertig werden, oder durch ein großes Erleben oder auch ganz unerklärlich auf dem Wege über eine scheinbare Kleinigkeit – auf einmal ist sie da und zwingt uns und drängt uns aus dem Mittelpunkt unsres Lebens ganz an die Seite. Und solange wir nicht begreifen können oder wollen, daß Gott es ist, der das tut, sind wir die armseligsten Menschen. Denn gegen Gott angehen zu wollen bringt uns nur in immer tiefere Verzweiflung und Unruhe hinein.

Es kommt erschwerend dazu, daß wir ja von uns selbst aus nicht in der Lage sind, diese fremde Macht, die da auf uns eindringt, in ihrem Wesen zu erkennen. Wer sagt uns, daß Gott es ist, der da wirkt, und was er von uns will? Wer bewahrt uns vor allen sinn- und zwecklosen Versuchen, uns dieser Macht zu entziehen und unseren eigenen Weg zu gehen? Gar nichts bewahrt uns davor, und nur ein zweites, ebenso geheimnisvolles Erleben kann diesem Zustand des Sichquälens und Nichtverstehens ein Ende machen. Das ist das Erkennen Gottes in seinem Wort und an seinem Wort, wie es uns durch Jesus Christus möglich gemacht worden ist. Er hat durch sein Leben und Sterben das Wort Gottes lebendig gemacht. Und wo es uns in seinem Namen auf den Kopf zugesagt wird, da kann es sein, daß wir auf einmal nicht mehr nur die Stimme eines Menschen, sondern Gottes Stimme vernehmen. Und dann ist auf einmal alles gut. Dann bleibt wohl das Schwere schwer und das Dunkle tief, aber es ist nicht mehr sinnlos, sondern läßt uns erfahren, daß hier die Stelle ist, von der aus Gott uns haben will, und daß er unsrem kleinen Leben eine Spannweite geben will, von der wir uns bis dahin nichts haben träumen lassen. Das wird für uns der Anlaß sein, uns nicht nur zu fügen, wie man sich einer feindlichen Übermacht fügt, sondern Gott auf die Hände zu sehen, wie er es macht und haben will, damit sein Reich gebaut wird, und damit teilzuhaben an dem Glanz und der Herrlichkeit, die von ihm ausgeht auf die Welt, in der wir leben.

Gott gebe, daß sein Wort und Anruf auch an unser Ohr dringe, so daß wir es aufnehmen und uns dadurch verwandeln lassen.

Das helfende Wort

PSALM 139, 5

Von allen Seiten umgibst du mich, Herr, und hältst deine Hand über mir.

Wenn wir uns zu einem Gottesdienst versammeln, so mag der eine oder der andere unter uns sich fragen: »Warum tue ich das eigentlich? Ist das eine alte Gewohnheit, die zu meinem Leben gehört? Ist es eine willkommene Unterbrechung meines eintönigen Daseins? Oder habe ich die Hoffnung, hier etwas zu hören, was mir in meinem Grübeln und meinen Sorgen ein wenig weiterhelfen kann?« Einerlei, aus welchen Gründen – für uns alle geht es darum, uns miteinander vor Gottes Angesicht zu begeben und sein Wort zu hören.

Wir sprechen von »Gottesdienst«. Klingt das nicht so, als ob wir durch unser Zusammenkommen Gott einen Dienst täten? Ist es nicht vielmehr umgekehrt? Ist er es nicht, der uns seinerseits einen Dienst leisten will? Gewiß ist es so, und es liegt nur an uns, ob wir diesen Dienst annehmen oder nicht. Aber das ist nicht so einfach, wie es aussieht. Es gibt da Hindernisse, die überwunden werden müssen. Von Natur ist in jedem von uns ein Widerstreben gegen die Hilfe, die gerade Gott uns anbietet. Wir sind der Meinung, daß wir es sind, die erst einmal laut und deutlich mit ihm reden müßten, ehe wir ihn zu uns sprechen lassen. Gibt es nicht eine Menge Dinge, die wir an ihm auszusetzen haben, weil sie nicht zu dem Bild passen, das wir uns von einem gerechten und liebenden Gott machen? Ist nicht die ganze Welt voll Ungerechtigkeit und Ungereimtheit? Was läßt Gott alles geschehen an Bosheit, an Leid und Widerwärtigkeit, ohne etwas dagegen zu unternehmen. Warum hat er es gerade auf mich abgesehen und läßt so und so viele andere laufen, die doch bestimmt nicht besser sind als ich? ·

Es ist das Besondere an Gott, daß er sich das alles von uns fragen läßt, ohne übelzunehmen. Er läßt sich von uns Menschen kritisieren, beschimpfen, beleidigen, solange es uns gefällt. Er schlägt nicht zu und verlangt auch von keinem Menschen, daß er ihn gegen solche Anklagen in Schutz nimmt. Er weiß, daß solche Vorwürfe aus einem Herzen kommen, das ihn noch nicht kennengelernt und sein Wesen noch nicht begriffen hat. Die Bibel ist ja voll von solchen Anklagen gegen Gott und ist gerade deshalb ein so sehr menschliches Buch, weil sie unsere Vorwürfe und Klagen nicht beiseite schiebt, sondern gelten läßt.

Vor Gott können wir mit allem herauskommen, was in uns steckt an Haß, an Wut, an Enttäuschung. Vor ihm dürfen wir uns ausklagen und ausschimpfen. Er weist uns nicht ab, sondern sinnt darüber nach, wie er uns ein Zeichen seiner Liebe geben könnte. Ein Zeichen, an dem wir erkennen können, daß es ihm ernst mit uns ist und daß er uns zu sich ziehen will. Vielleicht ist unser Schimpfen und Anklagen für ihn schon der Anfang einer tieferen Beziehung zu uns.

Denn was wäre das schon für ein Gott, der uns alles recht

macht, so wie wir es ihm vorschreiben; der von uns nichts verlangt, uns nichts zumutet, sondern uns gängelt wie unmündige Kinder! Was sollten wir zu einem solchen Gott für eine Beziehung gewinnen? Wodurch sollten wir ihn überhaupt kennenlernen? Wir Menschen lernen einander doch auch erst in Zeiten kennen, in denen Schweres von uns verlangt wird. Erst dann zeigt sich, was am Menschen wirklich dran ist und auf wen man sich verlassen kann.

Wie sollte es mit Gott anders sein? Auch er kann sich erst dann an uns bewähren, wenn wir Hilfe nötig haben. Und er hat sich bewährt, dafür gibt es unzählige Zeugen in aller Welt, früher und auch heute. Sie haben es erfahren, daß Gott nicht irgendwo fern von ihnen ist, sondern daß sie ganz in ihn eingebettet sind. »Von allen Seiten umgibst du mich und hältst deine Hand über mir«, so drückt es der Psalmsänger aus und fügt hinzu: »Diese Erkenntnis ist mir zu wunderbar und zu hoch, ich kann sie nicht begreifen.«

Auch für uns wäre die Allgegenwart Gottes schwer faßbar, wenn sie nicht Gestalt gewonnen hätte in Jesus Christus, der in die Welt gekommen ist, um uns beizustehen und unsere Not, unsere Ängste mit uns zu teilen. An ihn sollen wir uns halten. Schließlich ist die Welt, in der wir leben, keine paradiesische, sondern eine gefallene, in der böse Mächte am Werk sind: Haß, Bosheit, Gewalt, Schmerzen, Not und Tod. Gott hat uns mitten in sie hineingestellt. Er schont uns nicht, sondern will uns zu Menschen machen, die sich ihm ganz anvertrauen. Er will uns eine Festigkeit geben, wie wir sie vorher nicht gekannt haben, eine Zuversicht, die über die natürlichen Grenzen unseres Erdenlebens hinausreicht. Auch wir sollen es erfahren, daß Gott uns von allen Seiten umgibt und seine schützende Hand über uns hält.

Der Anwalt der Schwachen

JESAJA 11, 1–4

Und es wird ein Reis hervorgehen aus dem Stamm Isais und
ein Zweig aus einer Wurzel Frucht bringen. Auf ihm wird
ruhen der Geist des Herrn, der Geist der Weisheit und des
Verstandes, der Geist des Rates und der Stärke, der Geist der
Erkenntnis und der Furcht des Herrn. Und Wohlgefallen
wird er haben an der Furcht des Herrn.
Er wird nicht richten nach dem, was seine Augen sehen,
noch Urteil sprechen nach dem, was seine Ohren hören,
sondern wird mit Gerechtigkeit richten die Armen und
rechtes Urteil sprechen den Elenden im Lande, und er wird
mit dem Stabe seines Mundes den Gewalttätigen schlagen
und mit dem Odem seiner Lippen den Gottlosen töten.

In früheren Zeiten befand sich in den Gerichtssälen mancher Städte hinter dem Richtertisch ein Bild vom Jüngsten
Gericht: Jesus Christus, der im Auftrag Gottes das Urteil
über die Menschen spricht. Was sollte wohl mit einer solchen Darstellung gerade dort, wo Menschen über andere zu
Gericht sitzen, gemeint sein? Sicher doch wohl dies: Alles
Recht, jedes Urteil, das an diesem Ort verkündet wird, ist
kein endgültiges, sondern hat den Charakter des Vorläufi-
gen. Auch wenn es nach menschlichen Begriffen noch so
gerecht erscheint: Da ist noch eine andere Instanz, die
darübersteht und die einmal das endgültige Urteil sprechen
wird über den Angeklagten sowie über seinen Richter.
  Natürlich sind diese Bilder später entfernt worden, und
ich glaube kaum, daß ein solches noch in irgendeinem
Gerichtssaal hängt. Aber die Mahnung, die sie zum Ausdruck bringen, bleibt bestehen. Jedes menschliche Richten
ist vom Irrtum überschattet. Denn Menschen können und
dürfen nur richten nach dem, was sie sehen und was sie

hören. Gott aber sieht tiefer. Er urteilt nicht nach dem Augenschein, wie es hier heißt, sondern verschafft dem sein Recht, der es am nötigsten braucht. Hier wird von dem kommenden Messias gesprochen, dem, auf welchem der Geist Gottes ruht. Und sein besonderer Wesenszug ist es, daß er sich immer auf die Seite des Schwächeren, Benachteiligten stellt und ihm das verschafft, was ihm von Menschen abgesprochen wird.

Der Prophet Jesaja weist mit seinen Worten auf Jesus Christus hin, den Abgesandten Gottes. Wenn er kommt, wird er sich der Schwachen annehmen und ihnen die Hoffnung und Zuversicht geben, die sie für ihr Leben brauchen. Er wird niemand zwingen, ihm zu folgen. Aber er wird vorangehn, und wer ihm nachfolgt, dessen Leben wird ein Ziel und einen Sinn haben, dem menschliches Urteilen keinen Abbruch mehr tun kann. Die Schwachen, die ungerecht Behandelten, die zu kurz Gekommenen, die mit oder ohne eigene Schuld in innere und äußere Not Geratenen, zu denen wird er sich halten und ihre Sache vertreten, sowohl hier im zeitlichen Leben wie auch in der Ewigkeit.

Und so wie die Aussicht auf das Kommen des Messias schon damals, Jahrhunderte vor der Geburt Jesu Christi, ihre Auswirkung auf das Zusammenleben der Menschen gehabt hat, so darf und soll es erst recht heute und unter uns sein, die wir uns zu diesem Herrn bekennen. Er ist gekommen, hat sich der Schwachen und Armen unter uns angenommen und ist für sie bis zur letzten Konsequenz, nämlich zum Tode am Kreuz gegangen. Damit hat er uns sein Vermächtnis hinterlassen, daß auch wir uns der Schwachen, Armen, zu kurz Gekommenen annehmen sollen in seinem Auftrag und daß wir nicht davor zurückschrecken sollen, die Konsequenzen eines solchen Tuns auf uns zu nehmen im Vertrauen darauf, daß er uns den richtigen, zum wahren Ziel führenden Weg zeigen wird.

Heilsamer Zorn

JESAJA 12, 1

Ich danke dir, Herr, daß du zornig gewesen bist über mich
und dein Zorn sich gewendet hat und tröstet mich.

Ein merkwürdiger Dank wird hier ausgesprochen! Gott
dafür danken, daß er zornig gewesen ist, das würde uns wohl
kaum einfallen. Gottes Zorn ist eine furchtbare Sache. Schon
eines Menschen Zorn kann schwere Not sein. Wieviel mehr
noch der Zorn Gottes. Äußert er sich doch darin, daß dem
Menschen der Boden unter den Füßen weggerissen wird
und alle Ruhe und Sicherheit des Lebens verlorengehen.
Wer vom Zorn Gottes getroffen wird, ist wie ein Schiff, das,
vom Anker gelöst, auf den Wellen hin und her schwankt,
ständig in Gefahr, gegen einen Felsen geworfen zu werden.
    Gottes Zorn kann uns auf die verschiedenste Weise tref-
fen, durch Ereignisse, auf die wir nicht vorbereitet sind,
etwa durch den Tod eines geliebten Menschen, durch Krankheit, durch Schuld, die wir auf uns laden, durch Irrtümer, in
die wir uns verstricken. Gottes Zorn äußert sich bei jedem
Menschen anders. Und solange er sich auswirkt, kann der
Mensch nicht dafür danken. Er weiß ja auch noch gar nicht,
daß Gott es ist, der ihn in der Zange hat. Und doch kann der
Augenblick kommen, in dem der Mensch die Freiheit dazu
gewinnt, Gott für diesen seinen Zorn zu danken. Das geschieht, wenn Gott sich dem Menschen zu erkennen gibt.
Dies ist wohl der größte Augenblick, den ein Mensch erleben kann. Dann sinkt alles Böse, das er erfahren hat, plötzlich eine Etage tiefer und macht einer neuen Welt Platz, von
der er bis dahin nichts gewußt hat. Nun wird es möglich, daß
er aus vollem Herzen Gott dankt für seinen Zorn, denn er
weiß, daß er die neue Welt nicht kennengelernt hätte, wenn
Gott immer freundlich mit ihm gewesen wäre.

Gottes Zorn ist wohl in der Tat die Voraussetzung dafür, daß wir ihn überhaupt kennenlernen. Erst durch ihn verschwindet nämlich das Bild vom sogenannten »lieben« Gott, das den Blick in die Wirklichkeit so oft vernebelt. Erst durch Gottes Zorn werden wir fähig zu begreifen, warum der Sohn Gottes Mensch werden und geopfert werden mußte. Denn er zeigt uns die andere Seite Gottes, nicht mehr die zornige und unzugängliche, sondern die liebende, verstehende und verzeihende.

Gott will uns haben – das bedeutet es, wenn sein Zorn uns ergreift. Wir sind ihm nicht gleichgültig, wie wir es immer anzunehmen geneigt sind, sondern er will uns aufschließen für die Begegnung mit Jesus Christus. Wenn wir das begriffen haben, ist uns schon geholfen. Dann kann der Zorn aufhören, weil er seinen Zweck erreicht hat. Dabei braucht sich äußerlich an unserer Situation nichts geändert zu haben.

Gottes wirksame Kraft

JESAJA 40, 26–31

Hebet eure Augen in die Höhe und sehet! Wer hat solche Dinge geschaffen und führt ihr Heer bei der Zahl heraus? Er ruft sie alle mit Namen; sein Vermögen und seine starke Kraft ist so groß, daß es nicht an einem fehlen kann. Warum sprichst du denn, Jakob, und du, Israel, sagst: Mein Weg ist dem Herrn verborgen, und mein Recht geht vor meinem Gott vorüber? Weißt du nicht? Hast du nicht gehört? Der Herr, der ewige Gott, der die Enden der Erde geschaffen hat, wird nicht müde noch matt; sein Verstand ist unausforschlich. Er gibt dem Müden Kraft und Stärke genug dem Unvermögenden.

Die Knaben werden müde und matt, und die Jünglinge fallen;
aber die auf den Herrn harren, kriegen neue Kraft, daß
sie auffahren mit Flügeln wie Adler, daß sie laufen und nicht
matt werden, daß sie wandeln und nicht müde werden.

Hundert Jahre ist das Volk Gottes schon im Exil, weil es
Gott vergessen hat, weil es nicht auf die Propheten gehört
hat. Es ist nichts weiter als eine von andern Völkern unter-
drückte Nation, ein Volk ohne Eigenleben, ohne Sinn und
Geltung.

Und da ein Volk aus Menschen besteht und Menschen
sich an alle Lebenslagen gewöhnen, das Alte vergessen und
sich auf die gegebenen Möglichkeiten umstellen und das
Beste für sich daraus machen, können wir kaum annehmen,
daß dies Volk nach hundert Jahren noch ein wirklich ver-
zweifeltes gewesen ist, eines, das unter der Fremdherrschaft
wirklich gelitten hätte. Noch weniger kann man sich vorstellen, daß es im ganzen unter der Trennung von Gott gelitten
hätte. Im großen ganzen wird es ein gleichgültiges Volk
gewesen sein, ohne Gemeinschaftsgefühl; und wo die einzelnen einmal auf ihr Verhältnis zu Gott angeredet worden
sind, werden sie gesagt haben: Ach, was geht uns Gott an!
Er kümmert sich ja gar nicht um uns, man sieht ja nichts von
irgendeiner Gerechtigkeit, also kümmern wir uns auch nicht
um ihn und gehen unsere Wege wie die anderen.

In diese Gleichgültigkeit fährt das Wort des Jesaja. Und
es holt weit aus: Seht zum Himmel, die Sterne, Tausende,
alle mit Namen, auch wir kennen sie. Mit Sicherheit kommen
sie immer wieder hervor, sie sind ein Zeichen: Gott wird
nicht müde, ihm ist nichts zuviel zu bewältigen, er kennt
alle. So kennt er auch euch, jeden einzelnen mit Namen,
und ruft euch durch mich heraus. Kommt und folgt ihm.
Aber dieser Anruf ist nun nicht etwa ein Appell an die
Jugend des Volkes, wie wir das tun würden, weil die Jugend

die Hoffnung verkörpert und am leichtesten folgt. Es handelt sich hier um einen Zustand, aus dem auch die Hoffnungsfreudigkeit und die Kraft der Jugend nicht herausretten können, sondern erlahmen müssen. Es geht überhaupt nicht um menschliche Kräfte, sondern um die Kraft Gottes, die wirksam werden will, und zwar in und durch Menschen.

Was ist dazu nötig? Nichts als ein offenes Ohr und ein offenes Herz für Gottes Anruf. Und was wird geboten? Kraft und Stärke dem Unvermögenden, Müden, der schon die Hoffnung verloren hatte, weil er nichts ausrichten, seine Lage nicht ändern konnte; der wacht auf einmal auf und bewegt sich in der Welt, als ob ihm Flügel gewachsen wären, die ihn über alles mit Leichtigkeit hinwegtragen, was bis dahin unüberwindliches Hindernis gewesen war. Er fängt an zu wirken, als ob es Müdigkeit und Verzagen, Krankheit und Tod überhaupt nicht gäbe.

An diesen Verheißungen hat sich nichts geändert. Wer dem Wort Gottes, das in Jesus Fleisch geworden ist, vertraut und nachfolgt, dem werden sie alle zuteil. Alles, was ihn bis dahin beschwert und behindert hat, rückt auf einmal in die zweite Linie. Und wenn auch der äußerliche Mensch weiter den Gesetzen der Natur unterworfen bleibt, so wird doch der innere von Tag zu Tag immer stärker und widerstandsfähiger. Auf einmal bleibt er auch nicht mehr allein auf seinem Wege, sondern trifft andere, die der gleichen Stimme folgen, und er versteht sie besser, als er vorher jemanden verstanden hat. Sie sprechen dieselbe Sprache. Und es bildet sich die Gemeinde Jesu Christi, der der Sieg über die Welt verheißen ist.

Der Erlöser der Bedrängten

JESAJA 42, 5

Das zerstoßene Rohr wird er nicht zerbrechen,
und den glimmenden Docht wird er nicht auslöschen.

Von dem Messias, der kommen soll, dem Auserwählten Gottes und Erlöser der Welt, ist hier die Rede, von dem, was er tun wird, und, noch deutlicher vielleicht, von dem, was er nicht tun wird. Auf dieses Nichttun ist offenbar besonderer Wert gelegt, wenn da steht: Das zerstoßene Rohr wird er nicht zerbrechen, und den glimmenden Docht wird er nicht auslöschen. Warum wird gerade dies Unterlassen so besonders herausgestellt? Doch offenbar, um den Messias zu unterscheiden von allen anderen Menschen, die da kommen, um ihre Mitmenschen mit Besserungs-, Befreiungs- und Erlösungsideen zu beglücken. Bei ihnen allen, wer sie auch sein mögen, kommt es bei aller Verschiedenheit der Ideale doch schließlich immer auf die gleichen Methoden heraus, auf große Zusammenschlüsse, auf Auslese, auf Propaganda und Machtproben – und das immer auf Kosten derer, die zu schwach sind, die nicht standhalten, die sich nicht oder nicht mehr durchsetzen können und deshalb am Wege liegen bleiben. Über sie geht es hinweg, sie sind für den Erfolg der Idee nur hinderlich. Sie sind es, auf die der Vergleich mit dem geknickten Rohr und dem nur noch schwach glimmenden Docht gemünzt ist. Sie werden zerbrochen und ausgelöscht, entweder direkt und mit Vorbedacht, wie es das schon immer gegeben hat und wie wir das schon erlebt haben; oder es kommt automatisch dazu durch den Zwang der Verhältnisse, unter denen diese Menschen zu leben haben. Wer mit den anderen nicht mitkommt und auch sonst keine Möglichkeit hat, seinen Platz im Leben zu halten, der kommt unter die Räder.

Diesem Zug der Zeit stellt sich der Messias in den Weg. Er denkt nicht daran, das geknickte Rohr zu zerbrechen und den glimmenden Docht auszulöschen, sondern gerade zu den Schwachen fühlt er sich hingezogen, ihnen will er zu ihrem Lebensrecht verhelfen, sie bilden die Grundlage, auf der er sein Reich hier in unsrer Welt aufrichten will. Ein merkwürdiges Reich ist das. Ganz anders als alles, was wir als sinnvoll und lohnend bezeichnen würden. Wo bleibt da der sichtbare Erfolg, die Durchschlagskraft, die Vorwärtsentwicklung? Wünschen wir nicht unsrer Kirche, daß sie endlich einmal vorankäme und sich nicht immer nur mit den Kleinigkeiten und Erbärmlichkeiten des alltäglichen menschlichen Daseins herumschlagen müsse? Wir können uns schwer vorstellen, wie bei diesen Prinzipien auf die Länge gesehen aus dem Reich etwas Vernünftiges herauskommen soll. Aber Gott denkt anders. Er denkt nicht daran, sein Reich mit irgendwelchen anderen Reichen dieser Welt in Konkurrenz treten zu lassen. Es kommt ihm weder auf die große Zahl noch auf einen Erfolg in unserem Sinne an. Sein Reich geht quer durch alle Reiche hindurch, und wer dazu gehört, der kann – im Gegensatz zu allen anderen Reichen – eins mit Sicherheit sagen: daß nämlich sein Tun und Arbeiten darin nicht umsonst ist. Alle anderen Reiche vergehen mehr oder weniger früh und lassen Trümmer und enttäuschte Menschen zurück. Das kann im Reiche Gottes nicht passieren.

Deshalb können alle, die sich zu diesem Reich zugehörig fühlen, ihre Augen ganz beruhigt wegwenden von Erfolg und sichtbarer Anerkennung und den Schwerpunkt ihrer Arbeit dahin verlegen, wo sie dem Messias begegnen können, nämlich zu den Angeschlagenen, Unterdrückten, Armen und Kranken – zu allen, die im Leben zu kurz kommen.

Durch Wasser und Feuer

JESAJA 43, 1–2

*So spricht der Herr, der dich geschaffen hat . . .: Fürchte dich
nicht, denn ich habe dich erlöst; ich habe dich bei deinem
Namen gerufen; du bist mein!
Denn so du durch Wasser gehst, will ich bei dir sein, daß
dich die Ströme nicht sollen ersäufen; und so du
ins Feuer gehst, sollst du nicht brennen, und die Flamme soll
dich nicht versengen.*

Dieses Wort ist vor etwa 2500 Jahren gesprochen worden.
Und zwar ist es nicht in die leere Luft gesprochen worden,
sondern zu bestimmten Menschen; zu Menschen, die gewissermaßen auf dem Nullpunkt ihres Lebens angekommen waren. Sie waren aus ihrer Heimat vertrieben, mußten
unter Feinden leben, waren jeder Willkür ausgeliefert, hatten keine Rechte, wurden von Krankheiten und Hunger
geplagt und hatten keine Hoffnung auf eine Besserung der
Verhältnisse.

Es gehört wohl großer Mut dazu, solch schwer geschlage-
nen Menschen ein derartig starkes Wort zuzurufen. Und auf
eigene Verantwortung würde das wohl kaum jemand wagen. Aber hier spricht ein Mensch nicht nach eigenen Ideen,
sondern als einer, der einen Auftrag auszuführen hat, einen
Auftrag, den er von höherer Stelle erhalten hat. Da kann
und muß er es wagen, den verzweifelnden Mitmenschen
etwas zu sagen, was sie im Innersten anpackt und sie heraus-
reißen kann aus ihrer Bedrängnis und Angst. Er kann und
darf es schon deshalb nicht verschweigen, weil er ja selbst
kein Außenstehender ist, keiner, der von einer sicheren
Stelle her redet und Menschen Hoffnungen macht, mit
denen ihn persönlich sonst nichts verbindet. Sondern dieser Mann, der zu ihnen spricht, ist einer aus ihrer Mitte,

einer, der teilhat an ihrer Not, der zu ihnen gehört und mit ihnen leidet und der von genau den gleichen Gedanken geplagt wird wie sie selber.

Er hat den Auftrag bekommen, ein Wort von Gott in die Schar seiner verlassenen Mitmenschen hineinzurufen, auf die Gefahr hin, daß er dafür ausgelacht oder beschimpft wird. Ein Wort von Gott – was kann das schon sein! Ist es nicht auch nur von Menschen ausgedacht? Fragen dieser Art begegnen uns auf Schritt und Tritt, und es ist schwer, darauf die richtige Antwort zu geben. Wir können nur auf das hinweisen, was wir selber erlebt haben – an uns und an anderen. Wir können nur davon reden, wie uns in scheinbar aussichtslosen Situationen unseres Lebens ein Wort von Gott geholfen hat, wie es uns festen Boden unter die Füße gegeben hat und wir auf einmal wieder fähig wurden, Entscheidungen zu treffen und unser Leben in die Hand zu nehmen. Wie kommt diese Wirkung zustande? Plötzlich wissen wir es genau: Hier spricht kein Mensch zu uns, sondern Gott selbst durch den Mund eines anderen. Auf einmal haben wir keinen Zweifel mehr daran: Gott spricht zu mir persönlich, er kennt mich, er weiß meinen Namen. Ich bin nicht verlassen, sondern gehöre ihm. Es kann deshalb nichts Verkehrtes mit mir passieren.

»Fürchte dich nicht, denn ich habe dich erlöst, ich habe dich bei deinem Namen gerufen, du gehörst mir.« Es gibt wohl kaum ein Wort, das Menschen so geholfen hätte wie dieses; das sie stark gemacht hat, Schweres zu tragen und zu überwinden; das ihnen Mut gemacht hat, in ausweglose Situationen hineinzugehen, ohne zu verzagen; das ihnen eine große Hoffnung gegeben hat, mit der sie, wie es hier heißt, ins Wasser gegangen sind, ohne zu ertrinken, und ins Feuer, ohne zu verbrennen.

Auch heute müssen in aller Welt Menschen durch Wasser und Feuer gehen. Wohl ihnen, wenn sie wissen, daß

Gott mit ihnen geht und sie an der Hand hält. Auch unter uns sind sie zu finden, Menschen, deren Leben in Frage gestellt ist. Sie sind es, die das Wort am besten verstehen können, weil sie selber damit gemeint sind. Jedem einzelnen von ihnen läßt Gott durch seinen Beauftragten zurufen: »Fürchte dich nicht, denn ich habe dich erlöst, ich habe dich bei deinem Namen gerufen, du gehörst mir.«

Damit wir nicht daran zweifeln, daß Gott es ernst mit uns meint, hat er seinen Sohn Jesus Christus uns vorangehen lassen, durch Wasser und durch Feuer, und hat damit ein Tor geschaffen, durch das wir hindurchgehen dürfen zu einem neuen Leben mit ihm. Dieses neue Leben beginnt nicht erst nach unserem Tode, sondern in dem Augenblick, wo wir sein Wort annehmen und uns darauf verlassen.

Gottes menschliche Stimme

HESEKIEL 22, 30

Ich suchte unter ihnen, ob jemand sich zur Mauer machte und wider den Riß stünde vor mir für das Land, daß ich's nicht verderbte; aber ich fand keinen.

Die Klage, die in diesem Prophetenwort liegt, durchzieht wie ein roter Faden das ganze Alte Testament: Gott sucht nach Menschen, die sich vor ihm für ihre Mitmenschen verantwortlich wissen, und findet keinen. Menschen, die sich in seinem Auftrag vor den Riß in der Mauer stellen, die das Volk Gottes schützend umgibt, und dadurch verhindern, daß durch diesen Riß Kräfte eindringen, die die Seele des Volkes vergiften und seinen Kern von innen her zerstören. Nur hin und wieder taucht eine einzelne große Gestalt auf, etwa Mose oder David oder einer von den Propheten, die für eine Zeitlang diese hohe Aufgabe erfüllt. Aber dann wird es wieder still um die Sache Gottes. Das Volk verflacht, die Gemeinschaft zerfällt, die Menschen verfallen anderen Mächten und Geistern, die sie für ihre Zwecke brauchen und sie wegwerfen, wenn diese Zwecke erfüllt sind. Die Wirkung dieser einzelnen großen Gestalten ist immer nur zeitlich begrenzt gewesen, und dann hat Gott das Volk die notwendigen Konsequenzen seines Tuns immer wieder tragen lassen. Er hat es sie immer wieder fühlen lassen, was es bedeutet, von ihm gerufen zu sein und diesen Ruf nicht zu hören.

Das ist heute nicht anders. Auch heute ruft Gott durch sein heiliges Wort nach Menschen, die sich für andere verantwortlich wissen und für sie eintreten, nicht nur in leiblichen Dingen, was ja immer nur vorübergehend möglich ist, sondern in einem viel weiteren Sinne, in einem Bereich, der über alles Faßbare und Greifbare hinausgeht, nämlich da, wo es um die Beziehung zwischen Mensch und Gott geht. Doch Gott ruft nicht mehr von oben, nicht mehr mit Befehlston, sondern ganz von unten und mit lockender, bittender Stimme. Er hat die Grenze, die zwischen ihm und dem Menschen da war, aufgehoben dadurch, daß er selber Mensch geworden ist, für jeden faßbar, für jeden greifbar, der nur zufassen und zugreifen möchte. Aus diesen Menschen, die sich nicht gescheut haben, einfach zuzugreifen, ist ein neues Volk geworden, die Gemeinde Jesu Christi, die nun nicht mehr unter Zwang oder aus Pflicht, sondern aus reiner Dankbarkeit Gottes Recht, Gesetz und Gnade weitersagt, damit recht viele andere Menschen auch den Mut gewinnen, zuzugreifen und sich für alle Zeit von der Sorge darum, was eigentlich ihres Lebens Sinn und Wert sei, befreien lassen.

Jesus Christus ist gekommen und in den Riß getreten,

54

der von jeher in der Schutzmauer klafft, mit der Gott die
Menschen umgeben hat. Wer sich an ihn hält, den werden
die Geister und Mächte der Finsternis nicht verderben
können.

Verantwortung für die Welt

HOSEA 8, 1–4

*Rufe laut wie eine Posaune: Er kommt über das Haus des
Herrn wie ein Adler, darum daß sie meinen Bund übertreten
und von meinem Gesetz abtrünnig werden. Dann
werden sie zu mir schreien: Du bist mein Gott; wir, Israel,
kennen dich!
Israel verwirft das Gute; darum muß sie der Feind verfolgen.
Sie machen Könige, aber ohne mich; sie setzen
Fürsten, und ich darf es nicht wissen. Aus ihrem Silber und
Gold machen sie Götzen, daß sie ja bald ausgerottet werden.*

Mit diesen Worten des Propheten Hosea meldet Gott seinen Anspruch auf die Welt an. Er läßt dem Volk Israel,
seinem Volk, sagen: Wundere dich nicht, daß du plötzlich in
solche Not gekommen bist. Du hast ja alles ohne mich
beschlossen und durchgeführt, Könige gewählt, Fürsten
eingesetzt und abgesetzt, ohne mich zu fragen, und den
eigenen Besitz an die Götzen weggegeben, das heißt verwirt-
schaftet, ohne Gottes Meinung über rechte Verwendung
von Eigentum zu hören. Nun sitzt das Volk in einer großen
Klemme, zwischen zwei mächtigen Völkern, die es zu zer-
drücken drohen, und weiß nicht, wie es sich ihnen gegenüber verhalten soll. Da hinein schickt Gott den Propheten
Hosea.

Was sagt uns dieser Text, wenn wir als Christen ihn hören? Jesus Christus hat die Schrift nicht aufgelöst, sondern erfüllt. Dies gilt auch uns. Der Christ ist dazu aufgerufen, dafür zu sorgen, daß Gott mitzureden hat in der Welt. Nicht nur in Kirchen und gottesdienstlichen Räumen und bei festlichen Anlässen. Was da über Gott geredet wird, hat keinen Zweck, wenn es sich nicht auf das Leben des einzelnen auswirkt, nicht nur auf das sogenannte Privatleben, sondern bis in die höchsten staatlichen Ämter hinein. Ein Christ hat in diesem Sinne gar kein Privatleben, sondern ist vor Gott verantwortlich für alles, was in seinem Wirkungsbereich vorgeht. Er hat keine Entschuldigung, wenn er irgend etwas geschehen läßt, was Gottes Geboten widerspricht.

Dies ist eine sehr alte Erkenntnis, wie wir aus dem Text sehen, aber sie muß immer neu entdeckt und erlebt werden. Christen dürfen sich nicht einbilden, es gäbe zwei getrennte Welten, die nichts miteinander zu tun hätten: innere und äußere. Sondern das, was in der inneren vor sich geht, beweist sich nur daran, daß es sich in der äußeren, dem sogenannten Alltag, auswirkt.

Auch die Gemeinde, in der wir leben und für die wir verantwortlich sind, hat eine Innen- und eine Außenseite, die eng miteinander verknüpft sind. Die Innenseite ist nur dann wahrhaft und echt und natürlich, wenn sie an der Außenseite in Erscheinung tritt. Nicht durch fromme Sprüche an den Wänden und fromme Worte, die wir uns hin und wieder abringen, sondern an der ganzen Art, wie wir miteinander umgehen und die notwendigen Dienste an den Mitmenschen leisten, soll offenbar werden, daß wir Gott gehorchen.

Sich im Gebet zu Gott zu wenden ist keine Frage des guten Tons oder der Sitte eines christlichen Hauses, sondern ein Gebot der Stunde für jeden Christen, der sich für die Welt, in der er lebt, verantwortlich weiß.

Unechter Gottesdienst

Amos 5, 16–20

Darum, so spricht der Herr, der Gott Zebaoth, der Herr: Es
wird in allen Gassen Wehklagen sein, und auf
allen Straßen wird man sagen: »Weh! weh!«, *und man wird*
den Ackermann zum Trauern rufen, und zum Wehklagen,
wer da weinen kann. In allen Weinbergen wird Wehklagen
sein; denn ich will unter euch fahren, spricht der Herr.
Weh denen, die des Herrn Tag begehren! Was soll
er euch? Denn des Herrn Tag ist Finsternis und nicht Licht.
Gleich als wenn jemand vor dem Löwen flöhe, und
ein Bär begegnete ihm; und er käme in ein Haus und lehnte
sich mit der Hand an die Wand, und eine Schlange
stäche ihn. Denn des Herrn Tag wird finster und nicht licht
sein, dunkel und nicht hell.

Amos ist ein Mann aus dem Volk, ein Hirt. Gott riß ihn von
der Herde, aus seinem Beruf, seiner Verantwortung, seinem
normalen Leben heraus, um im Lande herumzulaufen und
seinem Volk, zu dem er gehört, Untergang und Verderben
zu predigen. Es ist ein Volk, das gute Tage erlebt und sich
sicher fühlt und das auch nicht etwa unkirchlich geworden
ist, sondern nach alter Sitte und Gewohnheit regelmäßig
Gottesdienste mit viel Musik und in eindrucksvoller Form
begeht; ein Volk, bei dem offensichtlich alles in Ordnung
ist. Da ist es kein Wunder, daß man diesen Amos nicht
hören will, ihn verfolgt und schließlich aus dem Lande
weist, weil er soviel Unruhe macht. Man sagt ihm, wenn er
vom Untergang spricht: »Ja, ja, das mag ja alles sein; aber
kein Mensch kann wissen, was morgen passiert. Bleibe uns
vom Halse; du regst nur die ängstlichen Gemüter auf und
machst die Leute kopfscheu!«
  Gerade diese Reaktion der Obersten seines Volkes gibt

dem Amos die Bestätigung, daß Gott recht hat mit seinem Urteil über das Volk. Sie halten sich selbst für vollkommen, finden, daß bei ihnen alles in Ordnung ist. Sie brauchen einfach Gott nicht mehr. Sie geben ihm das, was er zu kriegen hat, damit er beruhigt ist; sie fürchten ihn nicht mehr. Sie haben gar kein Gefühl mehr dafür, daß ihr Leben hohl und gleichgültig geworden ist, einfach weil Gott auf das Altenteil gesetzt ist und keine Rolle mehr spielt. Der Prophet weiß aber: Nur das ist Leben, wenn Gott alles durchdringt, was zum Leben gehört, wenn er sich bis in unsere scheinbar geringsten Taten und Worte hinein auswirken kann. Wenn das wieder möglich werden soll, dann kann es nur damit anfangen, daß die Menschen Gott wieder fürchten lernen, begreifen lernen, daß es nicht gleichgültig ist, was sie tun oder lassen, sondern daß es sich auswirkt bis in das Weltgeschehen hinein. Deshalb handelt Amos, der hier die Menschen erschreckt, nicht aus Lust an der Angst der Leute, sondern aus Liebe zu seinem Volk, das er aus dem Untergang herausretten möchte, den er kommen sieht. Deshalb spricht er heute vom Tag des Herrn. Er korrigiert die Vorstellung des Volkes: nicht hell, sondern finster!

Ich glaube, es tut uns keinen Schaden, wenn auch wir hin und wieder solche Worte hören und uns sagen lassen, daß wir selber nicht in Ordnung sind, daß wir die Verbindung zu Gott täglich neu sichern müssen, damit unser Leben nicht hohl und leer und gleichgültig wird und eines Tages wie ein Glas zerspringt, wenn es sich zeigt, wer in dieser Welt der Herr ist.

Das Ziel der Hoffnung

Sacharja 9, 9

*Du, Tochter Zion, freue dich sehr, und du, Tochter
Jerusalem, jauchze! Siehe, dein König kommt zu dir, ein
Gerechter und ein Helfer, arm und reitet auf einem
Esel, auf einem Füllen der Eselin.*

Der Mensch ist von Natur ein wartendes und hoffendes
Wesen. Er lebt von einer Erwartung zur anderen und von
einer Hoffnung zur anderen. Wenn es im Leben auch Augenblicke geben mag, wo er die Zeit anhalten möchte, weil
der Augenblick so schön ist, so ist es ihm doch nicht ver-
gönnt, stehenzubleiben und nur zu genießen. Sondern sein
eigenes Wesen fordert von ihm, daß er weitergeht. Denn
wenn er nichts mehr vor sich hat, auf das er zugeht und auf
das er sich freuen kann, dann verzweifelt er. Der Mensch ist,
wie wir heute sagen, zukunftsorientiert. So hofft der Kranke
auf Heilung, der Gefangene auf Freilassung. Wer in den
Urlaub fährt, hofft auf schönes Wetter. Wer einsam ist, hofft
auf jemanden, der ihn anspricht. Wir machen unsere Pläne
auf die Zukunft hin, sei es für den nächsten Tag oder die
kommenden Wochen oder auch für einen ganzen Abschnitt
unseres Lebens. Ohne eine solche Zukunftsorientierung
könnten wir nicht existieren.

Was ist nun aber das Besondere an dem Warten und
Hoffen, das die Bibel uns lehren will? Worin unterscheidet
es sich von dem allgemeinen Warten und Hoffen, das jedem
Menschen als ein Lebenselement angeboren ist? Der Unterschied liegt allein in dem Gegenstand unseres Hoffens. Es
ist das Ziel, auf das unsere Augen gelenkt werden, wenn wir
uns durch die Bibel ansprechen lassen. »Siehe, dein König
kommt zu dir, ein Gerechter und ein Helfer.« Dies Wort ist
ja zunächst nicht an uns gerichtet, sondern an das aus

Jerusalem vertriebene, in Knechtschaft lebende Volk Israel, und zwar Jahrhunderte, bevor Jesus Christus auf die Welt kam. Es sollte die Gedanken der teils verzweifelten, teils gleichgültig gewordenen Menschen von ihrer Not und ihrem Kleinkram ablenken und auf ein Ziel hin richten, für das es sich lohnte zu leben. Ein Ziel, das vielleicht noch in weiter Ferne lag, das aber eines Tages erreicht sein würde. Die Ankunft eines Königs wird vorausgesagt, das Kommen einer überragenden Persönlichkeit, die Macht haben würde, alle Ungerechtigkeit zu beseitigen und aller Not ein Ende zu machen. Darüber kann noch viel Zeit vergehen. Aber schon die Aussicht darauf, daß einmal jemand kommen wird, der stärker ist als das blinde Schicksal und alles, was Menschen einander an Bosheiten und Schrecklichkeiten antun können, läßt eine neue Hoffnung aufkeimen, von der das Volk leben kann.

Was die Hoffnung für ein Menschenleben und für das Leben eines Volkes bedeutet, dafür hat es zu allen Zeiten überzeugende Beispiele gegeben. Auch in unserer heutigen Zeit gibt es sie, und wir wissen von ihnen. Wir brauchen nur etwa an die jungen Schriftsteller zu denken, die in den mit Gewalt regierten Ländern leben. Sie kämpfen für die Menschenrechte, sagen offen ihre Meinung und lassen sich dafür in die Gefängnisse und Irrenhäuser sperren. Sie wagen das, weil sie wissen, daß die Macht, die sie zum Schweigen bringen will, schon gebrochen ist und keine Gewalt mehr über sie hat, auch wenn sie vielleicht noch lange weiterherrscht. Sie leben von ihrer Hoffnung, die für sie schon Wirklichkeit ist. Die Hoffnung ist ihr Lebensinhalt.

Leben auch wir von einer solchen Hoffnung? Gilt das Wort, daß der König kommt, um alles in Ordnung zu bringen, auch uns? Brauchen wir diesen König? Zwar sind wir keine Menschen, die mit Gewalt unterdrückt werden. Wir sind frei, wir können sagen und tun, was wir wollen. Wir haben eine Freiheit, wie es sie vielleicht noch nie gegeben hat. Aber können wir mit dieser Freiheit auch wirklich etwas anfangen? Haben wir eine innere Freiheit, die der äußeren entspricht? Wenn wir uns in der Welt umsehen, müssen wir das bezweifeln. Wie es mit uns bestellt ist, erkennen wir nicht zuletzt an der Art, wie wir miteinander umgehen. Sind wir freundlich miteinander? Lassen wir einander gelten? Hilft einer dem anderen, oder ist da Zank und Streit, Eifersucht und Neid, Mißgunst und Egoismus? Und sind das nicht alles Zeichen unserer inneren Unruhe, einer Angst, von der wir verfolgt werden? Leben wir nicht auch wie Menschen, die keine Hoffnung haben?

Gewiß, auch wir brauchen einen Blickpunkt, der in die Ferne gerichtet ist und der uns über unseren täglichen Kleinkram, unsere Ängste und Sorgen, unsere Neid- und Haßgefühle hinaushebt und uns wieder eine echte und unzerstörbare Hoffnung ins Herz gibt. Nichts führt die Menschen so sehr zusammen, nichts macht sie einander so ähnlich wie eine gemeinsame Hoffnung.

Deshalb fühlen sich die Menschen, die an Christus glauben, sofort miteinander verwandt, auch wenn sie sich gar nicht kennen, unabhängig auch davon, ob sie weiß oder schwarz oder gelb sind. Sie können miteinander reden, ohne daß es Mißverständnisse gibt. Die eine Hoffnung macht aus den vielen vereinzelten und an sich selbst verzweifelnden Menschen eine große Familie, eine starke und lebensfähige Gemeinschaft, die in der Lage ist, mit kleinen und großen Problemen fertig zu werden. Gott entgegenzugehen und seinen Ruhm weiterzusagen, das ist wahrhafte Freiheit, heute und zu jeder Stunde unseres Lebens.

Der Weg Jesu Christi

Christi Geburt

LUKAS 2, 11

Denn euch ist heute der Heiland geboren, welcher ist Christus, der Herr, in der Stadt Davids.

Weihnachten – das Fest der Menschwerdung Gottes. Seit vielen Jahrhunderten feiert es die Christenheit als ein Fest des Lichtes und der Freude. Auch heute tun wir das noch. Aber es hat den Anschein, als wüßten wir nicht mehr so recht, wie diese Freude zustande kommt. Wir können uns heute kaum mehr vorstellen, aus welcher Knechtschaft der Seele und des Geistes der christliche Glaube unsere Voreltern einmal befreit hat. Uns fehlen die Vergleiche, um ermessen zu können, was sie empfunden haben, als sie auf einmal nicht mehr in der Gewalt von bösen Geistern und Rachegöttern waren, sondern ein liebender Gott sich zu ihnen neigte, dem sie sich in voller Freiheit anvertrauen konnten. Nur das geschichtlich belegte Wissen davon, daß dieser Glaube einmal die Welt verändert und das sogenannte christliche Abendland geschaffen hat, vermittelt uns eine Ahnung von dem, was damals geschehen ist.

Sollte das aber heißen, daß Weihnachten seine Aktualität verloren hat? Können wir es heute nur noch mit dem Blick in die Vergangenheit als ein Fest der Tradition feiern? Sind wir darauf angewiesen, Licht und Freude künstlich herzustellen? Tragen wir keine Fesseln, spüren wir keine Zwänge, von denen befreit zu werden Anlaß genug zu elementarer Freude sein müßte? Ich glaube, unser eigentümliches Verhalten, gerade das um die Weihnachtszeit, spricht in dieser Hinsicht eine verräterische Sprache.

Nicht ohne Grund haben die Seelenärzte neuerdings einen Begriff geprägt, der uns im Gedanken an unsere Mitmenschen aufhorchen läßt. Sie sprechen von Weihnachten in einem Zusammenhang, der überaus befremdend in unseren Ohren klingt. Nicht von Licht und Freude ist da die Rede, sondern von Depression, von »Weihnachtsdepression«. Sie machen die Beobachtung, daß mehr und mehr Menschen im Gedanken an Weihnachten von tiefer Traurigkeit befallen werden. Unruhe und Ängste, Gefühle der Heimatlosigkeit und des Vergessenseins bemächtigen sich ihrer und lassen sie am Sinn ihres Lebens verzweifeln. Sie schildern ihre Situation wie die eines versinkenden Schiffbrüchigen, an dem das rettende Schiff vorüberfährt, ohne Notiz von ihm zu nehmen. Weihnachten ist für sie der Inbegriff verpaßter Gelegenheiten und zerstörter Hoffnungen. Sie können sich nicht vorstellen, daß es auch für sie Hilfe und Rettung geben sollte. Es ist ein Zustand, der viele in Gefahr bringt, ihrem Leben durch Selbstmord ein Ende zu machen.

Das gilt in erster Linie für Menschen, die ohnehin zu Depressionen neigen, sowie für solche, deren Lebensweg sie zwangsläufig in die Isolation geführt hat. Am schwersten betroffen sind wohl die Insassen der Haftanstalten. Ihre Seelsorger machen sich schon lange vor Weihnachten schwere Sorgen, wie sie ihre verzweifelnden Schützlinge einigermaßen heil über die Feiertage hinwegbringen. Aber das sind nur die extremen Fälle von Weihnachtsdepression.

Viel größer ist die Zahl der innerlich Vereinsamten, und zu ihnen gehören viele, denen wir es nicht anmerken, wie gefährdet sie sind. Wo läßt sich hier überhaupt eine Grenze ziehen? Wer könnte von sich sagen, daß er völlig frei von solchen Empfindungen wäre? Gehen wir nicht alle mit einer gewissen Ratlosigkeit und Unbeholfenheit auf Weihnachten zu? Wir können doch kaum behaupten, daß es reine Vorfreude sei, was uns bewegt, wenn wir unsere Vorbereitungen treffen, unsere Einkäufe machen und uns alle Mühe geben, unseren vielfachen Verpflichtungen gerecht zu werden. Und kommt es nicht bei vielen von uns einer Flucht gleich, wenn wir uns in Erwartung der Feiertage schon frühzeitig um Quartiere in entlegenen Urlaubsorten bemühen, statt ruhig zu Hause zu bleiben?

Eines jedenfalls scheint mir unser vorweihnachtliches Gebahren deutlich zu beweisen: Weihnachten ist kein neutrales und erst recht kein harmloses Fest. Sein Herannahen läßt den Menschen nicht gleichgültig, sondern versetzt ihn in Unruhe, macht ihn unsicher. Jeden rührt es da an, wo sein wundester Punkt ist. Die Traurigen macht es noch trauriger, die Einsamen noch einsamer, den in Schuld Verstrickten versperrt es die letzten Auswege. Keiner, der sein eigenes Unvermögen nicht schmerzlicher zu spüren bekäme als sonst. Wo bleibt denn da, so fragen wir, die Freude? Hat sich Weihnachten denn in sein Gegenteil verkehrt?

Sicherlich nicht. Vielmehr ist es von jeher so gewesen, daß die Nähe Gottes den Menschen beunruhigt und in Frage stellt. Sie teilt sich ihm mit, indem sie ihn an die Grenzen seiner Existenz führt. Wo er es nur mit seinesgleichen zu tun hat, da kann der Mensch sich zur Wehr setzen und seine Stellung verteidigen. Vor Gott aber nützt ihm das nichts, da muß er klein beigeben, ganz gleich, welchen Rang er sich erkämpft hat. Das gefällt ihm nicht. Und deshalb flieht er, wenn er kann. Er sucht sich ein Alibi, das ihn vor Entlarvung bewahrt. Das kann lange gutgehen. Eines Tages aber trifft es ihn so schwer, daß er nicht entrinnen kann. Dann muß er stillhalten – zu seinem Glück. Denn nun kann Weihnachten zu ihm kommen, wie es wirklich ist. Wer das einmal erlebt hat, der täuscht sich nicht mehr darüber, was es mit der Depression auf sich hat. Sie will ihn nicht vernichten, sondern in ihm die Voraussetzung dafür schaffen, daß er begreifen kann, wie groß das Geschenk ist, das Gott ihm anbietet. Er soll frei werden von allem, was ihn belastet. Zum Unterschied von früher sind das heute in der Regel zwar keine personifizierten Dämonen mehr, dafür aber lauter anonyme und nicht weniger unheimliche Mächte, die den Menschen abhängig machen, seinen Tag vergiften und ihn seines Lebens nicht froh werden lassen. Sie alle sollen das Feld räumen und ihn nicht mehr plagen dürfen. Das kann nur dadurch geschehen, daß Gott selbst an seine Seite tritt. Darum kommt in den Weihnachtstagen alles darauf an, daß der Mensch sich aufmacht zum Empfang des Kindes von Bethlehem, aufmacht in des Wortes zweifacher Bedeutung. Denn wo Gott einzieht, da haben Traurigkeit und Ängste keinen Platz mehr. Da fällt auch die Schuld in sich zusammen und kann am Wege liegengelassen werden. Da gibt es dann auch keinen Zweifel mehr darüber, was man gegen die Weihnachtsdepression tut und wie man sie sachgemäß behandelt. Nicht mit den üblichen Pillen, die beruhigen sollen, in Wirklichkeit aber nur täuschen und das Leiden verschlimmern. Auch nicht mit beschwichtigenden Worten, die darauf abzielen, dem Menschen seine Ängste und Schuldgefühle als unbegründet auszureden. Sondern mit dem unmißverständlichen Hinweis auf die Nähe Gottes und auf das Wort von der Versöhnung, wie es uns die christliche Botschaft seit zwei Jahrtausenden zuruft.

Es ist hier wirklich kein Platz für Halbheiten. Wer sich zu Weihnachten von Ängsten bedroht fühlt, der versuche nicht, davonzulaufen, sondern halte stand und wende sich bewußt dem Kommenden entgegen. Es gibt Menschen, die diesem Entschluß sichtbaren Ausdruck verleihen. Sie gehen am Weihnachtsabend dorthin, wo sie Leute vermuten, denen es ebenso geht wie ihnen – also in die Gefängnisse, die Wartesäle, die Krankenhäuser oder wo immer sie jemand wissen, der vereinsamt ist – und sagen den Menschen dort, daß Gott ihnen nahe ist und daß ihre Traurigkeit in Freude verwandelt werden soll. Das hilft ihnen selbst am besten, und was sie damit anrichten, ist möglicherweise mehr als alle Hilfe, die Menschen einander zu geben vermögen. Denn was sie sagen ist keine Utopie und kein Selbstbetrug. Es hat auch nichts mit Suggestion zu tun. Sondern es ist Wahrheit. Es ist die Realität von Weihnachten, die einzige, die je geholfen hat und die auch heute ihre Wirkung tut, wo immer sie verkündet wird. Sie hebt den Blick des in sich selbst verfangenen Menschen hinaus über seine eigene Armseligkeit und richtet ihn auf das Ziel hin, zu welchem er von der Schöpfung her berufen ist. Sie rückt ihm die Maßstäbe zurecht, nach denen sein Leben gemessen wird. Sie läßt ihn begreifen, daß sein kleines Erdendasein, das er sich recht und schlecht eingerichtet und mit Sicherheitsvorkehrungen versehen hat, nicht das letzte ist, woran er sich halten kann, sondern nur dazu dient, ihn teilhaben zu lassen an der großen Wanderschaft, die ihn dorthin führt, von wo er gekommen ist und wo er hingehört. Dieser Ausblick gibt ihm den Wirklichkeitssinn zurück, den seine persönlichen Wunschvorstellungen eingeengt und verdunkelt haben. Er weiß dann wieder, daß Gott anders rechnet als wir. Daß es ihm nicht darauf ankommt, seine Kinder ungeschoren durchs Leben gehen zu lassen, sondern daß er ihnen etwas zumutet, damit sich seine Kraft an ihnen bewährt. Sie hat Gestalt angenommen in Jesus Christus. Mit ihm sollen wir das Leben meistern. Er ist Herr über alles, auch über die Depressionen. Deswegen können auch wir beunruhigten Menschen von heute nichts Besseres tun, als einander zuzurufen: »Euch ist heute der Heiland geboren.«

Der Sohn Gottes

JOHANNES 1, 18

Niemand hat Gott je gesehen; der eingeborene Sohn, der in des Vaters Schoß ist, der hat es uns verkündigt.

Wenn vom Glauben die Rede ist, hören wir oft sagen: Gott, ja, an den kann ich glauben, den kann ich mir vorstellen, den spüre ich geradezu. Aber Jesus Christus, mit dem kann ich nichts anfangen. Er stört mein Verhältnis zu Gott. Es geht doch auch ohne ihn. Zu einer solchen Behauptung können wir, wenn wir auf das Neue Testament hören, nur sagen: Mensch, du machst dir etwas vor. Gott gehört nicht zu den Wesen, von denen wir eine Vorstellung haben können. Und was du zu spüren glaubst, kann alles andere sein als Gott.

»Niemand hat Gott je gesehen.« Niemand kann aus eigener Anschauung, aus eigenen Gedanken heraus etwas über Gott aussagen, wie er aussieht, welches sein Wesen ist, ja nicht einmal, ob es ihn überhaupt gibt.

Ja, aber ihr redet doch von Gott, ihr behauptet alles mögliche von ihm, ihr erwartet dies und jenes von ihm, so wird uns dann entgegengehalten.

Gewiß reden wir von Gott. Aber unsere Weisheit stammt nicht von uns selbst, sondern allein von Jesus Christus. Wir wiederholen nur das, was er uns von Gott gesagt hat und was er durch sein Wirken, sein Leiden und Sterben von Gottes Wesen deutlich gemacht hat. Das ist es, worauf wir uns berufen.

Nichts geben wir auf unsere Meinung über Gott, auf unsere Empfindungen, unsere Vorstellungen. Am wenigsten auf unsere religiösen Empfindungen und Gefühle. Denen gegenüber haben wir allen Grund, mißtrauisch zu sein. Denn in ihnen kann alles mögliche, unkontrollierbare zur Auswirkung kommen, was mit Gott nichts zu tun hat.

Der Christ verläßt sich also auf nichts Eigenes, sondern nur auf das, was ihm durch Jesus Christus zugänglich gemacht worden ist. »Der eingeborene Sohn, der in des Vaters Schoß ist, der hat es uns verkündigt.«

Ja, aber macht ihr es euch damit nicht allzu einfach? Ist es nicht eine sehr gewagte Angelegenheit, alles auf eine Karte zu setzen, sich auf das Wort eines einzigen Menschen zu verlassen und alle anderen Kontrollen auszuschalten?

Nun, gewagt ist es schon. Aber wir verlassen uns ja nicht auf das Wort eines Menschen, der wie jeder andere ist, sondern es handelt sich um den Sohn Gottes.

Ja, aber ist das nicht erst recht ein Wagnis, anzunehmen, daß Jesus Gottes Sohn ist?

Gewiß, es erscheint allzu einfach, geradezu primitiv. Aber damit steht und fällt das ganze Christsein, daß wir Jesus als den Sohn Gottes erkennen und alles von ihm annehmen. Davon haben die ersten Christen vor 2000 Jahren gelebt und davon leben auch heute noch die Christen in aller Welt. Gottes Sohn ist Mensch geworden, weil wir sonst überhaupt keine Beziehung zu Gott hätten.

»Der hat es uns verkündigt«, heißt es in unsrem Text. Wie hat er das getan? Verkündigen, das heißt nicht nur reden und lehren und erklären, sondern es heißt handeln, sein Leben einsetzen, leiden und sterben. So hat Jesus durch sein Reden Menschen vor Entscheidungen gestellt, durch sein Handeln gerettet, durch sein Leiden und Sterben überzeugt.

Und Gott hat ihn damit nicht allein gelassen. Seine Erscheinung als Mensch auf Erden war nicht der Abschluß, sondern der Anfang seines Wirkens. Durch das, was zu Pfingsten an den Menschen geschehen ist, die sich zu ihm hielten, wirkt sein Geist weiter und will auch in und durch uns wirksam werden.

Die Versuchungsgeschichte

MATTHÄUS 4, 1–11

*Da ward Jesus vom Geist in die Wüste geführt, auf daß er
von dem Teufel versucht würde. Und da er vierzig Tage und
vierzig Nächte gefastet hatte, hungerte ihn. Und
der Versucher trat zu ihm und sprach: Bist du Gottes Sohn,
so sprich, daß diese Steine Brot werden. Und er
antwortete und sprach: Es steht geschrieben: »Der Mensch
lebt nicht vom Brot allein, sondern von einem
jeglichen Wort, das durch den Mund Gottes geht.«
Da führte ihn der Teufel mit sich in die heilige
Stadt und stellte ihn auf die Zinne des Tempels und sprach
zu ihm: Bist du Gottes Sohn, so laß dich hinab;
denn es steht geschrieben: »Er wird seinen Engeln über dir
Befehl tun, und sie werden dich auf den Händen
tragen, auf daß du deinen Fuß nicht an einen Stein stoßest.«
Da sprach Jesus zu ihm: Wiederum steht auch
geschrieben: »Du sollst Gott, deinen Herrn, nicht versuchen.«
Wiederum führte ihn der Teufel mit sich auf einen
sehr hohen Berg und zeigte ihm alle Reiche der Welt und ihre
Herrlichkeit und sprach zu ihm: Das alles will ich
dir geben, so du niederfällst und mich anbetest. Da sprach
Jesus zu ihm: Hebe dich weg von mir, Satan! denn
es steht geschrieben: »Du sollst anbeten Gott, deinen Herrn,
und ihm allein dienen.« Da verließ ihn der Teufel;
und siehe, da kamen die Engel zu ihm und dienten ihm.*

Wenn wir so im allgemeinen von Versuchungen sprechen,
denen wir als Menschen ausgesetzt sind, dann denken wir
gewöhnlich nicht gleich an den Teufel in Person. Wir denken eigentlich nur an menschliche Schwächen, die in unserer Natur liegen, und es ist uns ein Trost, wenn wir merken,
daß andere Menschen ähnliche Schwächen haben. Wir be-

trachten diese Versuchungen als persönliche Angelegenheit jedes einzelnen, als Störungen, mit denen er in seinem Leben irgendwie fertig werden muß. Und im Grunde finden wir Menschen, die Versuchungen ausgesetzt sind, interessanter und oft auch liebenswerter als solche, deren Leben in normalen und ruhigen Bahnen verläuft. Wir haben auch gar nicht das Gefühl, als wenn diese Menschen dem Teufel etwa mehr ausgesetzt wären als die anderen.

Ich glaube, daß wir damit recht haben: Alle Menschen sind dem Teufel in gleicher Weise ausgesetzt, nicht einer mehr, der andere weniger. Wir sind ihm nicht nur ausgesetzt, sondern er hat uns alle ganz selbstverständlich in seiner Hand und regiert uns genauso mit dem, was wir für unsere Stärke halten, wie mit unseren Schwachheiten. Deshalb braucht er uns auch gar nicht zu versuchen, denn er hat uns ja so schon. Wir wissen es nur nicht. Wir erfahren es erst in dem Augenblick, wo Gott in unser Leben eingreift, wo Gott seinen Anspruch an uns Menschen geltend macht. Solange wir keinen Vergleich haben, können wir das, was über uns herrscht, nicht beurteilen. Wenn aber eine stärkere Macht auftritt und uns besitzen will, dann merken wir erst, wer uns bis dahin regiert hat. Denn nun wird der bisherige Herrscher aus seiner Sicherheit herausgeholt und muß sich verteidigen. Das tut er, indem er einen Angriff startet, denn Angriff ist bekanntlich die beste Verteidigung.

Was hier in unserem Evangelium an Jesus geschieht, das vollzieht sich in abgewandelter Form an jedem Menschen, von dem Gott Besitz ergreifen will. Der Teufel kommt aus seinem Dunkel hervor und sucht das Licht, das aufstrahlt, wieder zu ersticken. Da ist dann oft gar nicht zu unterscheiden, was eigentlich menschliche Stärke und was Schwäche ist: Der Teufel weiß mit beidem wohl umzugehen und erfindet täglich neue Tricks, den Menschen wieder von dem abzubringen, was Gott ihm offenbart hat.

In unserem Text sehen wir es ganz deutlich, wie der Teufel Jesus bei den Gaben faßt, die Gott ihm gegeben hat, und ihn dazu bringen will, sie so anzuwenden, wie es den Menschen gefällt. Wir können fast sagen: Er will ihn dazu bringen, seine Gaben vernünftig anzuwenden, nach einem bestimmten System, nach einer Vorschrift, die jeder versteht. Und das, was Jesus davon abhält, dem Teufel ins Garn zu gehen, ist nicht eine bessere Vernunft, sondern allein der Wille des Vaters, der ihn hält.

Wen Gott haben will, den stellt er in die Auseinandersetzung zwischen Licht und Finsternis, einen Kampf, den Jesus Christus schon durchgekämpft und mit dem Sieg beendet hat. Sein Licht leuchtet, obgleich schon 2000 Jahre vergangen sind, von Tag zu Tag heller. *Ohne ihn* bleiben wir in der Finsternis unserer kleinen Versuchungen stecken, mit denen der Teufel uns zu unterhalten beliebt. *Mit ihm* ist uns der Sieg gewiß, trotz aller unserer Schwachheiten.

Petri Fischzug

Lukas 5, 1–11

Es begab sich aber, da sich das Volk zu ihm drängte, zu hören das Wort Gottes, daß er stand am See Genezareth und sah zwei Schiffe am See stehen; die Fischer aber waren ausgetreten und wuschen ihre Netze. Da trat er in der Schiffe eines, welches Simons war, und bat ihn, daß er's ein wenig vom Lande führte. Und er setzte sich und lehrte das Volk aus dem Schiff.
Und als er hatte aufgehört zu reden, sprach er zu Simon: Fahre auf die Höhe und werfet eure Netze aus, daß ihr einen Zug tut! Und Simon antwortete und

sprach zu ihm: Meister, wir haben die ganze Nacht gearbeitet
und nichts gefangen; aber auf dein Wort will ich
das Netz auswerfen. Und da sie das taten, beschlossen sie
eine große Menge Fische, und ihr Netz zerriß. Und
sie winkten ihren Gesellen, die im andern Schiff waren, daß
sie kämen und hülfen ihnen ziehen. Und sie kamen und
füllten beide Schiffe voll, also daß sie sanken.
Da das Simon Petrus sah, fiel er Jesu zu den Knien
und sprach: Herr, gehe von mir hinaus! Ich bin ein sündiger
Mensch. Denn es war ihn ein Schrecken angekommen, ihn
und alle, die mit ihm waren, über diesen Fischzug, den sie
miteinander getan hatten; desgleichen auch Jakobus und
Johannes, die Söhne des Zebedäus, Simons Gesellen. Und
Jesus sprach zu Simon: Fürchte dich nicht! Denn
von nun an wirst du Menschen fangen. Und sie führten die
Schiffe zu Lande und verließen alles und folgten
ihm nach.

Jesus steht am See Genezareth inmitten einer Volksmenge,
die gekommen ist, um das Wort Gottes aus seinem Munde
zu hören. Da die Menschen ihn bedrängen, steigt er in einen
der am Ufer liegenden Kähne und bittet Simon, den Besitzer des Kahns, ihn ein Stückchen vom Ufer auf den See
hinauszufahren. Dort kann er frei sprechen. Als er geendet
hat, fordert er den Simon auf, seine Netze zu holen und
einen Fischzug zu machen. Simon gibt zu verstehen, daß
Ort und Zeit nach menschlichem Ermessen dafür so unge-
eignet seien wie nur möglich. Sie haben schon die ganze
Nacht gearbeitet und nichts gefangen. Aber die Worte Jesu
haben ihn so beeindruckt, daß er seinem Befehl Folge
leistet. »Auf dein Wort will ich das Netz auswerfen.«
    Der Effekt ist überwältigend: Simon fängt so viele Fische
wie noch nie in seinem Leben. Und wie reagiert er? Die
Größe des Erlebens zwingt ihn auf die Knie. In tiefem

Erschrecken wirft er sich Jesus zu Füßen und bekennt seine Nichtswürdigkeit. »Gehe von mir hinweg, ich bin ein sündiger Mensch.« Er fühlt sich völlig überfordert durch eine derartige Demonstration der Größe Gottes. Seine Worte sind fast die gleichen wie die des Propheten Jesaja im Alten Testament, nachdem er die Herrlichkeit Gottes in einer Vision zu Gesicht bekommen hat: »Weh mir, ich vergehe«, so spricht er, »denn ich bin unreiner Lippen und wohne unter einem Volk von unreinen Lippen.« Und auch die Konsequenz ist in beiden Fällen die gleiche: Die neue Dimension, die sie beide, jeder auf seine Art, gewonnen haben, reißt sie aus der bisherigen Begrenztheit ihres Daseins heraus. Gott hat sich ihnen zu erkennen gegeben, um sie in seinen Dienst zu stellen. Simon wird von nun an nicht mehr Fische fangen, sondern Menschen zu Gott führen. Er und seine Begleiter verlassen alles, was sie haben, und folgen Jesus nach.

Drei Jahre ziehen sie mit ihm durch das Land, erleben Schönes und Schweres, Klares und Unverständliches, erhalten von ihm die Vollmacht, das Evangelium zu verkündigen und Kranke zu heilen – bis sie eines Tages allein dastehen, wie Gescheiterte, ohne Führung, ohne Hoffnung, ohne Erklärung für den Leidensweg Jesu, an dem sie teilgenommen haben.

Was sie zusammenhält, ist ein besonderes, übernatürliches Erleben: Jesus erscheint ihnen in einer neuen Gestalt und spricht sogar zu ihnen. Sie sollen beisammen bleiben und auf den Heiligen Geist warten, den er ihnen senden wird. Zunächst haben sie noch keine Vorstellung davon. Aber dann geschieht es anläßlich des in Jerusalem gefeierten Pfingstfestes, daß sie alle davon ergriffen werden. Davon erzählt Lukas zu Beginn der Apostelgeschichte. Auf einmal treten sie aus ihrer Anonymität heraus, werden selbständig, wissen, wozu sie da sind, fangen an zu reden und Gott zu loben, und alle hören ihnen zu. Jetzt ist auch für Simon, dem Jesus den Beinamen Petrus gegeben hat, die große Stunde gekommen. Er erkennt die großen Zusammenhänge der Heilsgeschichte, von der im Alten Testament die Rede ist und die durch Jesus zur Vollendung geführt wird, und er spricht davon mit immer größer werdender Sicherheit. Seine Worte formen sich zur ersten großen Predigt der Christenheit, und die hat zur Folge, daß sich die erste christliche Gemeinde bildet. Fünftausend Menschen lassen sich auf sein Wort hin taufen. Aus dem Fischer Simon ist nun wirklich der Menschenfischer Petrus geworden.

Hochzeit zu Kana

Johannes 2, 1–11

Und am dritten Tage ward eine Hochzeit zu Kana in Galiläa; und die Mutter Jesu war da. Jesus aber und seine Jünger wurden auch auf die Hochzeit geladen. Und da es an Wein gebrach, spricht die Mutter Jesu zu ihm: Sie haben nicht Wein. Jesus spricht zu ihr: Weib, was habe ich mit dir zu schaffen? Meine Stunde ist noch nicht gekommen. Seine Mutter spricht zu den Dienern: Was er euch sagt, das tut.
Es waren aber allda sechs steinerne Wasserkrüge gesetzt nach der Weise der jüdischen Reinigung, und ging in je einen zwei bis drei Maß. Jesus spricht zu ihnen: Füllet die Wasserkrüge mit Wasser! Und sie füllten sie bis obenan. Und er spricht zu ihnen: Schöpfet nun und bringet's dem Speisemeister! Und sie brachten's. Als aber der Speisemeister kostete den Wein, der Wasser gewesen war, und wußte nicht, woher er kam (die Diener aber

77

wußten's, die das Wasser geschöpft hatten), ruft der
Speisemeister den Bräutigam und spricht zu ihm: Jedermann
gibt zum ersten guten Wein, und wenn sie trunken
worden sind, alsdann den geringern; du hast den guten Wein
bisher behalten.
Das ist das erste Zeichen, das Jesus tat, geschehen zu Kana
in Galiläa, und offenbarte seine Herrlichkeit. Und
seine Jünger glaubten an ihn.

Was wäre wohl aus dieser Hochzeit geworden, wenn Jesus nicht dabeigewesen wäre? Ein mißglücktes Fest, über das die Gäste noch lange gelästert hätten. Der für das Festessen verantwortliche Bräutigam hätte es sich gefallen lassen müssen, als Geizkragen bezeichnet zu werden. Nun aber wurde es ein rundes Fest, bei dem jeder auf seine Kosten kam. So jedenfalls erlebte es die Mehrzahl der Gäste. Nur einige wenige hatten etwas davon bemerkt, in welcher Gefahr die Veranstaltung geschwebt hatte und was geschehen war, um diese Gefahr abzuwehren. Und unter diesen war es wiederum nur eine kleine Schar, die sich darüber klar war, daß sich hier ein Geschehen von schicksalhafter Tragweite vollzog.

Maria, die Mutter Jesu, hatte als erste Verdacht geschöpft, daß hier etwas nicht in Ordnung sei. Und mit geradezu schlafwandlerischer Sicherheit hatte sie es ihrem Sohn mitgeteilt.»Sie haben nicht genug Wein!« Offenbar hatte sie das feste Vertrauen, daß er allein helfen konnte. Wie, das war seine Sache.

Er aber weist sie ungewöhnlich schroff zurück. »Weib, was habe ich mit dir zu schaffen? Meine Stunde ist noch nicht gekommen.« Offenbar ist ihr nicht bewußt, was sie mit ihrer Einmischung anrichtet. Denn ohne seine Zurechtweisung zu beachten, wendet sie sich an die Diener und weist sie an, seinen Anordnungen Folge zu leisten. Nun kann er nicht mehr zurück, sein Eingreifen ist nicht mehr aufzuhalten. Er gebietet den Dienern, die großen Krüge, die dort stehen, mit Wasser zu füllen und dem Speisemeister zu bringen. Auch der hat nichts von dem bemerkt, was sich hinter den Kulissen abgespielt hat. Er äußert nur sein Erstaunen darüber, daß es hier umgekehrt zugehe, als er es gewohnt sei. Normalerweise würde zu Anfang der gute Wein ausgeschenkt, und erst wenn die Gäste so viel getrunken hätten, daß sie den Unterschied nicht mehr bemerkten, bekämen sie den weniger guten Wein. Hier aber würde der gute Wein zuletzt gereicht.

Die Geschichte von der Hochzeit zu Kana ist voll von hintergründigen Anspielungen, denen nachzugehen seinen besonderen Reiz hat. Am meisten bedeutet sie für Jesus selbst, denn sie zwingt ihn, Farbe zu bekennen, sein Geheimnis preiszugeben. »Es ist das erste Wunder, das Jesus tat und offenbarte seine Herrlichkeit«, so heißt es hier. Er ist nun nicht mehr der von vielen verehrte wandernde Prediger, sondern der mit göttlicher Kraft ausgestattete Heilbringer, dessen Weg nach Gottes Willen ins Leiden und schließlich zum Tode am Kreuz führen wird. Seine eigene Mutter hat ihm mit ihrem Eingreifen die letzte Reserve entrissen. Ob sie es auch getan hätte, wenn ihr die Konsequenzen ihres Handelns klar gewesen wären? Die Antwort entzieht sich unsrer Beurteilung, weil auch sie in diesem Augenblick zweifellos ein Werkzeug Gottes war. »Und seine Jünger glaubten an ihn«, so heißt es am Schluß. Für sie war das, was sie hier erlebten, der letzte Beweis dafür, daß sie dem richtigen Mann gefolgt waren.

Wasser und Wein spielen eine große Rolle im Wirken Jesu unter den Menschen. Vieles macht er ihnen daran deutlich, bis hin zum heiligen Abendmahl, bei dem der Wein seine letzte Bestimmung erhält als Zeichen für das Blut Jesu, das für die Sünde der Menschen vergossen wurde.

Die Frage des Nikodemus

*Und wie Mose in der Wüste eine Schlange erhöht hat, also
muß des Menschen Sohn erhöht werden, auf daß alle,
die an ihn glauben, nicht verloren werden, sondern das
ewige Leben haben.*
*Also hat Gott die Welt geliebt, daß er seinen eingeborenen
Sohn gab, auf daß alle, die an ihn glauben, nicht
verloren werden, sondern das ewige Leben haben.*

Vor Jahren unterhielt ich mich einmal mit einem jungen
katholischen Theologen, der für eine bestimmte Zeit an ein
Kloster beordert war, um die Mönche theologisch weiterzu-
bilden. Ich fragte ihn nach seiner Tätigkeit und was er dabei
als seine Hauptaufgabe ansähe. Er gab zur Antwort: »Ich
wecke Bedürfnisse.« Über diese Antwort war ich zunächst
einigermaßen verblüfft. Denn ausgerechnet in einem Kloster, wo für unsere Begriffe die Bedürfnislosigkeit großge-
schrieben wird, Bedürfnisse zu wecken, das schien mir ein
nicht ganz ungefährliches, an Sabotage grenzendes Unter-
fangen zu sein. Je mehr ich aber über diese Antwort nachgedacht habe, um so klarer ist mir geworden, daß der Gefragte
etwas ganz Wesentliches damit zum Ausdruck gebracht hat.
»Bedürfnisse wecken«, ist das nicht genau das, was Gott mit
uns tut, wenn er uns Jesus Christus in den Weg schickt? Von
allein, aus uns selbst heraus wissen wir ja gar nicht, was
unser menschliches Leben alles für Möglichkeiten in sich
birgt. Wir kennen und erkennen nur seinen äußeren Ablauf
zwischen Geburt und Tod. Wir wissen uns abhängig von
den Umständen, unter denen wir Mensch geworden sind,
von der Vererbung auf dem Weg über unsere Eltern, von
dem Milieu, in das wir hineingeboren sind und in dem wir
aufwachsen. Wir wissen uns gekennzeichnet, äußerlich und

innerlich, durch das, was uns widerfahren ist, und das, was wir angerichtet haben. Wir halten das einmal an uns und durch uns Geschehene für unabänderlich und glauben, endgültig dadurch geprägt zu sein.

Gott aber weiß es anders. Für ihn haben die Wände, die wir um uns herumziehen, keine Gültigkeit. Er kann sie mit einer Handbewegung wegschieben und uns eine neue Perspektive eröffnen. Er kann unser Dasein in einen neuen, kosmischen Zusammenhang stellen und unsere Füße über Neuland gehen lassen. Er macht, solange wir atmen, keinen Schlußstrich unter unser Leben, sondern gibt ihm von Tag zu Tag neue Chancen. Sein Anliegen ist es, uns diese große Möglichkeit begreiflich zu machen. Er will, daß wir innehalten auf unserem Wege, hinhören auf seine Stimme und uns herauslocken lassen aus unseren eingefahrenen Geleisen, um einen Weg zu gehen, den er uns zeigen wird. Er will uns neugierig machen für die Kraft, die hinter seinen Worten und Taten steht, damit wir unseren eingeengten Zustand als Mangel empfinden und uns ausstrecken nach dem, was er uns anzubieten hat.

Von einem solchen neugierig gemachten Menschen berichtet uns die Bibel in der Gestalt des Nikodemus, eines gelehrten Theologen und Obersten der Juden. In seinem Gespräch mit Jesus kommt der Satz vor: »Also hat Gott die Welt geliebt, daß er seinen eingeborenen Sohn gab, auf daß alle, die an ihn glauben, nicht verlorengehen, sondern das ewige Leben haben.«

Nikodemus ist, wie gesagt, neugierig geworden. Er hat draußen auf den Straßen, im Tempel und bei anderen Gelegenheiten Jesus reden hören und handeln sehen, und das hat ihn seine eigene Unzulänglichkeit schmerzlich empfinden lassen. Er hat gesehen, daß es noch etwas anderes gibt als die Welt, die sich seinem Verstand erschlossen hat und in der er sich zurechtzufinden gelernt hat, nämlich eine

Kraft von außen her, die den Menschen zu verwandeln vermag. Damit ist auch bei ihm ein Bedürfnis geweckt worden. Er möchte gern erfahren, was es mit dieser verwandelnden Kraft auf sich hat, und so sucht er nach einer Gelegenheit, Jesus persönlich zu begegnen. Diese Möglichkeit ist nur nachts gegeben, weil der Besuch am Tage zu viel Aufsehen erregen würde. Und eine derartige Bloßstellung kann Nikodemus sich nicht leisten. Er kommt also in der Nacht, und sein Gespräch mit Jesus läßt sogleich erkennen, daß er ihn als Autorität anerkennt. »Meister«, so sagt er, »wir wissen, daß du ein Lehrer bist, den Gott gesandt hat. Denn niemand kann die Zeichen tun, die du tust, wenn nicht Gott mit ihm ist.« Nach dieser Vorrede würden wir wohl erwarten, daß er bestimmte Fragen an Jesus richtet. Aber davon wird uns nichts gesagt. Wahrscheinlich hat er auch gar keine formulierbare Frage, sondern möchte erst einmal die Persönlichkeit Jesu auf sich wirken lassen. Der aber weiß, weswegen sein Gast gekommen ist, und er sagt zu ihm: »Ein Mensch muß von neuem geboren werden, sonst kann er den Zugang zum Reich Gottes nicht finden.« Das also ist es, was Nikodemus bewegt, die Frage: »Wie komme ich zu Gott?« Wie ernst es ihm damit ist, erkennen wir aus der geradezu erschütternden Einfältigkeit, mit der er sich auf die Worte Jesu einstellt. Er fragt: »Wie kann ein Mensch geboren werden, wenn er alt ist? Kann er auch in seiner Mutter Leib zurückkehren und von neuem geboren werden?« Man spürt es ihm an, wie sehr er sich nach einer solchen Neuwerdung sehnt. Jesus erklärt ihm, daß es eine Wiedergeburt aus dem Geist gibt, die den Menschen von Grund auf neu macht. Sie hat nur eine Voraussetzung, nämlich die, daß dieser Mensch ihn, Jesus, als den Sohn des lebendigen Gottes erkennt und sich ihm ausliefert mit seiner ganzen Existenz. Nur so kann er teilhaben an der Liebe Gottes, von der in unserem Wort die Rede ist.

82

Das sieht so einfach aus und ist doch so schwer zu fassen, namentlich für einen Menschen, der sich seine Weltanschauung mit vieler Mühe selbst zusammengebastelt hat. Er kann es nicht fassen, daß Gott die Welt, und damit auch ihn, wirklich liebhat. Seiner persönlichen Erfahrung entspricht das offenbar nicht. Wenn es wirklich so wäre, dann müßte die Welt anders aussehen. Es dürfte keine Kriege mehr geben. Die Bosheit und Grausamkeit der Menschen dürfte sich nicht mehr so durchsetzen wie bisher. Wie kann ein wirklich liebender Gott solches alles zulassen? Die Ungerechtigkeit dürfte nicht so überhand nehmen. Die Guten müßten belohnt und die Bösen bestraft werden. Krankheit und Qual, Not und Tod dürften keine entscheidende Rolle mehr spielen. Nein, von dieser menschlichen Art ist die Liebe Gottes nicht. Sie ist weder eine Ordnungsmacht noch eine Versicherungsanstalt. Sie versucht nicht, den Menschen zu seinem Glück zu zwingen, indem sie andere Lebensverhältnisse schafft. Sie ändert die »Strukturen« nicht, wie man heute so gerne sagt, sondern sie läßt dem Menschen seine volle Verantwortung für sich und seine Mitmenschen, wo immer er steht. Ja sie fordert ihn erst richtig dazu heraus. Sie entmündigt ihn nicht, sondern läßt ihn in seiner ganzen Persönlichkeit gelten.

Die Liebe Gottes hat eine hohe Meinung vom Menschen. Sie mutet ihm etwas zu. Ja man kann sagen, sie ist eine einzige große Zumutung. Sie kommt auch nicht von oben her und wird dem Menschen übergestülpt, sondern sie naht sich ihm gewissermaßen von unten her, in der armseligen Gestalt eines Menschen. Sie will sich am Menschen bewähren und nicht an Zuständen. Sie hat es auf den einzelnen abgesehen und nicht auf Menschengruppen oder Völker. Sie gibt dem Menschen die Gewißheit, daß Gott mit ihm ist und daß er auch in den unmöglichsten Lebenslagen nicht verlorengehen kann. Gott geht mit ihm bis an die

Grenze des Erfahrbaren, das heißt bis an die Grenze des Todes und darüber hinaus. Er begleitet ihn in der Gestalt seines Sohnes Jesus Christus, der ihn um so fester an der Hand hält, je härter die Bewährungsprobe ist. Das ewige Leben, von dem hier die Rede ist, hat dann nicht mehr den Charakter einer Spekulation auf die Zukunft hin, sondern wird in der Verbindung mit dem Gottessohn leiblich erfahrbare Realität schon heute.

Jesus Christus ist nicht verlorengegangen, sondern auferweckt worden zu einem Leben an der Seite Gottes. Damit hat er die Macht des Todes gebrochen. Wer an ihm festhält, braucht sich keine Gedanken mehr darüber zu machen, was vielleicht einmal aus ihm wird. Er darf wissen, daß bei Christus zu sein mehr ist als alle menschlichen Vorstellungen von einem Leben nach dem Tode. Jesus ist Mensch geworden, um in aller Welt das Bedürfnis nach einem Leben mit Gott zu wecken. »Gott nötig haben« ist, wie Kierkegaard einmal gesagt haben soll, die größte Vollkommenheit, die ein Mensch in seinem Leben gewinnen kann.

Die Heilung des Gichtbrüchigen

MARKUS 2, 1–12

Und über etliche Tage ging er wiederum gen Kapernaum; und es ward ruchbar, daß er im Hause war. Und alsbald versammelten sich viele, also daß sie nicht Raum hatten auch draußen vor der Tür; und er sagte ihnen das Wort.
Und es kamen etliche zu ihm, die brachten einen Gichtbrüchigen, von vieren getragen. Und da sie nicht konnten zu ihm kommen vor dem Volk, deckten sie das

Dach auf, da er war, und gruben's auf und ließen das Bett
hernieder, darin der Gichtbrüchige lag. Da aber
Jesus ihren Glauben sah, sprach er zu dem Gichtbrüchigen:
Mein Sohn, deine Sünden sind dir vergeben.
Es waren aber etliche Schriftgelehrte, die saßen allda und
gedachten in ihrem Herzen: Wie redet dieser solche
Gotteslästerung? Wer kann Sünden vergeben denn allein Gott?
Und Jesus erkannte alsbald in seinem Geist, daß
sie also gedachten bei sich selbst, und sprach zu ihnen: Was
gedenket ihr solches in euren Herzen? Welches ist
leichter zu dem Gichtbrüchigen zu sagen: Dir sind deine
Sünden vergeben, oder: Stehe auf, nimm dein Bett
und wandle?
Auf daß ihr aber wisset, daß des Menschen Sohn
Macht hat, zu vergeben die Sünden auf Erden (sprach er zu
dem Gichtbrüchigen): Ich sage dir, stehe auf, nimm
dein Bett und gehe heim! – Und alsbald stand er auf, nahm
sein Bett und ging hinaus vor allen, also daß sie
sich alle entsetzten und priesen Gott und sprachen: Wir haben
solches noch nie gesehen.

Ich glaube, wir können ganz gut verstehen, warum die
Leute zunächst einmal ziemlich empört sind über das, was
Jesus hier als erstes zu dem kranken Mann sagt: »Dir sind
deine Sünden vergeben.« Dazu haben sie ihn schließlich
nicht hergeschleppt, daß ihm die Absolution erteilt wird.
Das kann später immer noch kommen, abgesehen davon,
daß es eine Bloßstellung dieses Menschen bedeutet, wenn
hier von seinen Sünden die Rede ist. Zunächst einmal ist er
schwerkrank, hat versteifte Gelenke, kann sich nicht rüh-
ren, bekommt heftige Schmerzanfälle, ist auf Menschen
angewiesen, die ihm helfen. Der Wunsch nach körperlicher
Heilung steht also zweifellos im Vordergrund. Der Kranke
hat offenbar viele Freunde, sie haben sich die Mühe gemacht,

ihn zu vieren auf einer Trage aus seinem Hause zu holen, um ihn vor Jesus zu bringen. Aber der ist in einem Hause, umringt und umdrängt von Menschen. Um zu ihrem Ziel zu gelangen, bleibt ihnen nichts anderes übrig, als das Dach an einer Stelle abzudecken und den Kranken an Stricken vor Jesus hinunterzulassen. – Ihr Unternehmen hat zweifellos einiges Aufsehen erregt. Um so gespannter sind sie, was sich nun ereignen wird. Man sieht es ihnen an, wie sehr sie auf die Kraft Jesu vertrauen. Und nun kommt als erstes dieser Schock mit den Sünden! Ist das nicht ein Schlag ins Gesicht für sie alle?

Wir wollen versuchen zu verstehen, warum Jesus hier so handelt. Vielleicht ist es zunächst einfach die äußere Situation, die ihn dazu zwingt. Er ist bedrängt von Menschen, die etwas von ihm wollen. Und nun wird auch noch dieser Kranke von oben heruntergelassen und mit Gewalt vor ihn hinpraktiziert. Ausweichen kann er nicht. Er kann nicht, wie er es am Seeufer zu tun pflegt, in einen Kahn steigen, um vom Wasser aus zu den Menschen zu sprechen. Er muß sich irgendwie anders den Abstand schaffen, den er braucht, um Handlungsfreiheit zu gewinnen. Sie müssen erst einmal begreifen, daß er kein Heilungsautomat ist, den man dazu mißbrauchen darf, jede x-beliebige Krankheit zu beseitigen, ganz unabhängig davon, wer der Mensch ist, der davon betroffen ist. Er muß sich diesen Menschen erst einmal ansehen, eine persönliche Beziehung zu ihm herstellen, um dann zu entscheiden, auf welche Weise ihm geholfen werden kann. – Dadurch, daß er die Sünde in den Mittelpunkt stellt, erreicht er beides: Die neugierige und aufdringliche Menge weist er in ihre Schranken zurück, und den Kranken zieht er an sich, indem er ihn ohne Vorrede mit fester Hand an seiner empfindlichsten Stelle packt. Es geht alles sehr schnell. Die Umstehenden und auch wir wissen nicht, um was für Probleme es in dieser Begegnung des Kranken mit

Jesus geht. Es bleibt uns verborgen. Aber der Kranke weiß es, und der weitere Verlauf der Geschichte läßt uns ahnen, was für eine Umwälzung der Griff Jesu in sein Leben verursacht und bewirkt. Nachdem die Sünden vergeben sind, hat er die körperliche Heilung offenbar gar nicht mehr nötig. Er ist ein neuer Mensch geworden. Es kann ihm egal sein, was die anderen von ihm denken. Das Alte hat er hinter sich gelassen. Und wenn ihm Jesus jetzt auch noch die Gesundheit schenkt, so ist das für ihn nur noch das Siegel unter die Ehrenerklärung, mit der Gott sein verpfuschtes Leben rehabilitiert hat.

Wir wollen einmal versuchen, diese Geschichte weiterzuspinnen und uns vorzustellen, wie es diesem geheilten Mann gehen wird und was er erzählen wird, wenn er nun wieder unter die Menschen kommt. Da werden sich seine Bekannten und Verwandten auf ihn stürzen und ihm gratulieren und sagen: »Das ist ja großartig, daß du wieder gesund geworden bist und herumgehst. Wie fühlst du dich denn als Gesunder nach so langem Krankenlager?« Dann wird er antworten, ganz nebenbei vielleicht: »Ja, ja, krank war ich auch mal!« Und dann werden sie ihn ganz vorwurfsvoll ansehen und sagen: »Na, hör mal, du hast wohl schon ganz vergessen, wie du dich gequält hast und was du uns anderen für eine Mühe gemacht hast. Bist du denn gar nicht dankbar?« – »Doch, doch«, wird er antworten, »aber noch dankbarer bin ich dafür, daß ich krank gewesen bin. Denn dadurch habe ich etwas erlebt, was ich sonst nie erlebt hätte. Ich bin nämlich Jesus Christus begegnet.« – »Na und –?« werden sie sagen, »mehr als gesund kannst du doch dadurch nicht geworden sein.« – »Doch«, wird er sagen, »es ist noch viel mehr geschehen. Ich kann es euch zwar schwer erklären, aber vielleicht werdet ihr es merken, daß ich ein andrer Mensch geworden bin.« – »Nanu«, werden sie sagen, »wozu denn das? Für uns brauchtest du nicht anders zu werden.

Du warst doch schon immer ein netter Kerl. Bilde dir jetzt nur nicht noch was ein.« Und sie werden vielleicht ein bißchen erstaunt über ihn und vielleicht auch ein bißchen enttäuscht von ihm sein. Aber gerade daran wird er, der Geheilte, erkennen, wie durchgreifend die Veränderung ist, die mit ihm selber vorgegangen ist, und was es für sein Leben bedeutet hat, diesem Jesus Christus begegnet zu sein.

Es gehört gar keine Phantasie dazu, sich den Fortgang der Heilung des Gichtbrüchigen in dieser Weise auszumalen. Man braucht sich nichts auszudenken, sondern kann mit Sicherheit sagen, daß sie so weitergegangen ist. Denn es handelt sich dabei nicht um einen Einzelfall, sondern in ähnlicher Weise geschieht dasselbe heute wie damals überall da, wo die Macht Jesu Christi in der Welt sichtbar wird, sei es durch sein Wort oder durch das Handeln gläubiger Menschen. Immer wieder geschieht es, daß Menschen auf diese geheimnisvolle Art – fast könnte man sagen: angesteckt werden, indem sie plötzlich erkennen: Du selbst bist es ja, der hier gemeint ist. Hier spricht nicht irgendein Mensch zu dir, der dir etwas weismachen will, hier spricht jemand ganz anderes. Einer, der unsichtbar dahintersteht und der es auf dich abgesehen hat und dem du gar nicht entgehen kannst, weil er viel, viel größer ist als alles, was dir bisher in deinem Leben begegnet ist. Immer wieder geschieht es, auch in unserer Zeit, daß Menschen durch diese Begegnung mit Christus in seinem Wort eine neue, und zwar die einzige beständige Grundlage für ihr Leben gewinnen.

Ärzten und Schwestern sollte es besonders zu denken geben, daß es in der Bibel fast immer gerade die Kranken sind, denen sich diese Gelegenheit bietet. Starren wir nicht immer viel zu sehr auf das Gesundwerden um jeden Preis? Fühlen wir uns nicht immer unsicher und nicht mehr recht zuständig, wenn es mit der Heilung nicht so geht, wie der Kranke es erwartet? Wenn wir etwas mehr Glauben hätten, würden wir nicht so zaghaft sein. Gewiß ist es unsere Pflicht, alles dafür zu tun, daß die Krankheit behoben oder gemildert wird. Aber das ist nicht das letzte. Ein Wort von Gott, ein Hinweis auf Christus kann für den Kranken und seine Existenz mehr bedeuten als eine ganze sorgfältig durchgeführte Behandlung. Diese Chance dürfen Schwestern, Ärzte und Pfleger nicht aus den Augen lassen. Die Zeit ist vorbei, in der das Wort vom Kreuz grundsätzlich für frommes Gerede gehalten wurde. Die Menschen wissen heute nur so wenig davon, daß man es ihnen wieder neu sagen muß. Gott gebe uns allen den Mut und die Freudigkeit dazu.

Über das Fasten

LUKAS 5, 33–39

Sie aber sprachen zu ihm: Warum fasten des Johannes Jünger so oft und beten so viel, desgleichen der Pharisäer Jünger; aber deine Jünger essen und trinken? Er sprach aber zu ihnen: Ihr könnt die Hochzeitleute nicht zu fasten treiben, solange der Bräutigam bei ihnen ist. Es wird aber die Zeit kommen, daß der Bräutigam von ihnen genommen wird; dann werden sie fasten. Und er sagte zu ihnen ein Gleichnis: Niemand flickt einen Lappen von einem neuen Kleid auf ein altes Kleid; sonst zerreißt er das neue, und der Lappen vom neuen reimt sich nicht auf das alte. Und niemand faßt Most in alte Schläuche; sonst zerreißt der Most die Schläuche und wird verschüttet, und die Schläuche kommen um. Sondern den Most soll man in neue

Schläuche fassen, so werden sie beide erhalten.
Und niemand ist, der vom alten trinkt und wolle bald neuen;
denn er spricht: Der alte ist milder.

Die Jünger Jesu erregen Ärgernis bei den Frommen, daß sie nicht fasten, wie die Anhänger der Pharisäer es tun. Offenbar haben sie es nicht nötig, sich in Entsagung zu üben. Jesus wird deswegen zur Rede gestellt. Er antwortet – und in dieser Antwort wird sein ganzer Anspruch deutlich: »Wie können die Hochzeitsleute fasten, solange der Bräutigam bei ihnen ist?« Solange er unter ihnen ist, sind sie Feiernde. Wenn er aber von ihnen genommen ist, dann werden sie fasten. Dann wird ihre Leidenszeit beginnen, und es wird ihnen nichts erspart bleiben.

Er sagt ihnen mit einem Gleichnis, um was es ihm geht. Er ist nicht gekommen, um wieder einmal ein altes fadenscheiniges Kleid zu flicken, sondern es handelt sich bei ihm um eine Revolution. Der neue Most kann nicht in alte Schläuche gefüllt werden, weil er bei der Gärung die alten Schläuche zerreißen würde. Neues Leben sucht sich neue Formen, man kann es nicht in alte Vorstellungen hineinpressen und danach beurteilen, wie es sich anpaßt.

Deswegen kann man die Christen auch nicht danach beurteilen, ob sie fasten oder nicht, ob und wieviel sie beten, ob sie viel in die Kirche gehen. Sie können sich nicht nach überlebten Ansprüchen richten, sondern müssen selber ihre Formen finden. Denn es kommt jetzt nicht mehr darauf an, daß sie ein bestimmtes Soll erfüllen, sondern daß sie die Aufgaben in Angriff nehmen, die Jesus Christus ihnen zuweist, und das kann bedeuten, daß sie ihre Lebensgewohnheiten, auch die frommen, total über den Haufen werfen müssen. Die Bindung an Jesus macht sie frei von Zwängen und unabhängig vom Urteil ihrer Mitmenschen. Kein Wunder, daß sie damit Ärgernis erregen!

Seligpreisungen

MATTHÄUS 5, 3–12a

*Selig sind, die da geistlich arm sind; denn das Himmelreich
ist ihr.*
*Selig sind, die da Leid tragen; denn sie sollen
getröstet werden.*
*Selig sind die Sanftmütigen; denn sie werden das
Erdreich besitzen.*
*Selig sind, die da hungert und dürstet nach der
Gerechtigkeit; denn sie sollen satt werden.*
*Selig sind die Barmherzigen; denn sie werden Barm-
herzigkeit erlangen.*
*Selig sind, die reines Herzens sind; denn sie werden
Gott schauen.*
*Selig sind die Friedfertigen; denn sie werden Gottes
Kinder heißen.*
*Selig sind, die um Gerechtigkeit willen verfolgt wer-
den; denn das Himmelreich ist ihr.*
*Selig seid ihr, wenn euch die Menschen um meinet-
willen schmähen und verfolgen und reden allerlei Übles
wider euch, so sie daran lügen. Seid fröhlich und getrost;
es wird euch im Himmel wohl belohnt werden.*

Mit diesen Worten, die wir die Seligpreisungen nennen,
beginnt Jesus seine erste große Rede, die später als die
Bergpredigt bezeichnet worden ist. Es handelt sich also um
eine Anrede. Jesus redet die vielen Menschen, die er um
sich versammelt sieht, aber nun nicht wie eine große Masse
von gleichartigen und gleichgesinnten Wesen an, wie es ein
Volksredner tun würde, dem es auf die Zahl ankommt;
sondern er spricht gewissermaßen acht Gruppen von Menschen an, zu denen einzelne hier und dort in der Menschen-
menge vielleicht gehören, und zwar spricht er alle die Men-

schen an, die entweder ein Verlangen in sich tragen, das
während des Erdendaseins und durch Menschenleistung
nie gestillt werden kann, oder die eine Lebensauffassung
haben, mit der sie alleinstehen und für die sie normalerweise keinen Dank, sondern nur Widerstände zu erwarten
haben.

Jesus sieht sie vor sich, alle, die den Geist Gottes entbeh-
ren, die Leidtragenden, die Sanftmütigen, die nach Gerechtigkeit Trachtenden, die Barmherzigen, die ohne Hintergedanken, die darauf aus sind, Frieden zu stiften, und
diejenigen, die aus all diesen Gründen verfolgt werden.
Ihnen allen verspricht er die Erfüllung ihrer Sehnsucht und
den Lohn für ihre Treue. Ob es viele sind, die auf diese
Worte hin die Ohren aufmachen, weil sie sich angeredet
fühlen? Wir möchten es eigentlich annehmen. Denn etwas
von dieser Sehnsucht, etwas wenigstens von dem Wunsch,
einer von denen zu sein, die hier angesprochen werden,
steckt doch eigentlich fast in jedem von uns.

In der Zeit des Heranwachsens, wo die Ideale noch
vorherrschen und der Mensch sich nicht so leicht zufrieden-
gibt, kommt diese Sehnsucht meist stärker zum Ausdruck
als später, wenn der Mensch seine Erfahrungen gemacht
und gesehen hat, daß er nicht weiterkommt, wenn er sich
nicht einordnet und sich auf den Ton einstellt, der nun
einmal im Konkurrenzkampf unter den Menschen üblich
ist. Da werden dann die besten Vorsätze erstickt und existieren schließlich nur noch in der Theorie, aber werden nicht
mehr praktiziert. Darunter leidet der Mensch, wenn auch
meist unbewußt. Denn was ist das für ein Leben, das nur
noch sich selbst und keinem übergeordneten Zweck mehr
dient? Was ist das für ein Mensch, der nur noch von der
Entwicklung der Dinge und seiner eigenen Geschicklich-
keit etwas erwartet? Hört das Menschsein nicht auf, wenn
man keine Verantwortung vor Gott mehr tragen darf?

Bei allen unter uns ist doch eine Sehnsucht nach Selbständigkeit im Verhalten, ein Wunsch, das durchzutragen, was
einem auferlegt wird, vorhanden; und bei uns allen ist diese
Sehnsucht mehr oder weniger verschüttet, weil die inneren
und äußeren Widerstände, die das Leben mit sich gebracht
hat, zu stark waren und die Hoffnung, mit den eigenen
Grundsätzen auf die Dauer durchzukommen, verlorengegangen ist. Nun tritt Jesus auf mit dem Versprechen, diese
Widerstände zu überwinden und uns zu selbständigen Menschen zu machen, die, auch wenn es durch tiefes Dunkel
geht, wissen, daß sie ein festes Ziel ansteuern und den Lohn
für ihre Treue erhalten werden.

Und welches ist die Garantie, die er für dieses Versprechen bietet? Nichts mehr und nichts weniger als er selbst.
Jesus haftet mit seiner eigenen Person für das, was er
zusagt, und verzichtet auf Erklärungen und Beweise. Deshalb können wir die Realität dessen, was seine Worte zum
Ausdruck bringen, so lange nicht fassen, wie wir uns ihm
selbst gegenüber neutral verhalten. Wir müssen also, wenn
wir teilhaben wollen an seinen Zusagen, unsere eigenen
Erfahrungen mit den Beziehungen zu Gott in die zweite
Reihe stellen und auf ihn allein hören, auch wenn das, was
er von uns erwartet, praktisch undurchführbar erscheint.
Allerdings geht es hier wohl kaum noch um eine freie
Willensentscheidung. Denn wer durch Jesu Wort wirklich
angerührt ist, der läuft ihm entweder nach, oder er kehrt
ihm entsetzt den Rücken.

Möge das Wort Jesu Christi die Wand von Trägheit und
Schuld, die uns immer wieder von Gott trennen will, weg-
räumen, damit wir seine Nähe spüren und zu freien Menschen werden. Das wäre dann wohl Reformation, wie sie
sich Martin Luther vorgestellt hat, als er vor mehr als 450 Jahren seine 95 Sätze an das Portal der Wittenberger Schloßkir-
che heftete.

Liebet eure Feinde

LUKAS 6, 27

Liebet eure Feinde. Tut wohl denen, die euch hassen.

Dieses Wort aus der Bergpredigt gehört zu den Forderungen Jesu, die am meisten Ärgernis erregt haben. Liebet eure Feinde – das wird von den Gegnern als das Lebensfremde, Unnatürliche am Christentum bezeichnet. Das gehört sich doch nicht für einen gesunden, vitalen Menschen, für ein lebenskräftiges Volk! Diese Einstellung kann doch auf die nationalen Werte, auf den Verteidigungswillen nur lähmend, geradezu demoralisierend wirken. Für die Reiche der Welt kann eine solche Haltung nur als Gefahr angesehen werden. Aus diesem Grunde hat auch Adolf Hitler die Christen verfolgt, ebenso wie das früher in vielen Ländern der Erde geschehen ist und auch heute geschieht.

Auch wir selbst sind geneigt zu fragen: Muß man sich denn wirklich alles gefallen lassen? Hat denn der Christ nicht auch ein Recht zu beanspruchen, ein Recht als Mensch und Mitmensch? Finden wir nicht in der Apostelgeschichte durchaus auch Fälle, in denen die Jünger Jesu ihr Recht vertreten haben? Auch der Apostel Paulus hat es getan. Als die Machthaber ihn widerrechtlich ins Gefängnis geworfen hatten, hat er sie dadurch in Verlegenheit gesetzt, daß er sie zur Anerkennung seiner Person als der eines römischen Bürgers nötigte. Sie mußten ihn freilassen.

Es wäre wohl in der Tat ein Mißverständnis, wollten wir den Verzicht auf Recht, das Nachgeben bis zum Letzten, bis zur Entwürdigung, grundsätzlich als die von einem Christen geforderte Haltung ansehen. Vielmehr geht es auch hier darum, ein Recht zu vertreten, wenn auch ein anderes als unter Menschen sonst üblich. Der Christ ist in jedem Augenblick seines Lebens nicht nur er selbst, nicht nur

Privatperson, sondern darüber hinaus jemand, der die Kindschaft Gottes zu vertreten hat. In dieser Eigenschaft gehört
es zu seinen Obliegenheiten, nicht einfach zu reagieren und
Schlag mit Schlag zu beantworten, sondern Ruhe und Selbstbeherrschung zu bewahren und sich so zu verhalten, daß an
ihm das Wesen Gottes, seine Geduld und Langmut, deutlich wird. Der Christ soll so handeln, daß dem Gegner das
eigene Verhalten fragwürdig wird. Das ist ein Auftrag, der
schwer zu beherzigen, noch schwerer aber durchzuführen
ist. Wir können ihn nur meistern, wenn wir jedesmal danach
fragen, wie Jesus sich in diesem Fall verhalten hätte. Gelingt
es uns, seine Aufforderung zu beherzigen, so bedeutet das
jedesmal einen Sieg über die eigene Natur, die sich dagegen
auflehnt.

Liebet eure Feinde – das gilt weniger den Menschen, die
jenseits unserer Grenzen leben und die wir gar nicht sehen,
als vielmehr denjenigen, mit denen wir es in unserem täglichen Leben zu tun haben: unseren Hausgenossen, Nach-
barn, Mitarbeitern, Familienmitgliedern, Verkehrsteilneh-
mern. Jeder von ihnen kann plötzlich zu einem Feind
werden. Darauf soll der Christ gefaßt sein, um dann so
reagieren zu können, daß es seinem Herrn und Meister zur
Ehre gereicht.

Der Jüngling zu Nain

LUKAS 7, 11–17

Und es begab sich danach, daß er in eine Stadt mit Namen
Nain ging; und seiner Jünger gingen viele mit ihm
und viel Volks. Als er aber nahe an das Stadttor kam, siehe,
da trug man einen Toten heraus, der ein einziger

Sohn war seiner Mutter, und sie war eine Witwe; und viel
Volks aus der Stadt ging mit ihr.
Und da sie der Herr sah, jammerte ihn derselben, und er
sprach zu ihr: Weine nicht! Und trat hinzu und
rührte den Sarg an; und die Träger standen. Und er sprach:
Jüngling, ich sage dir, stehe auf! Und der Tote
richtete sich auf und fing an zu reden; und er gab ihn seiner
Mutter.
Und es kam sie alle eine Furcht an, und sie priesen Gott und
sprachen: Es ist ein großer Prophet unter uns aufgestanden,
und Gott hat sein Volk heimgesucht. Und diese Rede von ihm
erscholl in das ganze jüdische Land und in alle
umliegenden Länder.

Wer die Texte des Neuen Testaments nicht für fromme
Legenden hält, sondern es mit seinem Glauben ernst nimmt,
der kommt über die Berichte von der Auferstehung Toter
einfach nicht hinweg. Sie können geradezu etwas Quälen-
des haben, besonders in Augenblicken, in denen wir selbst
in der Praxis stehen, das heißt dann, wenn wir es mit Menschen zu tun haben, die durch den Tod des Liebsten, was sie
besitzen, betroffen sind. Jesus Christus hat uns doch gesagt:
Wenn ihr Glauben habt, werdet ihr die gleichen Dinge tun,
die ich tue. Warum, so fragen wir, ist es uns dann nicht
möglich, auch nur ein einziges Mal angesichts eines Toten
zu sagen: Im Namen Jesu Christi sage ich dir: Stehe auf!?
Liegt es wirklich nur daran, daß wir keinen Glauben haben,
oder ist uns hier eine Grenze gesetzt, und Jesus hat es
anders gemeint? Wie aber sollen wir denn alles andere
verstehen, was er gesagt hat? Hängt nicht unser Glaube
einzig und allein daran, daß wir ihn beim Wort nehmen,
ganz wörtlich und ohne Übertragung auf eine sogenannte
geistige Ebene?
   Als ich den Text las, dachte ich: Warum weckt Jesus den

Toten eigentlich auf? Von seinem Standpunkt ist doch der Tod nicht das Schlimmste, im Gegenteil, er ist der Durchgang in eine andere Welt, in der Gerechtigkeit wohnt. Warum ruft er ihn zurück? Gewiß, die Frau tut ihm leid, sehr leid; aber warum sagt er ihr nicht den Trost, den er kennt; etwa so: Wenn du glaubst, wird dein Sohn auferstehen! Dann wüßten wir auch, was wir in solchen Fällen zu sagen hätten, und brauchten nicht immer stumm dabeizustehen und das quälende Gefühl zu haben: Du müßtest eigentlich etwas Derartiges sagen zum Trost, aber du bringst es einfach nicht über die Lippen, weil es so abgeschmackt klingt.

Warum nimmt Jesus diese Frau, deren Verzweiflung von seinem Standpunkt aus eigentlich ein Irrtum ist, so ernst, daß er sie nicht mit Worten abspeist, sondern ihr zuliebe den Sohn ins Leben zurückruft? Warum nimmt er uns alles damit aus der Hand, was wir sagen können, um Leid zu beheben, und läßt uns in der Qual, daß uns nichts einfällt und wir unsere Ohnmacht bekennen müssen, erkennen müssen, daß wir keinen Glauben haben?

Aber wie würde das sein, wenn Gott auch nur einmal einem von uns die Gnade verleihen würde, das zu sagen: Stehe auf; und der tote Mensch stünde auf und lebte? Würden wir das, was unweigerlich darauf folgen würde, ertragen können? Würden wir nicht zerrissen werden durch das Kreuzfeuer der Propaganda, der Wissenschaft, des Nachrichtendienstes in Radio und Illustrierten Zeitungen, zerrissen durch den Ansturm der Notleidenden, abgesehen davon, daß wir durch diese Gabe herausgehoben wären aus der Gemeinschaft der anderen, die uns Schutz gibt, und allein stünden, so wie Christus allein stand und immer einsamer wurde durch jede Tat, bis zum letzten Ende nach Gottes Willen? Da dachte ich: Gott meint es doch wohl sehr gut mit uns, wenn er uns diese letzte Gabe noch vorenthält: Wir würden sie nicht tragen können und nur Unheil damit anrichten im Glauben, wir könnten Gottes Ratschluß ändern. Nein, wir sind nicht reif dafür, das müssen wir erkennen.

Was aber bleibt uns in dieser Zwangslage, wenn wir gefordert sind durch die Not eines Menschen? Vielleicht einfach nur dies, daß wir gehorsam sind. Daß wir stehen bleiben bei so einem Menschen; ihn nicht vertrösten, uns nicht abwenden, sondern bei ihm bleiben als Stellvertreter unseres Herrn, in dem Wissen, daß er ja viel größer ist als wir und auch ganz andere Mittel hat, Menschen zu trösten, als durch Beseitigung der Not, wie wir uns das vorstellen.

Zwischen Zöllnern und Sündern

MATTHÄUS 9, 9–13

Und da Jesus von dannen ging, sah er einen Menschen am Zoll sitzen, der hieß Matthäus; und sprach zu ihm: Folge mir! Und er stand auf und folgte ihm. Und es begab sich, da er zu Tische saß im Hause, siehe, da kamen viele Zöllner und Sünder und saßen zu Tische mit Jesu und seinen Jüngern. Da das die Pharisäer sahen, sprachen sie zu seinen Jüngern: Warum isset euer Meister mit den Zöllnern und Sündern? Da das Jesus hörte, sprach er zu ihnen: Die Starken bedürfen des Arztes nicht, sondern die Kranken. Gehet aber hin und lernet, was das sei: »Ich habe Wohlgefallen an Barmherzigkeit und nicht am Opfer.« Ich bin gekommen, die Sünder zur Buße zu rufen und nicht die Gerechten.

Von der Gemeinde Jesu Christi in der Welt macht man sich vielfach falsche Vorstellungen. Viele meinen, sie setze sich zusammen aus Menschen, die von Natur einen Hang zur Frömmigkeit haben, sogenannte religiös veranlagte Menschen, die in der christlichen Kirche die beste Gelegenheit finden, ihren religiösen Neigungen nachzugehen und sie gewissermaßen abzureagieren.

Wie wir sehen, ist das ein Irrtum. Jesus fühlt sich nicht zu den Frommen und Religiösen hingezogen – er hat vielmehr mit ihnen die größten Schwierigkeiten –, sondern zu »Zöllnern und Sündern«, das heißt zu alltäglichen Menschen, die normalerweise keine großen moralischen Hemmungen haben. Jesus begibt sich in ihre Lebensgemeinschaft, er setzt sich mit ihnen zu Tisch. Die Religiösen, moralisch höher Stehenden, regen sich darüber auf: Was hat dieser Mann, der vorgibt, von Gott zu kommen, mit diesen minderwertigen Subjekten zu tun? Und was sie am meisten ärgern mag: Er geht nicht nur zu ihnen, sondern sie laufen ihm nach, lassen sich durch ihn bestimmen, ändern ihren Lebenswandel, werden zu vollwertigen Menschen. In der Tat: Jesus bringt das ganze Schema, nach dem wir unsere mitmenschliche Umwelt beurteilen, durcheinander. Er sucht sich seine Gemeinde an den Straßen zusammen, da, wo wir es am wenigsten erwarten würden. An denen, die wir vielleicht für besonders geeignet halten, geht er oft einfach vorüber. Sicher nicht achtlos, aber weil er sofort erkennt: Mit diesen Menschen ist, so wie sie sind, im Augenblick nichts anzufangen. Sie fühlen sich selbst viel zu sicher, sie können sehr gut auch allein auskommen. Und wenn sie sich auch vielleicht für ihn interessieren, so hat das gar keine praktische Bedeutung. Denn Jesus kann nur mit dem etwas anfangen, der ihn wirklich nötig hat. Die einzige Beziehung zu Jesus, die wirkliche Konsequenzen nach sich zieht, ist jedenfalls die der Ungleichheit. Es kommt nicht darauf an, daß wir uns mit ihm auseinandersetzen, sondern daß wir uns bedingungslos in seine Abhängigkeit begeben. Wer das nicht nötig hat, dem hat Jesus nichts zu sagen.

Aber keine Antwort ist auch eine Antwort. Unendlich viele sind dadurch zum ersten Mal stutzig und nachdenklich geworden, daß Jesus ihnen nichts zu sagen hatte, daß er wortlos vorüberging, wo sie dachten, er würde sich gern mit ihnen unterhalten, weil sie sich mit Gott beschäftigten. Sie sahen, wie er sich anderen Menschen zuwandte und ihnen den Zugang zum Gottesreich eröffnete. Und sie sahen auf einmal, wie arm sie selber in Wirklichkeit waren mit all ihrer Weisheit und Religiosität. Sie empfanden die Leere ihres Daseins, das ohne wirkliches Ziel, ohne eine lohnende Aufgabe war. Waren sie es nicht selbst, die an der Straße standen, unbeachtet, vergessen von Gott? Auf Grund dieser Erkenntnis haben sie sich aufgemacht wie der verlorene Sohn im Gleichnis und sind zu Christus gekommen und haben ihn gebeten, sie zu befreien von ihrer Eitelkeit und Selbstgerechtigkeit und sie bei sich aufzunehmen. Und dann waren auch sie ihm willkommen, und er hat aus ihnen Menschen gemacht, die mitarbeiten durften an der großen Aufgabe seiner Gemeinde in der Welt.

Bist du, der da kommen soll?

MATTHÄUS 11, 2–6

Da aber Johannes im Gefängnis die Werke Christi hörte,
sandte er seiner Jünger zwei und ließ ihm sagen:
Bist du, der da kommen soll, oder sollen wir eines anderen
warten?
Jesus antwortete und sprach zu ihnen: Gehet hin und saget

100

Johannes wieder, was ihr sehet und höret: die Blinden sehen
und die Lahmen gehen, die Aussätzigen werden rein und die
Tauben hören, die Toten stehen auf und den Armen
wird das Evangelium gepredigt; und selig ist, der sich nicht
an mir ärgert.

Johannes der Täufer ist der Vorläufer, derjenige, dessen einzige Aufgabe es ist, auf das unmittelbar bevorstehende Kommen des Heilandes hinzuweisen und die Menschen darauf vorzubereiten. Er hat es getan mit sehr starken Worten, mit einer Überzeugungskraft, wie sie nur ganz selten einmal Menschen gegeben ist. Die Menschen kommen zu ihm hinaus in die Wüste, und was er ihnen sagt, ist alles andere als Freundlichkeiten. Tut Buße, das ist das mindeste, was er ihnen sagt. Viele aber fährt er an und weist sie ganz grob zurück – und trotzdem kommen sie hinaus zu ihm und hören. Er weiß genau: Wenn der Heiland da ist, dann darf und muß er selbst zurücktreten, dann ist seine Aufgabe beendet.

Und nun ist es soweit. Jesus geht, von Johannes getauft, durch die Lande, und die Menschen hören ihn. Johannes aber ist ausgeschaltet, er sitzt untätig im Gefängnis als Gefangener des Herodes. Das ist schwer für ihn, besonders weil nun gar nicht das passiert, was er und die, denen er gepredigt hat, von dem Messias erwarten. Er sollte doch das Volk Israel erlösen, befreien auch von dem politischen Druck, unter dem sie litten, sollte sein Königreich auf Erden ausbreiten, ein Reich, von dem sie eine bestimmte Vorstellung hatten. Und nun tut Jesus auch nicht viel anderes als Johannes, abgesehen von einigen Wundern an einzelnen Menschen. Das geht Johannes auf die Nerven, er wird unsicher. Es wird zu einer Anfechtung für ihn, er glaubt, er müßte Jesus einen kleinen Stoß geben. Er schickt zwei seiner Begleiter, mit denen er Verbindung hat, zu Jesus mit der

Frage: Bist du, der da kommen soll, oder sollen wir eines anderen warten?

Jesu Antwort gilt nicht nur für Johannes, sondern für alle, die an Jesus hängen und ihm folgen und dadurch in Bedrängnis kommen, daß er nicht so handelt, wie sie es erwarten und wie er es auch könnte mit den Mitteln, die ihm zur Verfügung stehen. Wirklich an Jesus ärgern kann sich nur ein Mensch, der auf ihn baut, der seine göttliche Macht kennt und alles von ihm erwartet. Das weiß Jesus. Und wenn er nicht selbst derjenige wäre, an dem Gott alles andere tut als das, was er sich als Mensch vielleicht wünschen könnte, wenn er nicht an sich selbst um der göttlichen Herrlichkeit willen das alles geschehen lassen müßte, was einem menschlichen Begriff vom Königsein geradezu ins Gesicht schlägt, bis zum Verbrechertod, dann könnte er hier dem Johannes und anderen an ihm zweifelnden Menschen auch nichts Zurechtweisendes und Tröstendes sagen. So aber kann er es, und wir dürfen überzeugt sein, daß Johannes sein Wort verstanden hat und getröstet war, so tief getröstet, wie nur Menschen sein können, die von Jesus persönlich angeredet werden.

Die große Einladung

MATTHÄUS 11, 28

Kommt her zu mir alle, die ihr mühselig und beladen seid, ich will euch erquicken.

Die Bibel ist zwar ein sehr verbreitetes, ihrem Inhalt nach aber ziemlich unbekanntes Buch. Was daraus bekannt ist, beschränkt sich im wesentlichen auf fromme Sprüche, wie wir sie als Kinder gelernt haben und wie sie uns später immer wieder an mehr oder weniger passenden Stellen begegnet sind. Wir wollen einmal alle Vorurteile, die wir gegen fromme Sprüche haben, beiseite schieben und versuchen, dieses Wort Jesu als das zu erkennen, was es ist, nämlich die große Einladung Gottes an uns Menschen. Gerichtet ist sie offenbar nur an diejenigen, die »mühselig und beladen« sind. Und wir fragen uns vielleicht, ob das viele oder wenige sind. Denn wenn wir uns so unter unseren Mitmenschen umsehen, haben wir eigentlich den Eindruck, daß die meisten von ihnen sich ihr Leben recht gut einzurichten verstehen und nicht gerade mühselig und beladen sind.

Vielleicht ist aber auch das, was hier mit den Worten mühselig und beladen bezeichnet wird, gar nicht dasselbe wie das, was wir darunter verstehen. Vielleicht sind nicht nur diejenigen Menschen gemeint, die mit dem Leben nicht fertig werden. Gewiß, auch sie gehören zu den Angeredeten. Aber Jesus sieht tiefer in den Menschen hinein als wir. Und deshalb tauchen vor ihm, wenn er die Menschen ansieht, ganz andere Bilder auf als die, die wir uns machen. Auch das Bild, das wir uns von uns selbst machen, fällt in sich zusammen, wenn Christus uns begegnet, und es tritt zutage, was wir in Wirklichkeit sind. Da kann es dann sein, daß auch wir, die wir unser Leben zu meistern glauben, uns als diejenigen erkennen, die zu keiner inneren Freiheit gelangen können. Was gibt es da nicht alles, was uns auf unserem Wege behindert und uns die letzte Freude an den Dingen des Lebens verdirbt. Von den großen und schicksalhaften Dingen wie Krankheit, Schmerzen, Krieg und Katastrophen brauchen wir dabei gar nicht zu reden. Die kommen über uns, und wir haben sie nicht in der Hand. Aber die kleinen täglichen Stiche, die aus uns selber kommen und die wir uns selber machen, die Lüge, die Mißgunst, die Habgier, die

Angst – wie peinlich und dauerhaft herrschen sie über uns und wie wenig gelingt es uns, sie abzuweisen. Immer wieder melden sie sich mit ihren Ansprüchen und sorgen dafür, daß wir nur ja recht fest am Boden klebenbleiben und unsere Grenzen nicht überschreiten.

In der Begegnung mit Jesus erkennen wir, daß die Sünde uns in der Hand hat. Wir erkennen aber auch, daß dieser Zustand nicht endgültig ist. Denn Jesus ist stärker als die Sünde. Das heißt, wo er ist, da kann die Sünde nicht das letzte Wort über uns haben. »Ich will euch erquicken«, so sagt er. Das heißt doch wohl: Ich will euch frei machen von der Last eures Lebens. Bei mir könnt ihr sie abwerfen und einen neuen Anfang machen. Denn wenn der Bann des Bösen erst einmal gebrochen ist, dann gibt es neue Möglichkeiten zum Leben. Dann sind wir niemals mehr ganz am Ende, sondern dürfen immer wieder neu anfangen. Das ist die große Einladung Gottes an uns. Wir wollen sie hören, annehmen und weitersagen.

Gottes Dienst an uns

MATTHÄUS 12, 1–6

In der Zeit ging Jesus durch die Saat am Sabbat; und seine Jünger waren hungrig, fingen an, Ähren auszuraufen, und aßen. Da das die Pharisäer sahen, sprachen sie zu ihm: Siehe, deine Jünger tun, was sich nicht ziemt, am Sabbat zu tun. Er aber sprach zu ihnen: Habt ihr nicht gelesen, was David tat, da ihn und die mit ihm waren, hungerte? Wie er in das Gotteshaus ging und aß die Schaubrote, die ihm doch nicht ziemte zu essen, noch denen, die mit ihm waren, sondern allein den Priestern!

Oder habt ihr nicht gelesen im Gesetz, wie die
Priester am Sabbat im Tempel den Sabbat brachen, und sind
doch ohne Schuld. Ich sage aber auch, daß hier
der ist, der größer ist denn der Tempel.

Wenn wir von Gottesdienst sprechen, so meinen wir damit
unsere Versammlungen in der Kirche oder in unserem
Andachtsraum und verbinden damit die Vorstellung, wir
täten Gott einen Dienst damit, daß wir an diesen Versammlungen teilnehmen. Und weil das Wort »Dienst« immer
einen Beiklang von Zwang oder Verpflichtung hat, empfinden wir leicht eine Art von schlechtem Gewissen, wenn wir
uns dieser Verpflichtung entzogen haben und nicht zur
Andacht oder zum Gottesdienst gegangen sind. Das zeigt
sich darin, daß wir den anderen gegenüber Gründe ange-
ben, mit denen wir unser Fernbleiben zu rechtfertigen
suchen.

Unser Text, wenn wir ihn dem Sinn nach in unsere Zeit
übersetzen, will uns, glaube ich, von solchen Hemmungen
befreien. Er will uns sagen, daß Feiertag und Feierstunde
nicht dazu da sind, dem Menschen einen Gewissenszwang
aufzuerlegen. Mit dem, was Jesus den kritisierenden Pharisäern antwortet, will er ihnen und uns sagen, daß er selbst
der Sinn der Feiertage ist und daß wir, wenn wir mit ihm
gehen, kein schlechtes Gewissen zu haben brauchen, wenn
wir dabei hier und da einmal die bei den Menschen üblichen Formen verletzen. Der Weg, den Jesus Christus mit
seinen Jüngern geht, ist so wichtig, daß er sich nicht nach
den von Menschen festgelegten Zeiten richten kann. Und
wenn die Pharisäer ihm vorhalten, Gott selbst habe ja diese
Zeiten festgelegt, so antwortet er ihnen, Gott habe auch
noch ganz andere Dinge geboten, die wichtiger wären als
solche Formsachen.

Dennoch wäre es ein falscher Schluß, zu glauben, ein

Christ sei über jegliche Form erhaben. Gott hat uns auch geboten, unsere Mitmenschen nicht unnötig vor den Kopf zu stoßen – das käme einem Mißbrauch der christlichen Freiheit gleich. Deswegen haben sich Jesus, der Apostel Paulus, Luther und viele andere aus der Geschichte der Christenheit bekannte Persönlichkeiten der Form in einer Weise untergeordnet, wie wir sie heutzutage kaum mehr verstehen. Es wäre gut, wenn wir sie auch darin unsere Vorbilder sein ließen.

Eins jedenfalls dürfen wir begreifen: Wenn wir die Barmherzigkeit Gottes erfahren haben und unseren Weg durch Christus bestimmen lassen, dann kann die menschliche Form keinen Zwang mehr ausüben, sondern bietet sich uns an als Teil einer Ordnung, die dem Christenmenschen Gelegenheit gibt, dem, was ihn innerlich bewegt, auch nach außen hin sichtbaren Ausdruck zu verleihen. Gottesdienst ist dann nicht mehr der Feiertag, sondern der Alltag.

Die Zusammenkünfte in Kirche und Andachtsräumen haben nur den einen Zweck, gemeinsam Gott zu loben, ihm zu danken und unsere Sorgen vor ihn zu bringen. Nicht wir tun Gott einen Dienst, wenn wir uns zur Andacht versammeln, sondern er tut ihn an uns – und wer den Wunsch hat, sich von Gott einen Dienst tun zu lassen, der wird eine solche Gelegenheit gern ergreifen und darf hoffen, daß er getröstet und gestärkt und als froher Mensch wieder nach Hause gehen kann.

Vom Unkraut unter dem Weizen

MATTHÄUS 13, 24–30

Er legte ihnen ein anderes Gleichnis vor und sprach: Das Himmelreich ist gleich einem Menschen, der guten Samen auf seinen Acker säte. Da aber die Leute schliefen, kam sein Feind und säte Unkraut zwischen den Weizen und ging davon. Da nun das Kraut wuchs und Frucht brachte, da fand sich auch das Unkraut. Da traten die Knechte zu dem Hausvater und sprachen: Herr, hast du nicht guten Samen auf deinen Acker gesät? Woher hat er denn das Unkraut? Er sprach zu ihnen: Das hat der Feind getan. Da sprachen die Knechte: Willst du denn, daß wir hingehen und es ausjäten? Er sprach: Nein! auf daß ihr nicht zugleich den Weizen mit ausraufet, so ihr das Unkraut ausjätet. Lasset beides miteinander wachsen bis zu der Ernte; und um der Ernte Zeit will ich zu den Schnittern sagen: Sammelt zuvor das Unkraut und bindet es in Bündlein, daß man es verbrenne, aber den Weizen sammelt mir in meine Scheuer.

Bei vielen Menschen besteht die Vorstellung, der Christ habe in der Welt so eine Art Polizeifunktion. Er sei dazu da, das Gute zu fördern, das Schlechte auszumerzen und dafür zu sorgen, daß alles anständig zugeht. Und seine Kritiker werfen ihm vor, daß er diese seine Aufgabe vernachlässige. Immer noch regiere das Böse, es herrschten Mord und Totschlag, die Kriege seien noch nicht abgeschafft, Unterdrückung und Gewalttätigkeit seien an der Tagesordnung. Die Menschen seien im Laufe der letzten zwei Jahrtausende nicht besser geworden. Die Gegensätze hätten sich vielmehr noch verschärft. Wo früher Ruhe war, gebe es jetzt vielfache Probleme und Auseinandersetzungen. Durch die Verbreitung des Christentums in alle Welt seien die natürlichen Ordnungen zerstört worden, und alle negativen Begleit-erscheinungen der westeuropäischen Zivilisation hätten bei den Menschen Eingang gefunden: das Geld, der Alkohol, der Konkurrenzkampf. Sie alle seien dazu angetan, die neu gewonnene Freiheit durch Bindung an das Materielle zu ersticken.

Ich glaube, daß diese Beobachtungen für einen, der von außen sieht, gar nicht einmal so falsch sind. Wo neues Leben sich regt, da läuft nicht alles in geordneten Bahnen, sondern viel Ungewolltes, Unvorhergesehenes wächst mit auf und gefährdet die hoffnungsvollen Anfänge. Goethe sagt einmal: »Ich brachte reines Feuer vom Altare – was ich entzündet, war nicht reine Flamme.« So ist es auch dort, wo das Wort Gottes hinfällt und die Gemeinde Jesu Christi Gestalt annimmt. Aus den Briefen der Apostel, insbesondere denen des Paulus, können wir entnehmen, daß schon die ersten Gemeinden mit solchen Problemen zu ringen hatten. Sehr viel Unkraut wuchs dort zwischen dem guten Getreide auf und bereitete den Verantwortlichen ernste Sorgen.

Aus unserem Bibeltext erkennen wir, daß Jesus diese Entwicklung voraussieht. Denn er gibt Anweisungen, wie man sich in solchen Fällen verhalten soll. Das Gleichnis vom Unkraut unter dem Weizen spricht eine deutliche Sprache. Jesus warnt davor, der natürlichen Reaktion zu folgen und den Versuch zu machen, das Unkraut mit Stumpf und Stiel auszurotten. In diesem Stadium des Wachstums würde man Gefahr laufen, mit dem Unkraut auch das gute Korn auszumerzen. Man soll geduldig warten bis zur Ernte. Da trennt sich dann beides von selbst. Das Korn wird eingesammelt, das Unkraut verbrannt.

Dieses Gleichnis soll auch uns nachdenklich machen und uns vor übereilten Urteilen und Maßnahmen bewahren. Solange wir leben, sind wir an eine Welt gebunden, in der gut und böse, rein und unrein so eng miteinander durchwachsen sind, daß eine klare Trennung unmöglich ist. Das gilt auch für die Motive unseres eigenen Handelns. Das darf uns aber nicht daran hindern, den einmal als richtig erkannten Weg weiterzugehen. Was daran gut und richtig war, wird sich erweisen, wenn Gott die Ernte einsammelt.

Vom Senfkorn und Sauerteig

MATTHÄUS 13, 31–35

Ein anderes Gleichnis legte er ihnen vor und sprach: Das Himmelreich ist gleich einem Senfkorn, das ein Mensch nahm und säte es auf seinen Acker; welches das kleinste ist unter allen Samen; wenn es aber erwächst, so ist es das größte unter dem Kohl und wird ein Baum, daß die Vögel unter dem Himmel kommen und wohnen unter seinen Zweigen.
Ein anderes Gleichnis redete er zu ihnen: Das Himmelreich ist einem Sauerteig gleich, den ein Weib nahm und vermengte ihn unter drei Scheffel Mehl, bis daß es ganz durchsäuert ward.
Solches alles redete Jesu durch Gleichnisse zu dem Volk, und ohne Gleichnisse redete er nicht zu ihnen. Auf daß erfüllet würde, was gesagt ist durch den Propheten, der da spricht: »Ich will meinen Mund auftun in Gleichnissen und will aussprechen die Heimlichkeiten von Anfang der Welt.«

Wenn Jesus vom Himmelreich spricht, so tut er das in einer verborgenen Form. Das heißt, er beschreibt es nicht direkt, sondern spricht davon in Gleichnissen, in Vergleichen. Das Himmelreich, von dem die Rede ist, wird dabei ganz in unseren irdischen Erlebnisbereich einbezogen. Es ist nicht ein Reich außerhalb von uns, sondern es wird von uns erfahren überall da, wo das Wort Gottes wirksam wird. Jesus bedient sich dabei vieler Vergleiche aus der Natur oder aus dem Zusammenleben der Menschen, sowohl solcher, die unseren Erfahrungen entsprechen, wie auch solcher, die unserem Verständnis für Recht und Ordnung geradezu ins Gesicht schlagen und zur Folge haben, daß die Hörer sich empört und kopfschüttelnd von ihm abwenden.

Die Gleichnisse enthalten also eine starke Herausforderung. Man kann ihnen gegenüber nicht neutral bleiben. Die Jünger können das nicht verstehen und sind entsetzt darüber, daß Jesus eine solche Spaltung unter den Hörern verursacht. Er versucht ihnen zu erklären, daß eine solche Scheidung notwendig ist. »Euch ist es gegeben, daß ihr das Geheimnis des Himmelreiches versteht, jenen anderen aber ist es nicht gegeben«, so sagt er. Das ist für die Jünger erst recht unbegreiflich. Aber sie halten dennoch an ihm fest, auch wenn sie die Gleichnisse zunächst selber nicht verstehen und sich von ihm erklären lassen müssen, was gemeint ist.

Die beiden kurzen Gleichnisse, die unser Text bringt, bezeichnen zwei besondere Eigenarten der Wirksamkeit des Reiches Gottes auf Erden. Einmal ist die Rede von dem Wachsen aus einem kleinen Anfang und zum zweiten von dem Durchdringen und Bewegen einer bis dahin neutralen Masse durch den Geist Gottes.

So geheimnisvoll und unbegreiflich, wie aus dem winzigen Samenkorn der große Baum wächst, wie die zarte Pflanze allen Widerständen zum Trotz emporstrebt, bis sie selbst ein Baum ist, der nicht mehr schutzbedürftig, sondern selber in der Lage ist, Schutz zu gewähren, so entwickelt sich da, wo einmal das Wort Gottes Fuß gefaßt hat, bei einem Menschen oder einer Menschengruppe aus zarten und schüchternen Anfängen ein festes Gefüge und schließlich eine Festung Gottes zum Schutz und zum Kampf gegen die dunklen Mächte der Welt, die den Menschen ganz besitzen wollen. Und so wie Sauerteig den ganzen Brotteig durchdringt und dem Brot seinen besonderen Charakter gibt, der Brotteig schließlich selbst wieder zum Sauerteig wird und weiteren Teig durchdringen kann, so durchdringt das Wort Gottes, wo es hinfällt, die gleichgültige und unbewegte Masse Mensch, einzelne oder ganze Gruppen, und macht sie fähig, sich weiter auszubreiten. Auf diese Weise sind die christlichen Gemeinden in aller Welt entstanden und wachsen weiter.

Die köstliche Perle

MATTHÄUS 13, 44–46

*Abermals ist gleich das Himmelreich einem verborgenen
Schatz im Acker, welchen ein Mensch fand und
verbarg ihn und ging hin vor Freude über denselben und
verkaufte alles, was er hatte, und kaufte den Acker.
Abermals ist gleich das Himmelreich einem Kaufmann, der
gute Perlen suchte. Und da er eine köstliche Perle
fand, ging er hin und verkaufte alles, was er hatte, und kaufte
sie.*

Überall da, wo die Herrschaft Gottes auf Erden durch Menschen sichtbar gemacht wird, sei es durch das Wort der Schrift oder durch die Tat aus Glauben, da steht Jesus Christus unsichtbar vor uns und bietet uns an, ihm zu folgen und unser Leben durch ihn bestimmen zu lassen. Und wer diesen Anruf wirklich hört, für den ist das keine Sache, die so nebenher geschieht, ohne daß jemand etwas davon merkt, sondern ein Ereignis, das mit der Gewalt einer Naturkatastrophe in sein Leben einbricht. Auf einmal sieht er etwas, was er noch nie gesehen hat, und das nimmt für ihn im gleichen Augenblick eine solche Wichtigkeit an, daß er alles andere, was bis dahin seinen Horizont ausfüllte, drangibt, nur um dies eine nicht wieder aus den Augen zu verlieren.

Für andere, die solches miterleben, ohne die Kraft zu kennen, die dahintersteht, sieht das oft wie unerhörter Leichtsinn aus, wenn ein Mensch die Brücken hinter sich abbricht, die er in seinem Leben doch vielleicht noch nötig brauchen wird. Und es wäre auch Leichtsinn, wenn ein solcher Entschluß aus eigenem Antrieb, ins Blaue hinein, gefaßt würde. Das ist aber nicht der Fall, denn was hier so aussieht wie ein Opfer, ist in Wirklichkeit ein Akt der Befreiung durch einen besonderen Gnadenbeweis Gottes.

Gott schafft die Gelegenheit, in seinem Namen zu handeln und Entscheidungen zu treffen, an denen alle Welt erkennen kann, was für ein Herr hier am Werke ist. Es gibt keinen größeren Reichtum für einen Menschen als einen großen Herrn, dem er dienen darf und der auf diese Weise seinem Leben Sinn gibt. Alles andere wird dadurch nebensächlich und wird gern drangegeben, wenn es gilt, den im Acker verborgenen Schatz oder die wertvolle Perle für immer zu erwerben.

Die Stillung des Sturms

MARKUS 4, 35–41

Und an demselben Tage des Abends sprach er zu ihnen:
Laßt uns hinüberfahren. Und sie ließen das Volk gehen und
nahmen ihn, wie er im Schiff war; und es waren
mehr Schiffe bei ihm.
Und es erhob sich ein großer Windwirbel und warf
die Wellen in das Schiff, also daß das Schiff voll ward. Und
er war hinten auf dem Schiff und schlief auf einem
Kissen. Und sie weckten ihn auf und sprachen: Meister, fragst
du nichts danach, daß wir verderben? Und er stand
auf und bedrohte den Wind und sprach zu dem Meer: Schweig
und verstumme! Und der Wind legte sich, und es
ward eine große Stille.
Und er sprach zu ihnen: Wie seid ihr so furchtsam?
Wie, daß ihr keinen Glauben habt? Und sie fürchteten
sich sehr und sprachen untereinander: Wer ist der?
denn Wind und Meer sind ihm gehorsam.

Wenn ein Mensch angesichts einer sich anbahnenden Katastrophe schläft, so ist das sehr ungewöhnlich. Der Grund
kann darin liegen, daß dieser Mensch von einer noch schwe-
reren Last befreit worden ist und sich nun fallen läßt. Eine
für einen solchen Vorgang typische Geschichte kennen wir
aus dem Alten Testament, nämlich die Geschichte des
Propheten Jona. Jona ist einer schweren Herausforderung
Gottes aus dem Wege gegangen. Er sollte nach Ninive
gehen und dieser gottlosen Riesenstadt mitteilen, daß Gott
sie in allernächster Zeit vernichten würde, wenn sie nicht
umgehend ihren Sinn ändere. Jona findet, daß dieser Auftrag über seine Kraft geht; und um ihm auszuweichen,
nimmt er sich eine Fahrkarte nach Tarsus und geht aufs
Schiff, weil er meint, daß er auf diese Weise für eine Weile

vor Gottes Zugriff sicher sei. Als das Schiff abfährt, ist er so erleichtert, daß er prompt einschläft und auch nicht aufwacht, als das Schiff in einen schweren Sturm gerät und die Besatzung vor Angst hin und her rennt. Schließlich weckt man ihn, weil es wohl unerträglich ist, daß da einer ist, der von der Not, in der alle sich befinden, keine Notiz nimmt. Man fragt ihn, ob er sich erklären könne, warum der Sturm gar nicht aufhören wolle, und er gibt sich selbst als den Grund dafür an. Als man ihn über Bord wirft, hört der Sturm auf.

Auch Jesus schläft in dem Schiff, das in einen Wirbelsturm geraten ist. Für ihn ist das, was die Menschen in Angst und Schrecken setzt, kein Grund zur Unruhe. Gerade da fühlt er sich in Gottes Hand geborgen. Wo er ist, da ist Stille, mitten im Toben der Mächte breitet sich Ruhe aus wie im Zentrum eines Zyklons. Es ist der Friede, von dem es heißt, daß er höher sei als alle Vernunft. Alle suchen seine Nähe, flehen ihn an, ihnen zu helfen. Und in dieser Stille hören sie sein Wort. Ihre Angst schwindet, der Sturm hört auf, die Wellen glätten sich. Was ist das für ein Mann, daß ihm Wind und Meer gehorsam sind!

Auch wir bekommen das zu spüren, wenn wir ihn in der Not anrufen. Auch wenn er vielleicht schläft, so ist er doch da und läßt sich wecken. Und er wird Verständnis haben für das, was uns bedroht. Unser Herr ist bei uns, und die Elemente sind ihm untertan. Wir sind oft matt und faul und verzagt – auch ohne Stürme. Aber wenn wir uns auf ihn verlassen, werden Verzagtheit und Angst schwinden, und die Kraft seines Friedens wird uns erfüllen.

Wie Jesus heilt

LUKAS 8, 40–48

*Und es begab sich, da Jesus wiederkam, nahm ihn das Volk
auf; denn sie warteten alle auf ihn. Und siehe, da
kam ein Mann mit Namen Jairus, der ein Oberster der Schule
war, und fiel Jesu zu den Füßen und bat ihn, daß
er wollte in sein Haus kommen; denn er hatte eine einzige
Tochter bei zwölf Jahren, die lag in den letzten
Zügen. Und da er hinging, drängte ihn das Volk.
Und ein Weib hatte den Blutgang zwölf Jahre gehabt; die
hatte alle ihre Nahrung an die Ärzte gewandt und konnte
von niemand geheilt werden; die trat hinzu von
hinten und rührte seines Kleides Saum an; und alsobald
stand ihr der Blutgang. Und Jesus sprach: Wer hat
mich angerührt? Da sie aber alle leugneten, sprach Petrus
und die mit ihm waren: Meister, das Volk drängt
und drückt dich, und du sprichst: Wer hat mich angerührt?
Jesus aber sprach: Es hat mich jemand angerührt;
denn ich fühle, daß eine Kraft von mir gegangen ist.
Da aber das Weib sah, daß es nicht verborgen war,
kam sie mit Zittern und fiel vor ihm nieder und verkündigte
vor allem Volk, aus welcher Ursache sie ihn angerührt und
wie sie wäre alsbald gesund geworden. Er aber sprach zu ihr:
Sei getrost, meine Tochter; dein Glaube hat dir
geholfen. Gehe hin mit Frieden!*

Jesus ist auf dem Wege zu einem todkranken Mädchen.
Eine große Volksmenge begleitet ihn. Plötzlich fühlt er, wie
jemand ihn berührt, um dadurch Heilung zu erlangen. Er
bleibt stehen und fragt, fragt nochmals: Wer hat mich angerührt? Seine Begleiter sagen: Wie kannst du so etwas fragen? Das Volk bedrängt dich von allen Seiten, Hunderte

haben dich berührt. Aber Jesus besteht auf seiner Frage. Er will wissen, wer es war. Denn er hat gespürt, wie eine Kraft von ihm ausgegangen ist. Er blickt im Kreise umher. Da löst sich eine Frau aus der Menge und kommt zitternd und bebend auf ihn zu. Sie hatte gehofft, unerkannt zu bleiben, denn sie hat ein sehr lästiges, peinliches Leiden, von dem sie nicht sprechen wollte. Nun aber fühlt sie sich ertappt und sieht sich gezwungen, zu bezeugen, daß sie durch die Berührung geheilt worden ist. Jesus segnet sie und setzt seinen Weg fort.

Was lehrt uns diese Geschichte? Auf zwei Dinge möchte ich hinweisen: Jesus ist kein Heil-Automat, vor dem der Hilfesuchende anonym bleiben kann, sondern es geschieht etwas Wesentliches, Handgreifliches, Kräfteforderndes, das die unmittelbare Nähe des Gottesreiches signalisiert und nach einem Ausdruck verlangt. Was durch Jesus geschieht, kann nicht im Verborgenen bleiben. Erst durch das Bekenntnis zu Jesus nimmt es Gestalt an und erhält dauernde Bedeutung. Es ist also keine Kleinigkeit, sich von Jesus helfen zu lassen, sondern es hat Konsequenzen, hinter die man nicht wieder zurücktreten kann.

Vielleicht ist auch unter uns manch einer, der an einer konkreten Not des Leibes oder der Seele leidet, die sein Leben so unter Druck setzt, daß er nur den einen Gedanken hat, wie er sie wieder los würde, der sich aber auch scheuen würde, offen davon zu reden, und deshalb genau wie diese Frau versuchen würde, sich heimlich helfen zu lassen und dann wieder fortzuschleichen. Er soll wissen, daß Jesus keine Teilreparaturen vornimmt und uns dann wieder laufen läßt, sondern daß er immer den ganzen Menschen im Auge hat, zu dem er durch dessen Not einen Zugang gefunden hat und den er nicht so ohne weiteres wieder losläßt.

Das zweite, auf das ich hinweisen möchte, ist dies: Wir sollen keine Angst haben vor einer Bloßstellung durch Jesus. Wer sich von ihm wirklich helfen läßt, aus dem macht er einen neuen Menschen, für den das Frühere der Vergangenheit angehört und keine Macht mehr über ihn hat. Er braucht keine Bloßstellung mehr zu fürchten, sondern darf sich im Gegenteil seiner Schwachheiten rühmen, weil sie es gewesen sind, die ihn zu Jesus Christus, seinem Heiland, geführt haben.

Vom Hören des Worts

JOHANNES 5, 24

Wer mein Wort hört und glaubt dem, der mich gesandt hat,
der kommt nicht in das Gericht, sondern er ist vom
Tode zum Leben hindurchgedrungen.

Wenn Jesus dem gläubigen Menschen etwas zusagt, dann handelt es sich immer um letzte, um entscheidende Dinge. Der Mensch, der sein Wort hört und an ihn glaubt, kommt nicht in das Gericht. Was ist dieses Gericht, vor dem er uns bewahren will? Wer die Bibel kennt, wird sagen: Damit ist das Jüngste Gericht gemeint, das einmal am Ende der Zeiten für alle Menschen kommen wird. Gewiß, aber ich glaube, wir erfassen nur einen Teil der Sache, um die es hier geht, wenn wir dies Gericht lediglich auf eine ferne Zukunft beziehen. Jesus spricht hier nämlich nicht von der Zukunft, sondern von der Gegenwart. Er sagt: Wer glaubt, der kommt nicht in das Gericht, und er ist vom Tode zum Leben hindurchgedrungen; nicht: er wird es einmal sein. Was dem Glaubenden zugesagt wird, das gilt also nicht für eine spätere, unserem Einfluß entzogene Zeit, sondern es wirkt sich in der Gegenwart aus, der Mensch erlebt es in seinem

Alltag. Die Zukunft wird gewissermaßen in die Gegenwart hineingeholt, und dadurch wird das Gesagte auch erst zu einer wirklichen Lebenshilfe für uns.

Was ist also dieses Gericht, das schon in die Gegenwart herein seine Schatten wirft und vor dem wir offenbar Angst haben? Fürchten wir aufgeklärten Menschen des 20. Jahrhunderts denn überhaupt ein solches Urteil, eine solche Instanz, oder halten wir es mit denen, die sagen, das Gericht sei nur eine Erfindung der Religionen, um die Seelen der Menschen in die Gewalt zu bekommen? Ich meine, daß die Vorstellung von einem Gericht, die Jesus hier aufgreift, tief in der Natur des denkenden Menschen liegt und daß sie ganz innig mit der Frage nach dem Sinn des Lebens zusammenhängt. Denn wir können nicht nach dem Sinn unseres Lebens fragen, ohne zugleich auf Werturteile zu kommen. Gerade bei den Menschen, die am wenigsten vom Glauben halten, habe ich die Neigung, ja geradezu den Zwang zu Werturteilen über sich und andere besonders ausgeprägt gefunden: Das ist ein guter Mensch, das ist ein schlechter Mensch! Und wenn wir uns mit Kranken unterhalten, begegnet uns oft die Frage: »Warum muß gerade ich so leiden, wo ich doch nichts Böses getan habe?« Überall treffen wir auf die Vorstellung von einer Bewertung, von Strafe und Verurteilung. Je ausgeprägter das Gewissen eines Menschen ist, um so mehr wird er durch diese Vorstellung bedrängt sein. Besonders wenn das Leben mit Schuld, Versäumnis und Lieblosigkeit behaftet ist – Dinge, von denen sich keiner unter uns freisprechen kann.

Die Frage nach dem Sinn unseres Lebens kann wohl für eine gewisse Zeit unterdrückt werden, dadurch nämlich, daß eine plausible allgemeingültige Antwort darauf gegeben wird. Aber auf die Dauer kann das nicht vorhalten, sonst müßte man am Menschsein verzagen. Irgendwann bricht diese Frage, die den Menschen vom Tier unterscheidet, als Zeichen der geistigen Gesundung wieder durch – und gleichzeitig damit auch die Vorstellung von Urteil und Strafe, gewissermaßen als Fessel für die Freiheit, zu der sich der Mensch berufen fühlt.

Hier an dieser Stelle begegnet uns Jesus mit seinem Wort. Er will uns von dieser Fessel, von dieser niederdrükkenden Angst befreien. Wer mein Wort hört und glaubt, der kommt nicht in das Gericht, sondern er ist vom Tode zum Leben hindurchgedrungen. Wer glaubt, der bleibt nicht stecken in seiner Lebensangst und in der Vorstellung von Urteil und Strafe – alles Dinge, mit denen der Tod hier im Leben schon seine Gewalt über die Menschen ausübt –; sondern er hat hier schon und für die Zukunft nur noch das Leben vor sich. Er darf wissen: Es kommt nichts mehr nach. Denn um Gericht auszuüben, um ein Urteil zu fällen, dazu braucht man Abstand. Ein richtiger Vater aber sitzt über seinen Sohn nicht zu Gericht, er fällt kein Urteil über ihn, er überlegt sich die Strafe, die notwendig ist, nicht lange, sondern er handelt fortlaufend an ihm mit allem, was geschieht, sei es Mahnung, Trost oder Strafe.

Gott der Vater ist kein Richter. Diese Gewißheit, daß nichts mehr nachkommt, was das Leben in Frage stellt, verspricht uns Jesus, wenn wir an ihn glauben. Und glauben, das heißt nicht etwa: für richtig halten. Damit wäre uns überhaupt nicht gedient. Sondern glauben heißt festhalten, dranbleiben, jeden Tag neu sich von Jesus den Weg zeigen lassen. Denn es geht ja nicht um ein Wissen, um eine Theorie, sondern um ein Handeln, um eine Lebenspraxis. Jesus hat sich einmal als das Brot des Lebens bezeichnet. Seine Gabe ist nicht eine Lehre, die wir annehmen sollen, sondern eine Substanz, mit der wir unser Dasein bestreiten können. Auch das ist weise eingerichtet, daß wir diese Substanz nicht ein für allemal zugewiesen erhalten, sondern daß wir sie uns immer wieder neu erringen müssen.

Denn Leben ist Ringen, und wo nicht mehr gerungen werden muß, da schläft das Leben ein, und der Tod gewinnt die Oberhand. Gott helfe uns, daß wir hier in unserem Leben nicht vom Tod gezeichnet bleiben, sondern zum wirklichen Leben hindurchdringen.

Das kanaanäische Weib

MATTHÄUS 15, 21–28

Und Jesus ging aus von dannen und entwich in die Gegend von Tyrus und Sidon. Und siehe, ein kanaanäisches Weib kam aus derselben Gegend und schrie ihm nach und sprach: Ach Herr, du Sohn Davids, erbarme dich mein!
Meine Tochter wird vom Teufel übel geplagt. Und er antwortete ihr kein Wort. Da traten zu ihm seine Jünger, baten ihn und sprachen: Laß sie doch von dir, denn sie schreit uns nach.
Er antwortete aber und sprach: Ich bin nicht gesandt, denn nur zu den verlorenen Schafen von dem Hause Israel. Sie kam aber und fiel vor ihm nieder und sprach: Herr, hilf mir! Aber er antwortete und sprach: Es ist nicht fein, daß man den Kindern ihr Brot nehme und werfe es vor die Hunde. Sie sprach: Ja, Herr, aber doch essen die Hündlein von den Brosamen, die von ihrer Herren Tische fallen.
Da antwortete Jesus und sprach zu ihr: O Weib, dein Glaube ist groß! Dir geschehe, wie du willst. Und ihre Tochter ward gesund zu derselben Stunde.

Unter allen Begegnungen, die Jesus zur Zeit seines Erdenlebens mit Menschen gehabt hat, ist dies eine der bedeutungsvollsten. Nicht zu Unrecht ist diese Frau von den Berichterstattern ganz in den Vordergrund gestellt worden. Denn die Intensität ihres Ringens mit Gott, die im Gespräch mit Jesus zum Ausdruck kommt, ist geradezu beispiellos. Jesus verweigert sich ihr, er stößt sie schroff zurück. Aber sie läßt nicht locker. Immer wieder bedrängt sie ihn, schließlich gibt sie auch noch ihre persönliche Würde preis, um damit alle Hindernisse zu überwinden, die ihr Jesus in den Weg stellt.

Können wir verstehen, warum Jesus es ihr so schwer macht? Entspricht doch seine Haltung keineswegs den Vorstellungen, die wir von ihm haben. Offenbar ist das, was die Frau hier von ihm erbittet, eine Zumutung, die eine schwere grundsätzliche Entscheidung von ihm verlangt, die er nur mit Gottes ausdrücklichem Einverständnis treffen darf. Schon einmal hat er eine Frau zurückweisen müssen, seine eigene Mutter, als sie ihm zumutete, für Wein zu sorgen, der bei einer Hochzeit dringend benötigt wurde. Sie ist sich nicht im klaren darüber, was das für ihn bedeutet. Er muß nun sein Geheimnis lüften. Das Geheimnis seiner Gottessohnschaft kann nicht mehr verborgen bleiben wie bisher. Es beginnt nun seine Sendung zu den Menschen, der Weg, der zugleich sein Leidensweg ist, an dessen Ende der Kreuzestod steht.

Ähnlich verhält es sich hier mit dieser Frau, die ihn um Hilfe für ihre geisteskranke Tochter bittet. Sie gehört nicht zum Volk Gottes, zu dem er gesandt ist. Was sie von ihm verlangt, ist eine Grenzüberschreitung, die er aus eigenem Entschluß nicht treffen kann. Er soll aus den Grenzen des Volkes Israel hinaustreten und sich auch den Heiden zuwenden. Er weiß, daß auch dieser Schritt zu seiner Sendung gehört. Nur braucht er ein untrügliches Zeichen dafür, daß es schon soweit ist. Deshalb prüft er die Lage, indem er die Bittstellerin auf das härteste zurückweist. »Es gehört sich nicht, den Kindern das Brot zu nehmen und es vor die Hunde zu werfen.« Schroffer kann man es wohl nicht sagen.

Aber sie läßt sich auch dadurch nicht abschrecken, sondern indem sie auf seinen Vergleich eingeht, macht sie mit ihrer Logik die seine zunichte. »Und doch essen die Hunde von den Krümeln, die von ihrer Herren Tische fallen.« Nun kann Jesus nicht mehr widerstehen. In der Person dieser verzweifelten Mutter hat Gott ihm den Boten geschickt, der ihn davon überzeugt, daß er von nun an nicht nur der Erlöser des Volkes Israel ist, sondern daß er der ganzen Welt gehört.

Die Speisung der Fünftausend

Johannes 6, 1–15

Danach fuhr Jesus weg über das Meer an der Stadt Tiberias in Galiläa. Und es zog ihm viel Volks nach, darum daß sie die Zeichen sahen, die er an den Kranken tat. Jesus aber ging hinauf auf einen Berg und setzte sich daselbst mit seinen Jüngern. Es war aber nahe Ostern, der Juden Fest.

Da hob Jesus seine Augen auf und sieht, daß viel Volks zu ihm kommt, und spricht zu Philippus: Wo kaufen wir Brot, daß diese essen? (Das sagte er aber, ihn zu versuchen; denn er wußte wohl, was er tun wollte.) Philippus antwortete ihm: für zweihundert Groschen Brot ist nicht genug unter sie, daß ein jeglicher unter ihnen ein wenig nehme. Spricht zu ihm einer seiner Jünger, Andreas, der Bruder des Petrus: Es ist ein Knabe hier, der hat fünf Gerstenbrote und zwei Fische; aber was ist das unter so viele?

Jesus aber sprach: Schaffet, daß sich das Volk
lagere. Es war aber viel Gras an dem Ort. Da lagerten sich
bei fünftausend Mann.
Jesus aber nahm die Brote, dankte und gab sie den Jüngern,
die Jünger aber denen, die sich gelagert hatten;
desgleichen auch von den Fischen, wieviel sie wollten. Da sie
aber satt waren, sprach er zu seinen Jüngern: Sammelt die
übrigen Brocken, daß nichts umkomme. Da sammelten sie
und füllten zwölf Körbe mit Brocken von den fünf
Gerstenbroten, die übrigblieben denen, die gespeist wurden.
Da nun die Menschen das Zeichen sahen, das
Jesus tat, sprachen sie: Das ist wahrlich der Prophet, der in
die Welt kommen soll. Da Jesus nun merkte, daß
sie kommen würden und ihn haschen, daß sie ihn zum König
machten, entwich er abermals auf den Berg, er
selbst allein.

Es war aber nahe an Ostern, so heißt es hier zu Beginn
unseres Bibelabschnitts. Diese Bemerkung des Evangelisten stellt auch uns mitten hinein in das Geschehen um
Jesus Christus. Denn auch wir leben auf Ostern zu. Es ist
freilich nicht das gleiche Fest, das die Juden damals und
auch heute noch feiern, aber doch insofern ein ähnliches,
als auch das Ostern der Juden ein Fest der Befreiung ist.
Denn so wie die Juden zu Ostern ihre Befreiung aus der
Knechtschaft der Ägypter feiern, so feiern wir zu Ostern
unsere Befreiung von der Macht der Sünde und des Todes.
Aber so wie das jüdische Volk es in seiner Gesamtheit
vergessen und wohl auch nur in einzelnen herausragenden
Gestalten jemals begriffen hat, was es bedeutet, ein freies
Gottesvolk zu sein, so sind auch wir, die wir uns Christen
nennen, normalerweise nicht in der Lage, die Größe der
Botschaft von unserer Erlösung aus der Hand des Todes
wirklich zu erfassen.

So gehen wir auf Ostern zu, ähnlich vielleicht wie diese Fünftausend, von denen hier die Rede ist, als Menschen, die sich dorthin gezogen fühlen, wo etwas Besonderes, etwas Sensationelles geschieht, und von denen jeder vielleicht etwas für sich persönlich erwartet, nur nicht von Ostern. Deshalb wollen wir uns wünschen, daß Jesus Christus auch uns etwas Besonderes bieten möge, damit wir auf ihn aufmerksam werden und etwas begreifen von der großen Gabe, die er zu vergeben hat.

Sind wir denn nicht auch so wie diese Fünftausend, nämlich Menschen, die hungern, ohne es zu wissen? Fehlt nicht auch unserem Leben, mag es auch noch so arbeitsreich und mit wichtigen Dingen angefüllt sein, der eigentliche Sinn und das Schwergewicht, das uns den inneren Frieden gibt? – Erst als Jesus ihnen sein Brot, das Brot des Lebens, reichte, da merkten sie, wie hungrig sie waren. Seine leibliche Gegenwart erst ließ sie begreifen, was ihnen fehlte – so wie ein ausgehungerter Mensch oft erst begreift, was mit ihm los ist, wenn er ein Stück Brot zu Gesicht bekommt.

Auch das erleben wir heute noch so, wie es damals erlebt wurde: Wo Jesus Christus in Erscheinung tritt und durch sein Wort die Herzen und Ohren der Menschen aufschließt, da braucht nicht mehr gefragt zu werden: Wo nehmen wir das Brot her für so viele? Sondern da kann ein einziger Satz genügen, um Tausende satt zu machen. Das Wort Gottes, in unsere Hand und in unseren Mund gegeben, schafft die Vorbedingung für das Erscheinen des Gottessohnes auch in unserer Mitte; und wenn er unter uns ist, dann dürfen wir das Brot des Lebens empfangen und weitergeben, ohne zu fragen, ob es für alle reichen wird. Immer kommt Jesus Christus zu uns wie ein Keim, aus dem ein ganzes Saatfeld wachsen will. Er macht uns durch sein heiliges Wort erst hungrig und dann satt.

Die Zeichenforderung

MATTHÄUS 16, 1-4

Da traten die Pharisäer und Sadduzäer zu ihm; die versuchten ihn und forderten, daß er sie ein Zeichen vom Himmel sehen ließe. Aber er antwortete und sprach: Des Abends sprecht ihr: Es wird ein schöner Tag werden, denn der Himmel ist rot; und des Morgens sprecht ihr: Es wird heute Ungewitter sein, denn der Himmel ist rot und trübe. Ihr Heuchler! über des Himmels Gestalt könnt ihr urteilen; könnt ihr denn nicht auch über die Zeichen dieser Zeit urteilen? Diese böse und ehebrecherische Art sucht ein Zeichen; und soll ihr kein Zeichen gegeben werden denn das Zeichen des Propheten Jona. Und er ließ sie und ging davon.

Viele sind der Ansicht, es sei damals, als Jesus unter den Menschen lebte, einfacher gewesen, an ihn zu glauben, als heute, wo wir auf Berichte und Zeugnisse angewiesen sind. Wir haben allen Grund, das zu bezweifeln. Denn das, worauf es letztlich ankommt, die Bereitschaft zu glauben, war damals nicht größer, als sie heute ist.

Genau wie heute begegneten Jesus auch damals viele Mißverständnisse. Die Menschen betrachten ihn als einen Wundertäter und verlangen von ihm, daß er sich als ein solcher ausweist. Sie wollen sehen, »wie er es macht«, um dann ihre Schlüsse daraus zu ziehen. Diese Einstellung ist aber genau das, was sie daran hindert, die Stimme Gottes zu vernehmen, die aus ihm spricht, aus seinen Worten wie aus seinen Taten. Jesus weist diese Neugierigen schroff zurück, darunter auch die gelehrten Theologen. Was ist es denn, so fragen wir, was diesen Menschen das Ohr verschließt? Es ist ihr festgefahrenes Denken, das ohne Erwartung und keiner Überraschung mehr fähig ist. Sie urteilen nach dem, was sie zu sehen gewohnt sind, so wie die Beobachter des Himmels Schlüsse ziehen auf das Wetter des nächsten Tages. Die Natur und ihre Gesetze könnt ihr beurteilen, sagt Jesus, aber für das Wesentliche habt ihr kein Gespür. Die Zeichen der Zeit versteht ihr nicht. Ihr merkt nicht, wie nahe Gott euch ist. Denn ihr sucht ihn auf verkehrten Wegen. Gott kommt aber nicht auf euren ausgefahrenen Geleisen, er läßt sich nicht irgendwo einordnen, sondern überrascht jeden persönlich. Sein Kommen hat nichts zu tun mit Verdienst und Würdigkeit, sondern nur mit der Bereitschaft, seinen Sohn zu hören und anzunehmen. In dieser Hinsicht haben es die strengen Gottes-Gelehrten allerdings besonders schwer. Wenn sie Jesus als den Messias anerkennten, müßten sie ihre Vormachtstellung innerhalb des Gottesvolkes drangeben – und das wäre ein schweres Opfer. Deshalb sind sie eifrig bemüht, ihn unschädlich zu machen und seinen Einfluß auf das Volk zu unterbinden. Am Ende dieses Weges aber kann nur die Verurteilung und Hinrichtung stehen.

Immer wieder erhebt sich bei uns die Frage, wie es sein würde, wenn Jesus wieder unter uns Menschen lebte, ob er dann besser verstanden werden würde, oder ob sich sein Schicksal, wenn auch in abgewandelter Form, wiederholen würde. Wir können dazu nichts sagen. Eins aber ist sicher: In Glaubensdingen sind wir auf den Heiligen Geist angewiesen. Die Jünger verstanden ihren Meister auch erst richtig nach seinem Tode und seiner Auferstehung. Da erst wurden sie zu selbständigen Christen, die sein Wort in Vollmacht weitergeben konnten. Darum ist es auch für uns das Gegebene, immer wieder um den Heiligen Geist zu bitten.

Herr, wohin sollen wir gehen?

JOHANNES 6, 65–69

Er sprach: Darum habe ich euch gesagt, niemand kann zu mir kommen, es sei ihm denn von meinem Vater gegeben. Von dem an gingen seiner Jünger viele hinter sich und wandelten hinfort nicht mehr mit ihm. Da sprach Jesus zu den Zwölfen: Wollt ihr auch weggehen? Da antwortete ihm Simon Petrus: Herr, wohin sollen wir gehen? Du hast Worte des ewigen Lebens; und wir haben geglaubt und erkannt, daß du bist Christus, der Sohn des lebendigen Gottes.

Gott ist sehr wählerisch. Er schickt seinen Sohn auf die Erde, um Mensch zu werden, zu erlösen, selig zu machen, aber er macht nicht annähernd jeden bereit, ihn anzunehmen. Zunächst sind es nur ganz wenige, die Kontakt bekommen, Jesus kann diesen Kontakt nicht erzwingen, ebenso die Menschen nicht mit ihrem Willen. Hier sagt es ihnen Jesus ganz deutlich: Niemand kann zu mir kommen, wenn Gott es ihm nicht gibt. Damit stößt er einen großen Teil der Nachfolgenden vor den Kopf, sie gehen ihrer Wege.

Gott ist wie eine unverrückbare Scheidewand, solange er sein Ja zu dieser Begegnung noch nicht gegeben hat. Die vielen Interessierten geben auf, nur die Zwölf bleiben übrig, die schon am längsten bei ihm sind, ihre Erfahrungen mit ihm gemacht haben. Jesus stellt auch sie vor die Frage: Wollt ihr nicht lieber gehen? Er hat ihnen vorher sehr harte Dinge gesagt, schwer zu hören, noch schwerer anzunehmen. Er hat nicht um sie geworben, wie Menschen und Parteien das tun, die ihren Nachfolgern goldene Berge versprechen. Er hat gesagt, was das für den Menschen bedeutet, hier auf Erden in einer engen Verbindung mit Gott zu leben: nicht Wohlstand, Ruhe und ein gutes Gewissen, sondern Unruhe, Kampf, Unsicherheit, Zweifel und Leiden. Das einzige, was er anbietet, ist neue Hoffnung, also etwas Zukünftiges, noch nicht mit Händen Greifbares, sondern nur im Glauben zu erfassen; was erst erkennbar wird, wenn der Mensch es schon ergriffen hat.

Deshalb war dieser Augenblick so naheliegend, die Jünger zu fragen, ob sie auch gehen wollen. Das ist keine theoretische Frage! Alles ist offen. Ähnlich wie bei den Emmaus-Jüngern. Nun ist es an ihnen zuzugreifen. Petrus spricht es aus: Wohin? Die Brücken sind schon abgebrochen, nichts bleibt übrig, sie haben schon zuviel erlebt mit ihm, um noch zurück zu können. Das erkennen sie in diesem Augenblick, und dadurch, daß sie es aussprechen, wird es besiegelt, der Weg wird noch klarer, eindeutiger.

Auch uns, die wir Christus nachfolgen wollen und andere auf den gleichen Weg führen wollen, möge an diesem Text klar werden, wie wenig Handgreifliches wir haben, um uns selbst daran zu halten, geschweige denn, um es anderen zu bieten. Die Kraft Gottes, die nötig ist, steht nicht zu unserer Verfügung. Deshalb wird es oft so sein, daß auch für uns alles wieder offen ist wie hier, so als stünde Jesus ganz getrennt und fragte: Willst du noch weiter mitmachen? Gott gebe, daß wir in solchen Augenblicken die Antwort des Petrus finden, der merkt, daß er nicht mehr anders kann. Der merkt, daß er nicht irgendwelchen Versprechungen gefolgt ist oder weil er wirklich den Sinn der Worte immer verstanden hätte, sondern weil eine größere, jenseits aller Vernunft und aller Begriffe stehende Macht ihn erfaßt und ihn in wunderbarer Weise bis hierher geführt hat, so daß er ohne diesen Schutz keinen Schritt mehr gehen mag und kann.

Leidensverkündigung

MARKUS 8, 34–38

*Und er rief zu sich das Volk samt seinen Jüngern und
sprach zu ihnen: Wer mir nachfolgen will, der verleugne sich
selbst und nehme sein Kreuz auf sich und folge
mir nach. Denn wer sein Leben will behalten, der wird's
verlieren; und wer sein Leben verliert um meinet-
und des Evangeliums willen, der wird's behalten.
Was hülfe es dem Menschen, wenn er die ganze
Welt gewönne, und nähme an seiner Seele Schaden? Oder
was kann der Mensch geben, damit er seine Seele
löse? Wer sich aber mein und meiner Worte schämt unter
diesem ehebrecherischen und sündigen Geschlecht,
des wird sich auch des Menschen Sohn schämen, wenn er
kommen wird in der Herrlichkeit seines Vaters mit
den heiligen Engeln.*

»Wer sein Leben erhalten will, der wird es verlieren.« Die
Wahrheit dieses Wortes im buchstäblichen Sinne hat mancher von uns in der Kriegsgefangenschaft erlebt. Da konnte
man die Beobachtung machen, daß diejenigen, die darauf
bedacht waren, ihr Leben zu erhalten, moralisch und körperlich schneller verfielen als diejenigen, die sich ohne Rück-
sicht auf den eigenen Zustand ihren Mitmenschen helfend
zuwandten. Man konnte den Eindruck gewinnen, daß diese
letzteren erst jetzt den wahren Sinn ihres Lebens gefunden
hatten, als sie es an andere hingaben, ja daß sie extra für jene
Zeit geboren und aufgespart worden waren, um Gottes
Barmherzigkeit darin Gestalt gewinnen zu lassen.

Was sie uns vorgelebt haben, ist der Beweis dafür, daß das
menschliche Dasein nur dann wirklich sinnvoll, ausgefüllt
und befriedigend ist, wenn es für eine große Sache eingesetzt wird. »Und setzt ihr nicht das Leben ein, nie wird euch

das Leben gewonnen sein«, so sagt es Schiller in Wallensteins Lager. Nie kann der Mensch ganz frei sein, nie die wirkliche Erfüllung erlangen, solange er bei dem, was er tut, seine eigene Person, seine Sicherheit, seinen Nutzen, seine Interessen im Auge hat. Denn solange er das tut, steht er sich selbst im Wege.

Jesus weiß das. Deshalb bietet er dem Menschen etwas an, für das es sich lohnt, das Leben zu riskieren. Es ist die Nachfolge auf dem Wege, den er selber gegangen ist. Es ist der Dienst am Menschen in seinem Auftrag, und zwar nicht nur für die Dauer eines Augenblicks, nicht nur für eine besondere Leistung, sondern für das ganze weitere Leben. Unsere Sache ist es, dies Angebot anzunehmen oder abzulehnen, die Freiheit zu wählen oder gebunden zu bleiben.

Verleugne dich selbst, so heißt es weiter. Sieh nicht mehr auf dich, wer du bist, wer du sein könntest, was du erreichen möchtest, welche Rolle du spielen könntest und was die anderen von dir denken. Sondern richte deinen Blick auf Jesus, folge ihm, wohin er dich führt, dann wirst du ganz frei sein. Denn was hülfe es dem Menschen, wenn er die ganze Welt gewönne und es bliebe ein Stachel in seiner Seele zurück, ein inneres Unbefriedigtsein, die Last eigener Schuld, eigener Fehler und Schwächen, die ja immer schwerer wird, je höher die eigenen Ansprüche an das Leben steigen.

Was kann der Mensch geben, um seine Seele aus diesen Fesseln zu befreien? Nichts! Denn auch wenn er alles weggäbe – das göttliche Gericht bliebe doch als Drohung hinter allem bestehen. Jesus bietet auch uns den Weg aus der Gebundenheit in die Freiheit an. Wir gehen ihn, wenn wir ihm nachfolgen.

Wer ist der Größte im Himmelreich?

MATTHÄUS 18, 1–4

*Zu derselben Stunde traten die Jünger zu Jesus und
sprachen: Wer ist doch der Größte im Himmelreich?
Jesus rief ein Kind zu sich und stellte es mitten
unter sie und sprach: Wahrlich, ich sage euch: Wenn ihr nicht
umkehrt und werdet wie die Kinder, so werdet ihr
nicht ins Himmelreich kommen. Wer nun sich selbst erniedrigt
wie dies Kind, der ist der Größte im Himmelreich.
Und wer ein solches Kind aufnimmt in meinem Namen, der
nimmt mich auf. Wer aber ärgert dieser Geringsten
einen, die an mich glauben, dem wäre besser, daß ein
Mühlstein an seinen Hals gehängt und er ersäuft
würde im Meer, da es am tiefsten ist.*

Wir Menschen sind von Natur ehrgeizig. Wir möchten gern
auf irgendeinem Gebiet unseres Lebens etwas gelten und
von unseren Mitmenschen anerkannt werden. Wir sprechen von »gesundem« Ehrgeiz, und unsere menschliche
Gesellschaft ist zum großen Teil auf diesem gesunden Ehrgeiz aufgebaut. Aber wie leicht bekommen wir es da mit
falschen Maßstäben zu tun! Wie schnell sind wir geneigt,
mehr von uns zu halten, als wir in Wirklichkeit sind, uns mit
anderen zu vergleichen und uns für besser zu halten, uns
Vorteile zu verschaffen, aus denen sich für andere ein Schaden entwickeln kann! Wir kennen das aus unserem Berufsle-
ben wie auch aus unserer privaten Daseins-Sphäre. Ja auch
im geistlichen Bereich gibt es solche Spekulationen, die, auf
eine kurze Formel gebracht, in der Frage zum Ausdruck
kommen: »Wer ist der Größte im Himmelreich?« Wir würden sagen: »Wie verdient man sich einen guten Platz im
Himmel?«
Jesus nimmt diese Frage durchaus ernst und beantwortet

131

sie auf seine Art. Er läßt sich nicht auf ins einzelne gehende Erklärungen ein, sondern bedient sich eines lebendigen Bildes. Er ruft ein Kind herbei und stellt es mitten in den Kreis der Fragenden. »Wer nicht umkehrt auf seinem Wege und so wird wie dieses Kind, der wird überhaupt nicht ins Reich Gottes kommen, geschweige denn darin einen hervorragenden Platz einnehmen.«

Wie sollen wir diese Antwort verstehen? Kann man denn ein Kind werden, wenn man keins mehr ist? Nach unseren Erfahrungen kann man doch nur kindisch werden, aber nicht kindlich. Doch wenn wir uns unter den Christen umsehen, finden wir da zuweilen eine Art von Kindlichkeit, die mit kindischem Wesen nichts zu tun hat: eine Kindlichkeit, die aus dem Glauben hervorgeht. Ihr Haupt-Merkmal ist eine fast leichtsinnig zu nennende Unbefangen-heit und Unvoreingenommenheit der Welt und ihren Menschen gegenüber. So wie man es einem Kind sofort anmerkt, ob es gute Eltern hat, denen es vertraut und auf deren Führung es sich verläßt, so verhält es sich auch mit dem erwachsenen Menschen, der sich und sein Leben ganz in Gottes Hand gegeben hat. Für ihn existieren viele Pro-bleme gar nicht, mit denen die anderen sich herumschlagen und doch nicht zu Rande kommen. Er weiß, daß es nicht seine Sache ist, mit ihnen fertig zu werden, sondern daß Gott dafür zuständig ist. Dieses Wissen gibt ihm eine Frei-heit des Denkens und Handelns, die nicht hoch genug eingeschätzt werden kann. Läßt sie doch keinen Raum für Hintergedanken, wie auch die Frage nach der Rangordnung im Himmelreich einer ist. Diese Frage erübrigt sich vollstän-dig, da sie allein Gottes Sache ist und mit Menschenweis-heit nichts zu tun hat. Gott gebe uns ein solches Vertrauen zu ihm, daß wir uns das wahre Kindsein leisten können, wenn wir auch noch so erwachsen sind.

Das Gleichnis vom Schalksknecht

MATTHÄUS 18, 21–35

*Da trat Petrus zu ihm und sprach: Herr, wie oft muß ich
denn meinem Bruder, der an mir sündigt, vergeben?
Ist's genug siebenmal? Jesus sprach zu ihm: Ich sage dir, nicht
siebenmal, sondern siebzigmal siebenmal.
Darum ist das Himmelreich gleich einem König, der mit
seinen Knechten rechnen wollte. Und als er anfing
zu rechnen, kam ihm einer vor, der war ihm zehntausend
Pfund schuldig. Da er's nun nicht hatte zu bezahlen, hieß
der Herr verkaufen ihn und sein Weib und seine Kinder und
alles, was er hatte, und bezahlen. Da fiel der Knecht nieder
und betete ihn an und sprach: Herr, habe Geduld mit mir,
ich will dir's alles bezahlen. Da jammerte den Herrn des
Knechtes, er ließ ihn los, und die Schuld erließ er ihm auch.
Da ging derselbe Knecht hinaus und fand einen seiner
Mitknechte, der war ihm hundert Groschen schuldig; und er
griff ihn an und würgte ihn und sprach: Bezahle mir, was du
mir schuldig bist! Da fiel sein Mitknecht nieder
und bat ihn und sprach: Habe Geduld mit mir, ich will dir's
alles bezahlen. Er wollte aber nicht, sondern ging
hin und warf ihn ins Gefängnis, bis daß er bezahlte, was er
schuldig war. Da aber seine Mitknechte solches
sahen, wurden sie sehr betrübt und kamen und brachten vor
ihren Herrn alles, was sich begeben hatte. Da forderte ihn
sein Herr vor sich und sprach zu ihm: Du Schalksknecht, alle
diese Schuld habe ich dir erlassen, dieweil du mich batest.
Solltest du dich nicht auch erbarmen über deinen Mitknecht,
wie ich mich über dich erbarmt habe? Und sein Herr ward
zornig und überantwortete ihn den Peinigern, bis daß er
bezahlte alles, was er ihm schuldig war. Also wird euch mein
himmlischer Vater auch tun, so ihr nicht vergebet
von eurem Herzen, ein jeglicher seinem Bruder seine Fehler.*

In diesem Gleichnis ist von der Vergebung die Rede. Wissen wir überhaupt, was Vergebung ist? Haben wir in der Praxis unseres Lebens schon mit Vergebung zu tun gehabt? Als Kinder vielleicht. Da wurden wir von den Eltern dazu angehalten, uns zu entschuldigen, um Verzeihung zu bitten für Dummheiten, die wir gemacht hatten. Und es war ein sehr angenehmes Gefühl, wenn es gelungen war, auf diese Weise eine bestehende Spannung aufzulösen und wieder frei und unbeschwert herumlaufen zu können. Aber später? Als Erwachsene vergessen wir diese gute Sitte allmählich und ziehen es vor, Spannungen auszuhalten. Und da die Dummheiten, die wir machen, ein größeres Gewicht erhalten, als sie zur Kinderzeit hatten, entwickelt sich daraus leicht ein Zustand der Unversöhnlichkeit, die die Atmosphäre, in der wir leben, vergiftet. Die Beziehungen zu unseren Mitmenschen bleiben gestört. Wenn wir auch, mehr oder weniger bewußt, darunter leiden und uns vielfach auch schuldig fühlen, würden wir das doch nie zugeben, weil wir uns dadurch in unserem Selbstbewußtsein beeinträchtigt fühlen würden. Denn das Zugeben eines Fehlers oder einer Schuld bedeutet für uns eine Selbstherabsetzung, und die glauben wir uns nicht leisten zu können. Unser Image würde dadurch verdorben.

So leben wir denn weiter in unseren zum Teil selbstverschuldeten Verstrickungen. So ist es immer schon gewesen, und der Teufel hat von jeher seine Freude daran gehabt. Denn sein Metier ist es, im trüben zu fischen. Erst durch das Auftreten Jesu unter den Menschen bekommt dieser ganze Komplex ein anderes Gesicht. Es zeigt sich, daß die Störungen im Verhalten der Menschen zueinander sich automatisch auch auf die Beziehungen zu Gott auswirken. Wer zu seinen Mitmenschen in schuldhaftem Gegensatz lebt, bleibt auch von Gott getrennt, er befindet sich Gott gegenüber im Zustand der Sünde. Diese Erkenntnis wird in

Gegenwart Jesu zu einer unerträglichen Belastung, und der Wunsch, davon freizukommen, wird zu einem Anliegen, das alle anderen Wünsche in den Schatten stellt. Menschen geben ihre Reserve preis, bekennen ihre Sünde und erhalten dafür die göttliche Vergebung, die sie dazu fähig macht, die Last der Schuld abzuwerfen und mit Jesus Christus ein neues Leben zu beginnen. Die Folge davon ist, daß sie alles daran setzen, auch mit ihren Mitmenschen ins reine zu kommen. Sie haben nun keine Angst mehr vor einer Selbstherabsetzung, denn ihre ganze Scheinwelt ist zusammengebrochen und hat als Orientierungsmittel für sie keinen Wert mehr. Das weitere Verhalten wird nun nicht mehr durch das eigene Ich bestimmt, sondern durch Jesus Christus.

In unserem Text stellt Petrus die Frage, wie oft er einem Mitmenschen verzeihen müsse, wenn er ihm Böses antäte. Ob siebenmal genug sei. Jesus antwortet: nein, sondern siebzigmal siebenmal. Damit will er uns sagen, daß unsre Bereitschaft zur Vergebung grundsätzlich unbegrenzt sein soll. Denn was wir Gott schuldig waren und was er uns vergeben hat, ist so groß, daß wir mit dem, was wir anderen Menschen zu vergeben haben, niemals daran heranreichen werden. Wie ungleich dies Verhältnis ist, macht er uns an der Geschichte klar von dem Mann, der seinem Herrn eine Riesensumme schuldig ist, die ihm auf sein Bitten hin erlassen wird, und der dann nicht bereit ist, seinem Schuldner die vergleichsweise winzige Schuld zu erlassen. Es ist ein Bild, das uns immer mahnen soll, wenn Vergebung von uns erbeten wird. Jesus fordert uns auf, durch die Großzügigkeit unseres Verhaltens einen Schein von Gottes überschwenglicher Vergebungsbereitschaft in der Welt aufleuchten zu lassen.

Von den Jüngern

LUKAS 10, 17–20

Die Siebzig aber kamen wieder mit Freuden und sprachen: Herr, es sind uns auch die Teufel untertan in deinem Namen. Er sprach aber zu ihnen: Ich sah wohl den Satanas vom Himmel fallen wie einen Blitz. Sehet, ich habe euch Macht gegeben, zu treten auf Schlangen und Skorpione, und über alle Gewalt des Feindes; und nichts wird euch beschädigen. Doch darin freut euch nicht, daß euch die Geister untertan sind. Freuet euch aber, daß eure Namen im Himmel geschrieben sind.

Die siebzig Ausgesandten kommen zurück, sie haben große Erfahrungen gemacht im Auftrag Jesu: Teufel ausgetrieben; böse Mächte, von denen sie bis dahin geglaubt hatten, daß sie nichts gegen sie machen könnten und ihnen ausgeliefert wären, kommen ins Wanken durch den Namen Jesus: Das Reich des Satans, der Finsternis bricht zusammen, stürzt ein, es wird hell um die Menschen, die in seinen Händen waren, sie sehen das Licht ihres Lebens, sie erwachen aus Ängsten, Stumpfheit und Gleichgültigkeit und werden lebendige Menschen. Sie gewinnen wieder Vertrauen zum Leben, oft unter schwersten Belastungen. Sie kommen frei von dem Schuldgefühl, das sie niedergedrückt hat.

Davon berichten sie Jesus. Und er bestätigt ihnen das: Ich sah den Satan vom Himmel fallen wie ein Blitz, sein Reich zu Ende gehen im Feuerstrahl. Und er bestätigt ihnen, daß sie in seinem Auftrag geschützt sind gegen diese Mächte, die sie bedrohen. Gleichzeitig hält er es für nötig, sie zu warnen: Freuet euch nicht über diese Gaben, sondern freuet euch darüber, daß eure Namen im Himmel geschrieben sind.

Sie sind schwache Menschen, sie sind in Gefahr, über den großen Erfahrungen, die sie auf dem Wege machen, das Ziel zu vergessen, denn sie machen nur deswegen die Erfahrungen, weil sie das Ziel haben. Das gerade gibt ihnen die Kraft, den Teufel zu besiegen: die Gewißheit des ewigen Reiches der Herrlichkeit. Daß es nicht aufhört mit dem Tode, dem Sieg des Teufels, der Sinnlosigkeit – das ist der Grund der Freude, nicht die Taten.

Wenn Christus es uns schenkt, daß auch wir Erfahrungen mit dem Glauben machen, dann müssen wir die Augen um so fester auf das Ziel lenken.

Die Freude Jesu

LUKAS 10, 21–22

Zu der Zeit freute sich Jesus im Geist und sprach: Ich preise dich, Vater und Herr Himmels und der Erde, daß du solches verborgen hast den Weisen und Klugen und hast es offenbart den Unmündigen. Ja, Vater, also war es wohlgefällig vor dir. Es ist mir alles übergeben von meinem Vater. Und niemand weiß, wer der Sohn sei, denn nur der Vater; noch wer der Vater sei, denn nur der Sohn und welchen es der Sohn will offenbaren.

Um die Freude ist es eine eigenartige Sache: Wenn wir uns überlegen, worüber wir uns eigentlich freuen, so denken wir meistens an Menschen, die wir lieben, oder an Gegenstände oder an Ereignisse im Leben, auf die wir zugehen, lauter Dinge, mit denen wir es persönlich zu tun haben. Wenn wir weiter nachdenken, mischt sich oft leiser Schmerz in unsere Gedanken, weil wir wissen, wie abhängig diese Freude ist von vielen Umständen, von der Sorge, die sich allzu schnell mit allem Menschlichen verbindet, nicht zuletzt von unserer eigenen Fähigkeit, Freude überhaupt zu empfinden. Die Freude ist etwas Vergängliches, das nicht auf Dauer tiefe innere Befriedigung gewährt.

Gegenüber dieser leiblichen, an unsere Person gebundenen Freude gibt es aber noch etwas anderes, zunächst nicht unbedingt als Freude Erkennbares, das bei uns Menschen von Natur nur andeutungsweise und in bestimmten Augenblicken plötzlich einmal da ist: ein Gefühl tiefer Geborgenheit, weil alles so ist, wie es ist; eine Art Hellsichtigkeit, die weiß: Es kann mir nichts geschehen. Es weht mich etwas an aus einer anderen Welt, einer Welt, die unserer scheinbar so verzweifelten, mühsamen, undurchsichtigen Welt übergeordnet ist und in der alle Dinge ihre Richtigkeit haben, je unbegreiflicher, um so sicherer. – Bei uns sind es nur Augenblicke, kaum bewußt, weder zu provozieren noch festzuhalten. Es kommt etwas aus einer anderen Dimension: Freude im Geist. So können wir uns vielleicht begreiflich machen, was hier gemeint ist, wenn Jesus sich *freut*.

Zum Unterschied von uns ist diese Freude bei ihm aber nicht nur halb bewußt, sondern genau zu bezeichnen. Sie ist ein Wissen um die unbegreifliche und unzerstörbare Herrlichkeit Gottes. An ihr sollen die Menschen durch Jesus teilhaben, nicht auf Grund ihres Verstandes und ihrer Weisheit, sondern durch Vermittlung eines anderen Sinnes, der ihnen gegeben ist: der Aufnahmebereitschaft für den Heiligen Geist. Jesus freut sich darüber, daß Gott es so eingerichtet hat, wie es ist: daß der Mensch nicht durch Nachdenken fähig wird, das Rätsel Gott zu lösen, sondern nur dadurch, daß er sich in kindlicher Unvoreingenommenheit ihm, dem Sohn Gottes, zuwendet und sich von ihm durch das Leben begleiten läßt.

Die Zugehörigkeit zu Gott ist nicht eine Wissens-, sondern eine Existenzfrage. Sie verlangt den ganzen Menschen. Das ist für Jesus Grund genug, eine tiefe Freude zu empfinden. Gott hat ihm alles in die Hand gegeben, was die Beziehung zwischen Gott und Mensch ausmacht, und niemand kann ihm das streitig machen. Diese Freude aber ist es, die alle Menschen auf der Welt, die durch ihn zu Gott kommen, verbindet und am Leben erhält. Sie erkennen und verstehen einander auch ohne Worte, weil sie im Geist dieselbe Sprache sprechen, und haben es nicht nötig, sich gegenseitig auszuhorchen, um festzustellen, mit wem sie es zu tun haben. Das ist Freude im Geist, daß es Jesus gibt, den Vermittler zwischen Gott und Menschen, durch den die Welt zusammengehalten wird, so daß sie nicht auseinanderfallen kann. Sie hält auch uns zusammen und macht uns gewiß, daß keine Macht der Welt uns wieder auseinanderreißen kann.

Der barmherzige Samariter

LUKAS 10, 25–37

Da stand ein Schriftgelehrter auf, versuchte Jesus und sprach: Meister, was muß ich tun, daß ich das ewige Leben ererbe? Er aber sprach zu ihm: Wie steht im Gesetz geschrieben, wie liesest du? Er antwortete und sprach: Du sollst Gott deinen Herrn lieben von ganzem Herzen, von ganzer Seele, von allen Kräften und von ganzem Gemüte, und deinen Nächsten wie dich selbst. Er aber sprach zu ihm: Du hast recht geantwortet, tue das, so wirst du leben. Er aber wollte sich selbst rechtfertigen und sprach zu Jesu: Wer ist denn mein Nächster?

Da antwortete Jesus und sprach: Es war ein Mensch, der ging von Jerusalem hinab nach Jericho und fiel unter die Mörder. Die zogen ihn aus und schlugen ihn und ließen ihn halbtot liegen. Es begab sich aber ungefähr, daß ein Priester dieselbe Straße hinabzog. Und da er ihn sah, ging er vorüber. Desgleichen auch ein Levit, da er kam zu der Stätte und sah ihn, ging er vorüber. Ein Samariter aber reiste und kam dahin. Und da er ihn sah, jammerte ihn sein, ging zu ihm, verband ihm seine Wunden und goß darein Öl und Wein und hob ihn auf sein Tier und führte ihn in die Herberge und pflegte sein. Des anderen Tages reiste er und zog heraus zwei Groschen und gab sie dem Wirt und sprach zu ihm: Pflege sein! Und so du was mehr wirst dartun, will ich dir's bezahlen, wenn ich wiederkomme.
Welcher dünkt dich, der unter diesen dreien der Nächste sei gewesen dem, der unter die Mörder gefallen war? Er sprach: Der die Barmherzigkeit an ihm tat. Da sprach Jesus zu ihm: So gehe hin und tue desgleichen.

Wenn wir das Gleichnis vom barmherzigen Samariter hören, verstehen wir es gewöhnlich als Moralpredigt. Da liegt also ein überfallener, zerschlagener und ausgeraubter Mensch am Straßenrand, und ich komme vorbei und sehe ihn. Bin ich nun so einer wie der Priester, der vorübergeht, ohne etwas Helfendes zu tun, oder wie der Levit, der ebenfalls kein Herz für den Verunglückten zu haben scheint; oder darf ich es wagen, mich dem Samariter an die Seite zu stellen, der sich dem Zerschlagenen zuwendet und alles dransetzt, ihn wieder auf die Beine zu bringen? Und wir spüren irgendwo im Hintergrund einen erhobenen Zeigefinger, der uns droht, weil wir im entscheidenden Moment vielleicht doch nicht so hilfsbereit sind, wie wir sein müßten. Diese Auffassung von dem Gleichnis kann nur auf einem Irrtum beruhen, denn Jesus ist alles andere als ein Moralprediger. Er erzählt das Gleichnis nicht etwa mit der Absicht, die alte Forderung der Nächstenliebe, die ja schon aus den Anfängen des jüdischen Volkes stammt, noch einmal zu unterstreichen und womöglich noch schwerer zu machen. Sondern er will dem Theologen, der ihm die Frage nach dem Nächsten gestellt hat, aus seiner Verkrampfung heraushelfen und ihm sagen: Das Gebot der Nächstenliebe ist nicht so unerfüllbar, wie du denkst. Du mußt es nur von der richtigen Seite sehen.

Zu diesem Zweck erzählt er ihm das bekannte Gleichnis – bekannt und doch unbekannt. Wir müssen schon sehr genau hinhören und die Fragestellung beachten. Hören wir doch – mir selber ist es jedenfalls so gegangen – die Geschichte immer so, als hätte Jesus gefragt: »Für welchen von den drei Passanten war der unter die Mörder Gefallene der Nächste?« Dann aber hätte die Antwort heißen müssen: »Für alle drei.« Denn so wie wir die Sache mit dem Nächsten anzusehen gewohnt sind, würden wir doch auch sagen: Grundsätzlich war der, der unter die Mörder fiel, für jeden von den dreien, die des Weges kamen, der Nächste, nämlich der, dem geholfen werden mußte. Die Frage, die Jesus stellt, ist aber eine ganz andere. Er fragt genau umgekehrt: »Wer von den dreien war der Nächste für den, der unter die Mörder gefallen war?« Und der Theologe antwortet folgerichtig: »Der die Barmherzigkeit an ihm tat.« Wenn seine Frage also gelautet hat: »Wer ist denn mein Nächster?« und Jesus gegenfragt: »Wer war der Nächste dem, der unter die Mörder fiel?«, so heißt das zweifellos: »Wer ist denn dein Nächster, wenn du unter die Mörder gefallen bist?« Der Theologe wird also hier nicht als Priester, nicht als Levit und nicht als Samariter angesprochen, sondern als der, der unter die Mörder fiel. Verstehen wir, was für ein Unterschied das ist? Sein Nächster ist also erst einmal nicht der, dem er helfen müßte, sondern der, der ihm hilft.

Ich weiß nicht, ob es mir gelungen ist, mich bis hierher verständlich zu machen. Wir sind es ja so gewohnt, in ausgefahrenen Geleisen zu denken, und es fällt uns schwer, da herauszuspringen. Aber es gilt diesen Sprung zu wagen und sich von dem moralischen Zwang zu befreien, der in dem Zwiespalt zwischen den bösen Männern und dem guten Samariter liegt. Wir sind ja doch weder das eine noch das andere, weder ganz schwarz noch ganz weiß. Auch die beiden Erstgenannten entziehen sich weitgehend unserem Urteil. Der Priester war gewiß auf dem Wege zu einem Gottesdienst und durfte sich nicht aufhalten. Und der Levit, auf den warteten vielleicht auch lauter Menschen, die ihn brauchten. Auch gab es für sie die Bestimmung, daß sie vor dem Gottesdienst kein Unreines anfassen durften. Dazu kam die gefahrvolle Situation eines Einzelgängers dort in der Wüste. Es gibt Entschuldigungsgründe genug, weshalb sie keine Hilfe leisteten. Wir scheuen ja auch die Komplikationen, die sich ergeben können, wenn man in die Verlegenheit kommt, einem Menschen helfen zu müssen. Nicht nur Pfarrer und Diakon, sondern auch Arzt und Schwester werden erhebliche Widerstände zu überwinden haben, wenn sie etwa auf der Autobahn an einer Unfallstelle vorbeikommen und sich überlegen müssen, ob sie nicht lieber Gas geben und sich vorbeidrücken sollen, anstatt ihre soeben angetretene Urlaubsreise aufs Spiel zu setzen und womöglich noch Vorwürfe wegen unsachgemäßer Hilfeleistung zu riskieren. Denn das wissen wir alle: Lorbeeren sind mit der Nächstenliebe selten zu verdienen. Man kann vielmehr eine Menge Unannehmlichkeiten davon haben. Es kommt also nichts dabei heraus, wenn wir versuchen, an Hand des Gleichnisses Klarheit über uns selbst zu gewinnen. Wir sind einmal so und einmal so, abhängig von Launen und äußeren Umständen.

Wir wollen lieber die Rolle annehmen, die das Gleichnis

uns zuweist: die des Mannes, der unter die Mörder fiel. Da gehören wir hin. Denn ich glaube, wir spüren es instinktiv, wenn das Gleichnis erzählt wird: Im Gewande des Samariters verbirgt sich einer, mit dem wir uns ohnehin nicht vergleichen können – nämlich Jesus selbst. In verborgener Weise spricht er hier von sich. Nicht zufällig hat er den Samariter ausgesucht und ihn in Gegensatz zu den Geistlichen des jüdischen Volkes gesetzt. Die Bewohner von Samaria wurden, obwohl sie aus dem gleichen Stamm hervorgegangen waren, von den Juden nicht als rechtgläubig anerkannt, sondern mehr oder weniger zu den Heiden gezählt. Ebenso wurde Jesus als legitimer Zeuge der göttlichen Kraft von seinem Volk nicht anerkannt. Er ist es aber, der allein helfen kann. Die beiden anderen Männer werden angesichts des Samariters zu Statisten in dieser Geschichte.

Mit dem Erscheinen des Samariters bricht für den Elenden ein neues Zeitalter an. Deswegen ist es seit dem Erscheinen Jesu Christi auch für uns heutige Menschen nicht mehr aussichtslos, uns mit diesem Elenden zu identifizieren. Es ist vielmehr die große Chance, in dieser verfallenen Welt das wirkliche Leben zu finden. Jesus will auch uns begegnen – und das kann nur geschehen, wenn wir uns von ihm helfen lassen. Er kommt des Weges, er sieht uns liegen. Er kennt unsere Wunden und behandelt sie wie ein Arzt. Denn er kennt alle Wunden, an denen Menschen leiden, und heilt sie. Er ist es, der die Voraussetzungen für unsere Heilung schafft – ein Heilwerden, so vollständig, daß es über seinen Kreuzestod und über unser Sterben hinausreicht.

Unsere Geschichte endet mit dem Zuruf: »So gehe hin und tue desgleichen!« Wer das Gleichnis verstanden hat, für den geht es jetzt nicht mehr darum, eine gesetzliche Norm zu erfüllen. Er braucht nicht mehr zu fragen, wer sein Nächster sei. Sondern er hat die Freiheit, selber ein Nächster zu werden und damit das Gebot Gottes zu erfüllen, nicht grundsätzlich, aber von Fall zu Fall. Er wird auch nicht mehr versuchen, sich zu rechtfertigen, wie es in unserem Text heißt. Denn rechtfertigen heißt unfehlbar sein wollen. Sondern er wird froh sein, wenn er Gelegenheit erhält, etwas von dem Dank abzustatten für die Hilfe, die er selbst erfahren hat, als er in Not war.

»Du sollst deinen Nächsten lieben wie dich selbst«, damit fing unsere Geschichte an. Wem Jesus zum Nächsten geworden ist, der soll erst einmal ihn lieben – alles Weitere wird sich finden. Denn was wir dann tun, kann nichts anderes sein als ein Ausdruck dieser Liebe. Sie wird sich nicht anders äußern können als durch die Hinwendung zum Mitmenschen, insbesondere zu dem, der in Not ist. Wenn wir uns eine solche Freiheit des Handelns von Jesus schenken lassen, dann werden wir auch nicht mehr versuchen, uns herauszureden, wenn wir versagt haben. Es ist uns nirgends versprochen worden, daß wir das unruhige Gewissen loswerden sollen. Es soll uns vielmehr vor dem Trägewerden bewahren. Und je mehr wir uns den Mitmenschen zuwenden, um so mehr wird es uns in Atem halten. Denn die Praxis des Glaubens an Christus vermittelt uns erst die rechte Kenntnis der Not, die uns umgibt, überall wo Menschen sind. Die Bedeutung des Gebotes: »Du sollst deinen Nächsten lieben« wird uns dann erst in ihrem ganzen Ausmaß deutlich. Aber es wird uns andrerseits auch nichts mehr zum Resignieren bringen können. Denn es kommt jetzt nicht mehr darauf an, etwas Besonderes zu leisten, sondern teilzuhaben am Handeln Gottes in der Welt und an ihren Menschen.

In diesem Zusammenhang kann ich es mir nicht versagen, noch auf eine weitere Person aufmerksam zu machen, die in diesem Gleichnis genannt wird. Von ihr ist bei der Auslegung des Gleichnisses eigentlich nie die Rede. Und doch spielt sie eine nicht unerhebliche Rolle. Es ist der

Wirt, dem der Samariter den Verwundeten übergibt. Es heißt da: Er gab dem Wirt zwei Groschen und sprach zu ihm: »Pflege ihn, und wenn du etwas mehr für ihn ausgeben mußt, will ich dir's bezahlen, wenn ich wiederkomme.« Dieser Wirt ist ein Mann, mit dem wir uns ohne Scheu vergleichen dürfen. Ihm wird der Verletzte übergeben mit der Weisung, ihn wieder auf die Beine zu stellen. Und es werden ihm auch die Mittel in die Hand gegeben. Wenn wir dazu noch einmal daran denken, wer in Wirklichkeit der Samariter ist, dann erhält auch das, was er hier am Schluß sagt, besondere Bedeutung. »Ich will dir's bezahlen, wenn ich wiederkomme.« Ist das nicht Evangelium? Ist das nicht frohe Botschaft, wie wir sie uns konkreter gar nicht vorstellen können? Gibt uns das nicht Mut für unseren Umgang mit Menschen, gerade auch mit solchen, von denen wir glauben, unser Bemühen um sie sei umsonst? Der wiederkommende Christus wird die Menschen entschädigen für alles, was sie in seinem Auftrag getan haben.

Das Vaterunser

LUKAS 11, 1–8

Und es begab sich, daß er war an einem Ort und betete. Und da er aufgehört hatte, sprach seiner Jünger einer zu ihm: Herr, lehre uns beten, wie auch Johannes seine Jünger lehrte. Er sprach zu ihnen: Wenn ihr betet, so sprecht: Unser Vater im Himmel! Dein Name werde geheiligt. Dein Reich komme. Dein Wille geschehe auf Erden wie im Himmel. Gib uns unser täglich Brot immerdar. Und vergib uns unsre Sünden; denn auch wir vergeben allen, die uns schuldig sind. Und führe uns nicht in Versuchung, sondern erlöse uns von dem Übel.

Und er sprach zu ihnen: Welcher ist unter euch, der einen
Freund hat und ginge zu ihm um Mitternacht und spräche
zu ihm: Lieber Freund, leihe mir drei Brote; denn es ist
mein Freund zu mir gekommen auf der Reise, und ich habe
nicht, was ich ihm vorlege. Und der drinnen würde
antworten und sprechen: Mach mir keine Unruhe! Die Tür
ist schon zugeschlossen, und meine Kindlein sind bei mir
in der Kammer; ich kann nicht aufstehen und dir geben. Ich
sage euch: Und ob er nicht aufsteht und gibt ihm, darum
daß er sein Freund ist, so wird er doch um seines unver-
schämten Drängens willen aufstehen und ihm geben, wieviel
er bedarf.

Jesus hat gebetet und ist nun wieder zu seinen Begleitern
zurückgekehrt. Da bitten sie ihn, er möge auch ihnen das
Beten beibringen. Sie berufen sich dabei auf Johannes den
Täufer, der seine Jünger auch Beten gelehrt hat. Sie wollen
nicht hinter denselben zurückstehen.

Jesus geht auf ihren Wunsch ein und sagt ihnen, welche
Worte sie sprechen sollen, wenn sie das Bedürfnis haben, zu
beten. Es sind die Worte, die seitdem als das »Vaterunser«
bekannt sind.

Aber das ist nicht alles, Jesus gibt ihnen nicht nur die
Worte, sondern auch noch eine Art Gebrauchsanweisung.
Er sagt ihnen nicht nur, was, sondern auch wie sie beten
sollen. Und zwar bedient er sich hierzu eines Gleichnisses,
einer Geschichte, die in ihrer drastischen Einfachheit so
einprägsam ist, daß man sie kaum wieder vergessen wird,
wenn man sie einmal gelesen hat.

Als ich diese Geschichte zum ersten Mal las, habe ich
laut gelacht. Die Aufforderung, sich Gott vorzustellen als
einen Familienvater, der sein Haus dicht gemacht und sich
zur Ruhe begeben hat – ist das nicht wahrhaft göttlicher
Humor? Und nun kommt ein guter Bekannter angelaufen,

der sich in einer Verlegenheit befindet, und weckt ihn und seine Familie aus dem ersten Schlaf. Er versucht ihn abzuweisen, erklärt ihm, wie mühsam für ihn ist, was er da von ihm verlangt. Aber der Bittsteller läßt nicht locker, sondern redet so lange auf seinen Freund ein, bis dieser schließlich aufsteht und ihm gibt, was er braucht – nicht etwa, weil er sein Freund ist, sondern damit er endlich Ruhe gibt.

Es ist eine Geschichte, die geeignet ist, uns innerlich aufzulockern. Gott ist ja ganz anders, ganz anders, als wir ihn uns vorstellen, wenn wir uns anschicken, zu ihm zu beten. Seine Größe besteht nicht darin, daß er für uns nicht zu sprechen ist, weil er Wichtigeres zu tun hat, als sich um unsere kleinen menschlichen Nöte und Verlegenheiten zu kümmern, sondern darin, daß er sich von uns herausfordern und geradezu erpressen läßt. Es liegt also an uns, wenn er nicht gleich hört. Unser Gebet ist zu zaghaft, zu farblos, zu bescheiden. Es erlahmt viel zu schnell, wenn nicht die gewünschte Reaktion erfolgt. Gott will von uns bedrängt, bestürmt werden. Wir sollen ihn aus seiner Neutralität herausholen, ihn ansprechen als diejenige Instanz, die für unser Wohlergehen zuständig ist, ihn verantwortlich machen für das, was mit uns geschieht.

Was Jesus hier für den Umgang mit Gott empfiehlt, ist nicht neu. Schon im Alten Testament finden wir eindrucksvolle Zeugnisse für ein solches herausforderndes Beten, die Psalmen nämlich, die sich nicht scheuen, Gott verantwortlich zu machen für das, was er versprochen hat, die ihm vorhalten, wie sehr er sich und seine Anhänger blamiert, wenn er seine Verheißungen nicht endlich wahr macht.

Der Sinn dieser Geschichte wäre erfüllt, wenn auch wir aus dem Gesagten Lust zum Beten bekämen. Denn die Welt, in der wir leben, ist voll von Ungereimtheiten und Ungerechtigkeiten, die Menschen nicht auflösen können. Gott kennt sie. Aber er hat kein Interesse daran, sie in

Ordnung zu bringen, wenn niemand da ist, der ihn darum bittet. Das gilt für die kleinen persönlichen Probleme wie auch für die Dinge, von denen die Welt in ihrer Gesamtheit bedroht und erschüttert wird. Durch unser Gebet können wir dazu beitragen, daß die Welt ein neues Gesicht bekommt.

Bittet, so wird euch gegeben

LUKAS 11, 9–13

Und ich sage euch: Bittet, so wird euch gegeben; suchet, so werdet ihr finden; klopfet an, so wird euch aufgetan. Denn wer da bittet, der nimmt; und wer da sucht, der findet; und wer da anklopft, dem wird aufgetan.
Wo bittet unter euch ein Sohn den Vater ums Brot, der ihm einen Stein dafür biete? und, so er um einen Fisch bittet, der ihm eine Schlange für den Fisch biete? oder, so er um ein Ei bittet, der ihm einen Skorpion dafür biete?
So denn ihr, die ihr arg seid, könnet euren Kindern gute Gaben geben, wie viel mehr wird der Vater im Himmel den heiligen Geist geben denen, die ihn bitten!

Die innere Einstellung zum Gebet ist bei uns sehr unterschiedlich. Manche beten gar nicht, andere gelegentlich, wenn ein bestimmter Anlaß dazu vorliegt. Wieder andere beten regelmäßig, weil sie es so gewöhnt sind. Die meisten haben Schwierigkeiten mit dem Beten, sie machen es sich schwer damit.

Warum, so fragen wir, ist das Beten eigentlich so schwer? Man könnte fast sagen: Weil es so einfach ist. Es geht doch nur darum, das, was uns bewegt, in Worte zu fassen – unsere Ängste und Nöte, das, was wir nicht verstehen, aber auch unsere Freuden und alles, wofür wir dankbar sein können. Schließlich auch das, was wir uns wünschen, für uns und unsere Mitmenschen. Das sind die Dinge, die es mit möglichst einfachen Worten zu sagen gilt. Das erscheint uns zu wenig. Wir können uns nicht vorstellen, daß ganz ohne irgendwelche Vorleistungen unsre Worte an dem Ablauf der Dinge irgend etwas ändern können. Aber geht es denn beim Beten darum, daß sich an den äußeren Dingen etwas ändert? Daß uns etwas erspart bleibt, was anderen widerfährt?

Gewiß, auch das gibt es im Zusammenhang mit dem Gebet, und wir nennen es dann eine Gebetserhörung, oder wir sprechen von einem Wunder. Das, was wir mit unserem Gebet erfassen, greift aber viel weiter. Wir begeben uns damit, mit allem, was wir sind und haben, in die Abhängigkeit von Gott und überlassen ihm die Verantwortung für das, was mit uns geschieht. Wir verlassen uns auf seine Zusage, daß er sich Gedanken über uns macht und uns den rechten Weg führt, auch wenn wir ihn nicht verstehen können. Er wird uns nicht immer das geben, was wir uns, menschlich gesehen, wünschen, dafür aber ganz andere Dinge, Kräfte, die wir aus uns heraus nie zu entwickeln imstande wären.

Gott züchtigt den, den er lieb hat, so heißt es in der Bibel. In unserem kleinen menschlichen Bereich ist es ja auch so: Unsere Eltern haben uns nicht jeden Wunsch erfüllt, sondern sind streng mit uns gewesen. Dadurch sind wir erzogen worden zu Menschen, die ihr Leben als eine Aufgabe ansehen und nicht verzagen, wenn ihnen etwas schiefgeht. Beten heißt mit Gott sprechen. Wir dürfen damit nicht zaghaft sein und denken, Gott interessiere sich nicht für uns. Je mehr wir mit ihm sprechen, um so mehr Gründe werden sich auftun, ihn anzurufen und seine Weisungen entgegenzunehmen. Er schenke uns die Unbefangenheit, die wir brauchen, um über alles, was uns angeht, mit ihm zu sprechen. Denn wer nicht bittet, empfängt nicht. Und wer nicht empfängt, kann auch nicht geben.

Die enge Pforte

LUKAS 13, 22–29

Und er ging durch Städte und Märkte und lehrte und nahm seinen Weg gen Jerusalem. Es sprach aber einer zu ihm: Herr, meinst du, daß wenige selig werden? Er aber sprach zu ihnen: Ringet danach, daß ihr durch die enge Pforte eingehet; denn viele werden, das sage ich euch, darnach trachten, wie sie hineinkommen, und werden's nicht tun können.

Von dem an, wenn der Hauswirt aufgestanden ist und die Tür verschlossen hat, da werdet ihr dann anfangen draußen zu stehen und an die Tür klopfen und sagen: Herr, Herr, tu uns auf! Und er wird antworten und zu euch sagen: Ich kenne euch nicht, wo ihr her seid. So werdet ihr dann anfangen zu sagen: Wir haben vor dir gegessen und getrunken, und auf den Gassen hast du uns gelehrt. Und er wird sagen: Ich sage euch: Ich kenne euch nicht, wo ihr her seid; weichet alle von mir, ihr Übeltäter!

Da wird sein Heulen und Zähneklappen, wenn ihr sehen werdet Abraham und Isaak und Jakob und alle Propheten im Reich Gottes, euch aber hinausgestoßen. Und es werden kommen vom Morgen und vom Abend, von Mitternacht und von Mittage, die zu Tische sitzen werden im Reich Gottes.

Wenn wir uns zusammenfinden, um das Wort Gottes zu hören und anzubeten, so werden wir nur dann Gewinn davon haben, wenn wir uns darüber klar sind, daß wir vor Gott alle in der gleichen Lage sind, daß wir nämlich mit leeren Händen vor ihm stehen und ihm nichts zu bieten haben. Keiner von uns, und wenn er noch so gewissenhaft seinen Dienst getan hat, kann vor dem anderen irgendein Vorrecht Gott gegenüber beanspruchen. Es ist also nicht so wie in unserem Alltag, wo es um der Sache willen, an der wir arbeiten, einfach notwendig ist, daß einer sich dem anderen unterordnet, je nachdem, was für ein Platz ihm im Rahmen der Gemeinschaft zugewiesen ist. Sondern das ist gerade das Besondere und die große Stärke der Gemeinde Jesu, daß sie einen Ort kennt, an dem alle diese Unterschiede, die zwischen Menschen sein müssen, aufgehoben sind. Da steht dann jeder nicht mehr als das, was er den Mitmenschen und Mitarbeitern gegenüber sein muß oder soll, vielmehr als das, was er in Wirklichkeit ist.

Wer sind wir denn? Wer von uns weiß das überhaupt? Wir haben zwar ein gewisses Gefühl für unsere Persönlichkeit, aber wenn wir es genau wissen wollen, dann vergleichen wir uns mit anderen Menschen und hören darauf, was sie über uns sagen. Wenn sie uns loben, finden wir uns gut. Wenn sie uns tadeln, ärgern wir uns, weil die Vorstellung, die wir von uns haben, gestört wird. – Wie wir aber wirklich sind, das heißt, wie Gott uns sieht, davon haben wir nicht die leiseste Ahnung. Vor ihn treten wir deshalb alle als die gleichen unbeschriebenen Blätter. Nur wenn wir das wissen, können wir auch wirklich hören, was er uns sagen will.

In unserem Text geht es um die Seligkeit. Was heißt das? Wer von uns möchte denn überhaupt selig werden? Wir wollen alle viel. Der eine will etwas lernen und weiterkommen, der andere will seinen Tag genießen und sich seines Lebens freuen. Der dritte möchte gern für andere dasein und ihnen etwas geben können. Aber selig werden, das heißt Verbindung mit Gott haben – für wen von uns ist das schon ein ernsthaftes Anliegen?

Wie ernst diese Frage ist, das können wir auch nicht selbst erkennen, wir können es uns nur von Gott sagen lassen: Es kommt für jeden Menschen ein Tag, entweder schon zu seinen Lebzeiten oder erst nach seinem Tode, da werden alle seine Wünsche und Neigungen und alles, was er jetzt für wichtig hält, nichts mehr sein vor dieser einen Frage: Wird Gott mich annehmen oder nicht? Dann wird der Mensch nichts weiter sehen als eine einzige Tür, und nichts anderes im Sinn haben als den Wunsch, durch diese Tür hindurchzukommen. Heute schon werden wir von Gott auf diesen Augenblick aufmerksam gemacht. Sicherlich nicht, um uns damit angst zu machen, sondern damit wir uns jetzt schon auf ihn einrichten, wenn wir auch noch so viele Türen sehen, die uns einen Ausweg bieten. Er zeigt uns die wahre Tür. Sie heißt Jesus Christus. Wenn wir uns an ihn halten, braucht uns die Tür nicht zu schrecken. Was heißt aber: sich an Jesus halten? Das heißt nicht, wie wir es in unserem Text hören, dabeisein, wenn er spricht, und sich gelegentlich von ihm belehren lassen, sonst aber neutral bleiben, sondern es ist ein Ringen, ein Suchen und Bitten, das jeden Tag neu beginnt und einen Menschen sein ganzes Leben hindurch ständig in Atem hält.

Wollen wir uns auf so ein Leben einlassen? Wollen wir glauben, was uns gesagt wird? Oder wollen wir es lieber darauf ankommen lassen und so weitermachen wie bisher? Gott wartet auf unsere Antwort, jedesmal, wenn er uns angesprochen hat – auch heute, auch in diesem Augenblick.

Mit Jesus zu Tische sitzen

Lukas 14, 1–11

*Und es begab sich, daß er kam in ein Haus eines Obersten
der Pharisäer an einem Sabbat, das Brot zu essen; und sie
hatten acht auf ihn. Und siehe, da war ein Mensch vor
ihm, der war wassersüchtig. Und Jesus antwortete und sagte
zu den Schriftgelehrten und Pharisäern und sprach: Ist's
auch recht, am Sabbat heilen? Sie aber schwiegen still. Und
er griff ihn an und heilte ihn und ließ ihn gehen. Und
antwortete und sprach zu ihnen: Welcher ist unter euch, dem
sein Ochse oder Esel in den Brunnen fällt, und der nicht
alsbald ihn herauszieht am Sabbattage? Und sie konnten ihm
darauf nicht wieder Antwort geben.
Er sagte aber ein Gleichnis zu den Gästen, da er merkte, wie
sie erwählten obenan zu sitzen, und sprach zu ihnen: Wenn
du von jemand geladen wirst zur Hochzeit, so setze dich nicht
obenan, daß nicht etwa ein Vornehmerer denn du von ihm
geladen sei, und dann komme, der dich und ihn geladen hat,
und spreche zu dir: Weiche diesem! und du müssest dann
mit Scham untenan sitzen. Sondern wenn du geladen wirst,
so gehe hin und setze dich untenan, auf daß, wenn da
kommt, der dich geladen hat, er spreche zu dir: Freund, rücke
hinauf! Dann wirst du Ehre haben vor denen, die mit dir
zu Tische sitzen. Denn wer sich selbst erhöht, der soll
erniedrigt werden; und wer sich selbst erniedrigt, der soll
erhöht werden.*

Es muß eine riskante Sache gewesen sein, Jesus zum Essen
einzuladen. Man konnte nie wissen, wovon er sprechen und
was er tun würde. Besonders wenn man ihn aus bloßer
Neugier einlud, wie das hier offenbar der Fall war. »Sie
hatten acht auf ihn«, das heißt, sie waren gespannt, wie er
sich verhalten würde. Und wie jedesmal, so auch hier: Jesus

macht keine Konversation, sondern sagt Dinge, durch die er seine Gastgeber bloßstellt. Er stößt sie vor den Kopf, geradezu taktlos. Er packt sie, wo sie besonders empfindlich sind. Er attackiert sie bei der Leerheit ihrer religiösen Formen, die nicht mehr als Gottesdienst zu bezeichnen sind, sondern als ein Mittel, die Menschen an der Strippe zu halten und zu gängeln. Dazu gehören lauter Gebote und Verbote, auf die geachtet werden muß, wie zum Beispiel das Heilen eines Kranken am Sabbat. Jesus beweist ihnen, daß er sich an solche ausgedachten Gebote nicht hält. Obgleich es gerade Sabbat ist, heilt er einen dort anwesenden Kranken. Er geht also geradewegs in die Falle, die sie ihm gestellt haben. Er entheiligt den Sabbat. Er hätte ja auch sagen können: Komm morgen zu mir, da will ich dich heilen. Nein, es ist ihm wichtiger, hier ein Exempel zu statuieren. Sie sollen begreifen, daß die Hilfe, die man einem in Not befindlichen Menschen erweist, wichtiger ist als das Befolgen einer starren Regel. Und mit einem drastischen Vergleich macht er ihnen klar, daß sie sich selber auch nicht an diese Regeln halten, wenn sie dadurch Schaden erleiden. »Wenn euch ein Ochse oder ein Esel in den Brunnen gefallen ist«, so sagt er, »dann ist es euch auch gleichgültig, ob gerade Sabbat ist, da springt ihr zu und versucht ihn zu retten. Ihr wahrt die Form nur so lange, wie ihr keinen Schaden dadurch habt.«

Wir können heute kaum ermessen, was für eine Herausforderung das Verhalten Jesu für die religiösen Führer des Volkes Israel gewesen ist. Sie konnten sich eine derartige Nichtachtung ihrer Autorität nicht gefallen lassen und hatten nur noch den einen Gedanken, wie sie die revolutionäre Stimme zum Schweigen bringen könnten.

Und dann greift er sie noch an einer anderen Stelle an, nämlich bei ihrer Selbsteinschätzung. Auch da sind sie sehr empfindlich, denn sie halten viel von sich, auch wenn sie sich das vielleicht nicht anmerken lassen. Ein bescheidenes Wesen ist nicht immer der Beweis für wirkliche Bescheidenheit, es kann auch Klugheit sein. Ganz gleich, was für eine Haltung sie äußerlich zur Schau tragen – sie werden es gar nicht gern hören, was Jesus ihnen da anempfiehlt. Sie werden empört darüber sein, daß er es sich herausnimmt, ihnen derartige Vorschriften zu machen, daß er ihnen rät, sich hinten hinzusetzen, statt sich vorzudrängeln, damit es ihnen nicht passiert, daß sie wieder aufstehen und den Platz hergeben müssen, den sie sich selbst ausgesucht haben.

Wenn wir genau hinhören, kann uns nicht verborgen bleiben, daß mit der »Hochzeit«, von der Jesus hier spricht, etwas anderes gemeint ist als nur das menschliche Fest. Jesus bedient sich dieses Vergleichs immer dann, wenn er von dem Verhalten der Menschen Gott gegenüber spricht. Jesus spricht uns alle an als diejenigen, die Gott eingeladen hat, um mit ihm zu feiern. Da ist es in der Tat wichtig, zu erfahren, wo jeder von uns hingehört. Solange wir nicht wissen, welcher Platz uns zugedacht ist, gehören wir jedenfalls ans untere Ende des Tisches. Dort sind wir vor Selbsttäuschungen sicher und können dem Gastgeber die Rangordnung in Ruhe überlassen. Damit ist aber nicht etwa gemeint, wir sollten uns in der Kirche auf die hintersten Bänke setzen. Denn das tun wir gewöhnlich nicht aus Bescheidenheit, sondern um dem zentralen Geschehen des Gottesdienstes gegenüber nach Möglichkeit etwas distanziert bleiben zu können. Jesus aber ist gekommen, um die Distanz zwischen uns und Gott aufzuheben. Lassen wir ihn uns ganz nahe kommen!

Vom reichen Mann und armen Lazarus

LUKAS 16, 19–31

Es war aber ein reicher Mann, der kleidete sich mit Purpur und köstlicher Leinwand und lebte alle Tage herrlich und in Freuden. Es war aber ein Armer mit Namen Lazarus, der lag vor seiner Tür voller Schwären und begehrte sich zu sättigen von den Brosamen, die von des Reichen Tische fielen; doch kamen die Hunde und leckten ihm seine Schwären. Es begab sich aber, daß der Arme starb und ward getragen von den Engeln in Abrahams Schoß. Der Reiche aber starb auch und ward begraben. Als er nun in der Hölle und in der Qual war, hob er seine Augen auf und sah Abraham von ferne und Lazarus in seinem Schoß. Und er rief und sprach: Vater Abraham, erbarme dich mein und sende Lazarus, daß er das Äußerste seines Fingers ins Wasser tauche und kühle meine Zunge; denn ich leide Pein in dieser Flamme. Abraham aber sprach: Gedenke, Sohn, daß du dein Gutes empfangen hast in deinem Leben, und Lazarus dagegen hat Böses empfangen; nun aber wird er getröstet, und du wirst gepeinigt. Und über das alles ist zwischen uns und euch eine große Kluft befestigt, daß die da wollten von hinnen hinabfahren zu euch, könnten nicht, und auch nicht von dannen zu uns herüberfahren. Da sprach er: So bitte ich dich, Vater, daß du ihn sendest in meines Vaters Haus; denn ich habe noch fünf Brüder, daß er ihnen bezeuge, auf daß sie nicht auch kommen an diesen Ort der Qual. Abraham sprach zu ihm: Sie haben Mose und die Propheten; laß sie dieselben hören. Er aber sprach: Nein, Vater Abraham! sondern wenn einer von den Toten zu ihnen ginge, so würden sie Buße tun. Er sprach zu ihm: Hören sie Mose und die Propheten nicht, so werden sie auch nicht glauben, wenn jemand von den Toten aufstünde.

Es ist wohl keiner von uns arm genug, um behaupten zu können, ihn ginge diese Geschichte nichts an, denn er könne sich nur mit Lazarus vergleichen, den die Engel in Abrahams Schoß tragen würden. Und wenn wir im Augenblick noch so krank und schwach und hilflos wären – Engel, die dazu bereit wären, uns so ohne weiteres von dieser Welt zu Gott zu tragen, gibt es überhaupt nicht. Und wenn sie es mit diesem Lazarus getan haben, von dem hier die Rede ist, so ist das gewiß aus ganz anderen Gründen geschehen, als weil dieser Lazarus arm und krank und hilflos war. Es gibt keine Gewähr für solche Bevorzugung, ebenso wie der Reiche sicherlich nicht wegen seines Reichtums verdammt worden ist.

Er geht uns alle an, dieser Reiche. Jesus stellt ihn vor uns als Typ eines Menschen, der zu spät zur Erkenntnis kommt. Wo Gott endgültig die Akten geschlossen hat, kein Fürsprecher mehr einschreiten kann, da plötzlich fällt ihm der himmelweite Unterschied auf, der zwischen ihm und jenem Lazarus besteht, der jahrelang wie ein lebendiger Vorwurf vor seiner Tür gelegen hat, ohne beachtet zu werden. Er merkt sofort, daß hier, diesem Menschen gegenüber, seine eigentliche Schuld liegt, die er vor Gott hat, nicht etwa die, daß er zu wenig in die Kirche gegangen wäre. Dieser Mensch allein könnte für ihn eintreten, wenn es noch ginge. Und er sieht noch mehr: fünf Brüder, die ebenso leben; es wird ihnen genauso gehen. Sie sollen durch schlagenden Beweis gewarnt werden. Sie glauben sonst nicht. Sie müssen wissen! Als ob ihnen dies Wissen etwas helfen würde! Als ob sie stark genug wären, ihr weiteres Leben so einzurichten, daß ihnen nichts mehr passieren könnte!

Nein, Gott will nicht mit dem wissenden Verstand erfaßt werden – ein solches Wissen könnte der Mensch gar nicht ertragen –, sondern mit dem glaubenden Herzen, dem vor Gottes Richterstuhl alle mildernden Umstände zugebilligt werden und der lauter Fürsprecher für sich in Anspruch nehmen kann. Das Wissen von Gott würde einen Menschen lähmen. Der Glaube aber läßt ihn Vertrauen fassen und macht ihn aktiv. Deshalb kann den Brüdern des Reichen auch nur gesagt werden: Wartet nicht auf Beweise, sondern hört auf Gottes Wort, das ihr habt und kennt und das euch alles sagt.

Der Unterschied zwischen uns und dem reichen Mann liegt nicht im Reichtum, sondern darin, daß es für ihn zu spät, für uns aber noch Zeit ist – Zeit zu dem, was der Reiche als notwendig erkennt: Buße zu tun, umzukehren, Gott nicht irgendwo zu suchen, wo er gar nicht zu finden ist, sondern bei den Menschen, die uns am allernächsten sind. Da können wir gutmachen, was wir täglich versäumen, da haben wir Gelegenheit, uns nach Gott auszustrecken und seine Hand täglich neu zu ergreifen.

Heilung der zehn Aussätzigen

Lukas 17, 11–19

Und es begab sich, da er reiste gen Jerusalem, zog er mitten durch Samarien und Galiläa. Und als er in einen Markt kam, begegneten ihm zehn aussätzige Männer, die standen von ferne und erhoben ihre Stimme und sprachen: Jesu, lieber Meister, erbarme dich unser! Und da er sie sah, sprach er zu ihnen: Gehet hin und zeiget euch den Priestern! Und es geschah, da sie hingingen, wurden sie rein.
Einer aber unter ihnen, da er sah, daß er geheilt war, kehrte er um und pries Gott mit lauter Stimme und fiel auf sein Angesicht zu seinen Füßen und dankte ihm. Und das war ein Samariter. Jesus aber antwortete und sprach: Sind ihrer

nicht zehn rein geworden? Wo sind aber die neun? Hat sich
sonst keiner gefunden, der wieder umkehrte und gäbe Gott
die Ehre, denn dieser Fremdling? Und er sprach zu ihm: Stehe
auf, gehe hin; dein Glaube hat dir geholfen.

Wo sind aber die neun? Das ist auch unsere Frage, wenn wir
diese Geschichte hören. Wie ist das möglich? Von zehn
Menschen nur einer, der es für nötig hält, zu danken? Dabei
ist ihm das Leben neu geschenkt worden. Aussatz, genannt
Lepra, ist normalerweise eine unheilbare Krankheit. Die
davon Befallenen waren wegen der Ansteckungsgefahr aus
der menschlichen Gesellschaft ausgestoßen. Ist das Leben
so wenig wert, daß der Mensch sich so schnell wieder
beruhigt, wenn es ihm wiedergeschenkt wurde? Wo sind die
neun? Unser Text gibt uns darüber keine Auskunft. Wir
sollen die Frage selbst beantworten.

Vielfältig sind die Gründe, weswegen sie nicht danken.
Sie waren eine Notgemeinschaft, die sich dadurch auflöst,
daß die Not behoben wird. Lauter Menschen, die von Hause
aus nichts miteinander zu tun hatten, wurden zusammenge-
führt zu einer Gruppe, ähnlich den Gruppen, wie sie in der
Gefangenschaft, im Lager zusammenfanden. Und dieser
Einheit ist Christus begegnet. Sie lernten ihn anrufen, wie
man sich an einen Strohhalm klammert. Und er half ihnen,
weit über das von ihnen Erwartete hinaus. Sicher hatten die
meisten von ihnen gelobt, falls sie wieder gesund werden
sollten, ein neues Leben zu beginnen, ihren Mitmenschen
zur Seite zu stehen, Gutes zu tun und schlechte Einflüsse
nicht wieder an sich heranzulassen. Aber dann sind sie
wieder in das sogenannte normale Leben hineingekommen,
das Alte hat sich ihnen wieder aufgedrängt mit seinen Sorgen,
Problemen und Freuden. Ihre Mitmenschen haben ihnen
eingeredet, sie müßten das Schreckliche, was sie erlebt
haben, so schnell wie möglich wieder vergessen. Einige von

ihnen haben danach gehandelt, andere haben resigniert angesichts der neuen Probleme, mit denen sie es zu tun bekamen. Und sie haben sich an den alten Trott wieder gewöhnt, weil sie zu schwach waren, sich gegen ihre Umwelt durchzusetzen.

Nur bei einem von ihnen ist etwas haften geblieben von dem, was er erlebt hat. An ihm ist nichts anderes geschehen als bei den Neunen. Aber er allein hat es begriffen. Das beweist er durch seine Dankbarkeit. Er hat es gemerkt: Es war kein Zufall, daß Christus ihm in der Zeit der größten Not begegnet ist, sondern die Gnadenstunde seines Lebens. Gott selbst hat eingegriffen – und das kann nicht nur den Sinn gehabt haben, ihm aus einer augenblicklichen Not herauszuhelfen, sondern seinem weiteren Leben einen besonderen Sinn zu geben: einen Sinn, den es vorher nicht gehabt hat, nämlich zu loben und zu danken und seine Hände auszustrecken zu Gott in allen Lebenslagen, und nicht mehr abhängig zu sein von Stimmungen und vom Augenblick, keine Eintagsfliege mehr zu sein, sondern teilzuhaben an der Ewigkeit. Er weiß, daß sein Leben nicht eine Aneinanderreihung von Zufällen ist, sondern eine Linie hat, die bei Gott anfängt und bei ihm aufhört.

Gott ruft auch uns zur Dankbarkeit. Nicht mit laut tönenden Worten, mit denen er uns bezwingt, sondern in einer Art, die uns volle Freiheit läßt, zu hören oder uns taub zu stellen. Es ist die Freiheit der Kinder Gottes, die uns ein ganzes Leben lang begleiten und uns zu dankbaren Menschen machen will.

Vor dem Passionsweg

Johannes 7, 1-13

*Darauf zog Jesus umher in Galiläa; denn er wollte nicht in
Judäa umherziehen, darum daß ihm die Juden nach dem
Leben stellten. Es war aber nahe der Juden Fest, die
Laubhütten. Da sprachen seine Brüder: Mache dich auf von
dannen und gehe nach Judäa, auf daß auch deine Jünger
sehen die Werke, die du tust. Niemand tut etwas im Verborgenen und will doch frei offenbar sein. Tust du solches,
so offenbare dich vor der Welt. Denn auch seine Brüder
glaubten nicht an ihn.
Da sprach Jesus zu ihnen: Meine Zeit ist noch nicht hier;
eure Zeit ist aber allewege. Die Welt kann euch nicht
hassen; mich aber haßt sie, denn ich zeuge von ihr, daß ihre
Werke böse sind. Gehet ihr hinauf auf dieses Fest; ich will
noch nicht hinaufgehen auf dieses Fest, denn meine Zeit ist
noch nicht erfüllt. Da er aber das zu ihnen gesagt, blieb
er in Galiläa.
Als aber seine Brüder waren hinaufgegangen, da ging er
auch hinauf zu dem Fest, nicht offenbar, sondern wie
heimlich. Da suchten ihn die Juden am Fest und sprachen:
Wo ist der? Und es war ein großes Gemurmel von ihm unter
dem Volk. Etliche sprachen: Er ist fromm; die andern
sprachen: Nein, sondern er verführt das Volk. Niemand aber
redete frei von ihm um der Furcht willen vor den Juden.*

Die Familie Jesu, seine leiblichen Brüder, die wahrscheinlich sehr stolz auf ihn sind, finden es überflüssig, daß Jesus
»auf die Dörfer« geht, wo nichts los ist, was seinen Einsatz
wirklich lohnend erscheinen ließe. Nach Jerusalem soll er
kommen, in die Zentrale der geistigen Auseinandersetzungen, die Weltstadt, in der sich die bedeutenden Menschen
aus aller Welt ein Stelldichein gaben. Dort gehörte er ihrer

Meinung nach hin. Dort sollte er seine Macht zeigen, Wunder tun und die Menschen auf sich aufmerksam machen. Eine große Gefolgschaft würde ihm sicher sein. Die Brüder wollten etwas mit ihm erleben, sich in seinem Glanze sonnen. Denn auch sie glaubten nicht an ihn, wie es in unserem Text heißt.

Jesus lehnt dieses Ansinnen seiner Brüder ab. Unter solchen Voraussetzungen, um eines Schauspiels willen, kann er nicht nach Jerusalem gehen. Gott würde nicht mit ihm gehen. Das wissen seine Brüder natürlich nicht. Da sie nicht glauben, sind ihnen die inneren Zusammenhänge für das Handeln Jesu nicht erkennbar. Ihnen ist nicht klar, daß ihr Bruder in jeder Hinsicht auf die Führung Gottes angewiesen ist und keinen einzigen Schritt tut, ohne daß Gott ihm seinen Willen kundgetan hat. Gott allein stellt die Weichen auf seinem Wege, und die liegen an ganz anderen Stellen, als wir sie vermuten. Nach unseren Vorstellungen geht es doch immer um Machtentfaltung, Menschenbeeinflussung und Gewinnung einer großen Anhängerschaft, die in der Lage ist, etwas durchzusetzen. Gott aber führt hier den Kampf gegen das Böse, und der geht im geheimen vor sich, quer durch alle Menschenordnungen hindurch. »Gar heimlich führt er sein Gewalt. Er ging in meiner armen Gestalt«, so heißt es in einem Kirchenlied. So hat auch das Auftreten Jesu in Jerusalem eine Bedeutung, die der Ungläubige nicht ermessen kann. Gewiß, eines Tages wird auch für ihn der Augenblick gekommen sein, wo Gott ihn nach Jerusalem führt. Aber der wird mit Konsequenzen verbunden sein, von denen die Brüder nichts wissen. Sonst würden sie nicht so leichtfertig sein, ihn dort hinzuschicken, wo ihn der Kreuzestod erwartet. »Meine Zeit ist noch nicht gekommen«, antwortet er ihnen. Das könnt ihr nicht verstehen, denn eure Zeit ist allewege, ist immer. Meine Zeit aber hängt von Gott ab.

162

Das Johannesevangelium ist voll von Zeichen, die Jesus von Gott erhält, um ihn auf seinem Wege zu bestätigen oder ihm zu zeigen, wo es weitergeht. Und etwas von diesem Geführtwerden erlebt wohl auch jeder an Christus gläubige Mensch in seinem Leben. Er kann sich seinen Weg nicht mehr selber aussuchen, ohne Gefahr zu laufen, ihn zu verfehlen, sondern sieht sich gezwungen, immer hellhöriger zu werden, um die Weisungen nicht zu verpassen, die ihm gegeben werden.

Vom Wesen der Sünde

JOHANNES 8, 34 UND 36

Wer Sünde tut, der ist der Sünde Knecht. So euch nun der Sohn frei macht, so seid ihr recht frei.

Mit der Sünde ist es eine eigentümliche Sache: Wir erkennen sie nicht, weil wir mitten drinsitzen. Wir wissen zwar, daß wir manches falsch machen, daß wir nicht immer gut sind, daß wir in mancher Beziehung anfällig sind, daß wir immer wieder die gleichen Dummheiten machen, die gleichen häßlichen Gedanken hegen, auch wenn wir es gar nicht wollen. Wir möchten manchmal gerne anders sein und beneiden und bewundern die Menschen, von denen wir glauben, daß sie keine solchen Schwächen haben wie wir, oder die sie jedenfalls besser verbergen können als wir. Aber vom Wesen der Sünde wissen wir von uns aus recht wenig. Ist es nicht so, daß wir unsere Fehler, unsere Schwächen, alles das, worüber wir uns an uns selbst ärgern, für mehr oder weniger große Pannen halten, die uns passieren, für Dinge, die nur passieren, weil wir nicht genug aufgepaßt haben?

Jesus belehrt uns eines anderen: Unsere Sünden geschehen nicht aus Versehen, wie wir meinen, sondern wir sitzen bis über die Ohren in der Sünde drin. Sie ist die Macht, die stärker ist als wir Menschen. Eine Macht, deren Knechte wir sind, ohne es zu wissen. Jesus kennt diese Macht, denn sie ist sein eigentlicher Gegner, den er zu bekämpfen hat, und er weiß, daß er sie auf die Dauer besiegen wird, nämlich durch seinen Tod am Kreuz. Das heißt: Er zeigt sie uns in ihrer ganzen Größe, damit wir uns nicht aufhalten sollen mit dem sinnlosen Kleinkrieg, den wir dagegen führen und den wir doch verlieren müssen, sondern damit wir die Hilfe dort suchen, wo sie wirklich zu finden ist, nämlich bei ihm.

So euch nun der Sohn frei macht, so seid ihr recht frei. Das heißt nicht, daß wir nun keine Sünde mehr tun werden, gewiß nicht, das würde jeder Erfahrung widersprechen. Aber etwas geschieht: Die Sünde hat nun keine endgültige Macht mehr über uns. Wir können sie erkennen und zu Christus bringen. Er ist der Stärkere. Mit ihm im Bunde kann es nicht mehr geschehen, daß wir ihr restlos anheimfallen wie bisher. Und damit ist dieser Bann gebrochen.

Der reiche Jüngling

MARKUS 10, 17–27

Und da er hinausgegangen war auf den Weg, lief einer hinzu, kniete vor ihn und fragte ihn: Guter Meister, was soll ich tun, daß ich das ewige Leben ererbe? Aber Jesus sprach zu ihm: Was heißest du mich gut? Niemand ist gut denn der einige Gott. Du weißt ja die Gebote wohl: »Du sollst nicht ehebrechen; du sollst nicht töten; du sollst nicht stehlen; du sollst nicht falsch Zeugnis reden; du sollst

niemand täuschen; ehre Vater und Mutter.«
Er antwortete aber und sprach zu ihm: Meister, das habe ich
alles gehalten von meiner Jugend auf. Und Jesus sah ihn
an und liebte ihn und sprach zu ihm: Eines fehlt dir. Gehe
hin, verkaufe alles, was du hast, und gib's den Armen, so
wirst du einen Schatz im Himmel haben; und komm, folge
mir nach und nimm das Kreuz auf dich. Er aber ward
unmutig über die Rede und ging traurig davon; denn er hatte
viele Güter.
Und Jesus sah um sich und sprach zu seinen Jüngern: Wie
schwer werden die Reichen in das Reich Gottes kommen!
Die Jünger aber entsetzten sich über seine Rede. Aber Jesus
antwortete wiederum und sprach zu ihnen: Liebe Kinder,
wie schwer ist's, daß die, so ihr Vertrauen auf Reichtum
setzen, ins Reich Gottes kommen! Es ist leichter, daß ein
Kamel durch ein Nadelöhr gehe, denn daß ein Reicher ins
Reich Gottes komme. Sie entsetzten sich aber noch viel
mehr und sprachen untereinander: Wer kann denn selig
werden? Jesus aber sah sie an und sprach: Bei den
Menschen ist's unmöglich, aber nicht bei Gott; denn alle
Dinge sind möglich bei Gott.

»Leichter geht ein Kamel durch ein Nadelöhr, als daß ein
Reicher ins Reich Gottes kommt.« Über dieses Wort ihres
Herrn entsetzen sich die Jünger Jesu. Was haben denn
Reichtum und Seligkeit miteinander zu tun? Ist es denn
eine Schuld, wohlhabend zu sein? Aber Jesus geht noch
einen Schritt weiter. Er sagt:»Wer seine Hoffnung auf Besitz
setzt, kann nicht zu Gott kommen.« Aber tun sie das nicht
alle, auch die Armen? Wenn das so ist, wer kann dann
überhaupt selig werden? Es ist nicht nur schwer, sondern
schlicht unmöglich, den Weg zu Gott zu finden – das ist die
Erkenntnis, die sich für die Jünger ergibt. Der reiche Mann
ist nur ein besonders ins Auge fallendes Beispiel. Vom

Menschen her ist es unmöglich, zu Gott zu kommen. Das entspricht auch den Erfahrungen derer, die sich gedanklich mit dieser Frage beschäftigt haben, an ihrer Spitze Martin Luther.

Wenn es aber dennoch Menschen gibt, die zu Gott finden, nicht nur vielleicht, sondern ganz offensichtlich und ohne daß eine Täuschung möglich ist – wie kann das zugehen? Es ist in jedem Fall ein Wunder, ein Werk der Gnade Gottes. Es ist ein ganz persönliches Geschehen, das seinen Ausgangspunkt nicht im Menschen, sondern in Gott hat. Und zwar kommt es in Form eines Angebotes, eines Angebotes, das angenommen oder ausgeschlagen werden kann. Wie ein Mensch ein solches Angebot verfehlen kann, um dann traurig von dannen zu gehen, das zeigt uns der Bibeltext. Da kommt ein Mensch zu Jesus mit einer Frage. Sie lautet: »Was muß ich tun, damit ich selig werde?« Jesus verweist ihn auf die zehn Gebote. Die soll er halten. »Das habe ich von Kindheit auf getan«, ist die Antwort. Und wir glauben es ihm, weil Jesus ihm glaubt. Aber das genügt dem Mann offensichtlich nicht. Er ist nicht befriedigt. Irgend etwas fehlt ihm noch zu seinem Glück. Er hat das Gefühl, als müsse er noch etwas Besonderes leisten. Jesus erkennt, woran es hapert. Dieser Mann hat zu viel Geld, zu viele Reichtümer, an denen er hängt. Die lassen Gott nicht an ihn heran. Und er sagt ihm das: »Gib alles, was du hast, den Armen, dann wirst du einen Schatz im Himmel haben, und dann komm und bleibe bei mir.« Er hat diesen Menschen liebgewonnen und möchte ihm das ermöglichen, was er sich wünscht. Sich selbst will er ihm geben – die einzige Garantie, die es auf Erden gibt. Aber die Augen dieses Mannes sind verschlossen. Sie sehen in Jesus nur den gelehrten Meister, nicht aber den Erlöser und Befreier. Deswegen wagt er den Absprung nicht. Als verantwortlich denkender und handelnder Mensch hat er auch seinen

Besitz gewiß so eingeordnet und eingeplant, daß er damit viel Gutes und Nützliches tun kann. Das alles aufzugeben und sich aller bisherigen Möglichkeiten zu berauben, erscheint ihm widersinnig und unzumutbar. Und er geht traurig davon. Er sieht nur die Leistung, die von ihm verlangt wird, nicht aber die Gnade, die ihm angeboten wird. Erkennte er sie, dann würde er seinen Besitz als Ballast erleben und sich ohne Bedauern von ihm trennen.

Auch uns, die wir sie hören, gilt diese Geschichte von dem reichen Mann. Denn auch uns trennt in vielen Fällen das von Gott, was wir besitzen und woran wir hängen. Möge es uns gegeben sein, die richtige Entscheidung zu treffen, wenn Gottes Angebot an uns herantritt.

Von den Arbeitern im Weinberg

MATTHÄUS 20, 1–16

Das Himmelreich ist gleich einem Haushalter, der am Morgen ausging, Arbeiter zu mieten in seinen Weinberg. Und da er mit den Arbeitern eins ward um einen Groschen zum Tagelohn, sandte er sie in seinen Weinberg. Und ging aus um die dritte Stunde und sah andere an dem Markt müßig stehen und sprach zu ihnen: Gehet ihr auch hin in den Weinberg, ich will euch geben, was recht ist. Und sie gingen hin. Abermals ging er aus um die sechste und neunte Stunde und tat gleich also. Um die elfte Stunde aber ging er aus und fand andere müßig stehen und sprach zu ihnen: Was stehet ihr hier den ganzen Tag müßig? Sie sprachen zu ihm: Es hat uns niemand gedingt. Er sprach zu ihnen: Gehet ihr auch hin in den Weinberg, und was recht sein wird, soll euch werden.

*Da es nun Abend ward, sprach der Herr des Weinbergs zu
seinem Schaffner: Rufe die Arbeiter und gib ihnen den Lohn
und heb an an den letzten bis zu den ersten. Da kamen, die
um die elfte Stunde gedingt waren, und empfing ein jeglicher
seinen Groschen. Da aber die ersten kamen, meinten sie,
sie würden mehr empfangen; und sie empfingen auch ein
jeglicher seinen Groschen. Und da sie den empfingen,
murrten sie wider den Hausvater und sprachen: Diese letzten
haben nur eine Stunde gearbeitet, und du hast sie uns
gleich gemacht, die wir des Tages Last und die Hitze getragen
haben.*
*Er antwortete aber und sagte zu einem unter ihnen: Mein
Freund, ich tue dir nicht Unrecht. Bist du nicht mit mir
eins geworden um einen Groschen? Nimm, was dein ist, und
gehe hin. Ich will aber diesem letzten geben gleich wie dir.
Oder habe ich nicht Macht zu tun, was ich will, mit dem
Meinen? Siehst du darum scheel, daß ich so gütig bin?*
*Also werden die Letzten die Ersten und die Ersten die Letzten
sein. Denn viele sind berufen, aber wenige sind auserwählt.*

Immer von neuem geht Gott aus auf die Straßen und Plätze
der Welt und wirbt Menschen für die Arbeit in seinem
Reich. Jesus vergleicht ihn mit dem Besitzer eines Weinbergs, der vom frühen Morgen bis zum späten Nachmittag
immer wieder ausgeht, um Menschen für die Arbeit in
seinem Weinberg zu verpflichten. Ist es nicht erstaunlich,
daß Gott sich solche Mühe macht? Entspricht es der
Vorstellung, die wir von ihm haben, daß er so eifrig hinter
den Menschen her ist? Halten wir ihn nicht eher für einen,
der, wenn es ihn überhaupt gibt, irgendwo oben bequem auf
einem Sessel sitzt und registriert, was die Menschen alles
Böses tun? Wozu braucht dieser Gott Menschen? Und was
für Leute müssen es sein? Liegt ihm an besonders begabten,
intelligenten, religiös eingestellten Facharbeitern? Müssen

sie sonst besondere Meriten haben? Nichts von alledem. Sie werden eingestellt, weil sie bisher noch nichts anderes gefunden haben. Die notwendigen Fähigkeiten bringen sie mit. – Noch ungewöhnlicher sind aber die Bedingungen, zu denen sie angestellt werden. Sie bekommen nämlich alle den gleichen Lohn für ihre Arbeit, unabhängig davon, wie lange und wie viel sie geschafft haben. Und was noch auffallender ist: Die zuletzt engagierten Arbeiter werden zuerst entlohnt und die ersten als letzte.

Wir fragen: Was ist das für ein seltsames Reich? Wo liegt es und was haben wir damit zu tun? Nun, es liegt mitten unter uns. Auch heute geht Gott aus und wirbt Mitarbeiter, und vielleicht lassen sich heute mehr Menschen denn je für sein Reich gewinnen. Lauter Menschen, die noch keine festen Bindungen haben oder bei denen die Bindungen, in denen sie lebten, zerrissen sind. Sie alle lassen sich werben für ein Reich, in dem alle gleichgestellt sind, in dem es keine Rangordnung und keine Aufstiegsmöglichkeiten gibt, in dem die Arbeit nicht nach der Leistung bewertet wird, sondern ihren Lohn in sich trägt. Müssen wir uns nicht wundern, daß Menschen auf solche Bedingungen eingehen?

Das Geheimnis liegt wohl in der Tatsache, die zu Anfang erwähnt wurde: nämlich in dem Einswerden mit dem Besitzer des Weinbergs um den Lohn, den sie erhalten sollten. Wenn wir dies Einswerden auf die Beziehung zu Gott übertragen, so ist damit etwas Außerordentliches gesagt. Bei der Vielzahl der möglichen Irrtümer, die es auf Erden gibt, ist dies Einigwerden mit Gott eine solche Garantie für ihr Leben, daß Menschen, die es begriffen haben, auf alle Bedingungen eingehen, nur um diese Einheit nicht wieder zu verlieren. Es gibt keine tiefere Erfüllung des Menschseins, als von Gott in Dienst genommen zu werden, seine Bedingungen zu erfahren und annehmen zu dürfen und andere Menschen daran teilnehmen zu lassen.

Vom Dienen

MATTHÄUS 20, 28

Des Menschen Sohn ist nicht gekommen, daß er sich dienen lasse, sondern daß er diene und gebe sein Leben zu einer Erlösung für viele.

Das Wort »dienen« hat heute in der Welt einen unerfreulichen Beiklang. Jeder möchte wohl gern etwas Vernünftiges und Nützliches tun, vielleicht auch etwas, womit er anderen helfen kann. Aber dienen, das möchte man nicht. Dienen ist etwas, was man nicht freiwillig tut, wozu man gezwungen werden kann, etwas, was man tut, wenn einem gar nichts anderes übrigbleibt. Dienen tun Sklaven und Untergebene, das Wort klingt so nach Unterwürfigkeit. Wir sind aber freiheitsliebende Menschen und mögen das nicht.

Jesus spricht aber oft von Dingen, die wir nicht mögen und die uns gar nicht passen, und wir wehren uns manchmal gegen das, was er von uns verlangt. Meistens geht es darum, daß wir etwas tun sollen, was uns peinlich ist, womit wir uns bloßstellen oder was Zeit und Mühe kostet und uns nichts einbringt. Es handelt sich dabei fast immer um andere Menschen, denen gegenüber wir unser Verhalten ändern oder an denen wir etwas tun sollen, was wir von uns aus nicht tun würden. Es würde sich auch wohl keiner von uns dazu herbeilassen, die Anweisungen Jesu zu befolgen, wenn er uns dabei allein ließe. Aber das ist das Besondere an dieser Art des Dienens, daß Jesus dabei mit uns geht. Er ist den gleichen Weg selber gegangen, er hat den Menschen gedient und ist dabei so weit gegangen, wie das überhaupt möglich ist, nämlich bis in den Tod hinein, in den Tod durch die Hände der Menschen, denen sein Dienen nicht in den Kram paßte. Es ist also ein Dienen, das mit Gefahren verbunden ist. Gerade diese Tatsache, daß es zum Tode führen kann, zeigt uns, was für eine Art von Dienen Jesus von Menschen erwartet. Es hat nichts mit Unterwürfigkeit zu tun, jedenfalls nicht vor Menschen. Und es hat auch nichts mit Zwang zu tun, jedenfalls nicht mit einem Zwang, wie ihn Menschen ausüben können. Sondern es ist ein Handeln in Freiheit und aus Freiheit, ein Handeln, das uns kein Mensch vorschreiben kann, sondern das wir selber entscheiden. Das Dienen, das Jesus meint, kann äußerlich wohl nach Sklavendienst aussehen. In Wirklichkeit ist es aber ganz freiwillig und geschieht ausschließlich im Auftrag Gottes.

So konnte Martin Luther sagen: Der Christ ist ein dienstbarer Knecht aller Dinge und jedermann untertan. Gleichzeitig ist er aber auch ein freier Herr aller Dinge und niemandem untertan. – In unserem Spruch heißt es: Jesus hat sein Leben hingegeben zu einer Erlösung für viele. – Der Dienst, den er an Menschen getan hat, ist von unermeßlicher Wirkung gewesen. Bis in unsere Zeit hinein werden Menschen dadurch erlöst, und zwar nicht erst nach ihrem Tode – das wäre gänzlich uninteressant –, sondern mitten in ihrem Leben. Dadurch, daß sie mit Jesus in Berührung kommen, mit seinem Wort und mit Menschen, die an dieses Wort glauben, geschieht es, daß sie frei werden von sich selbst, daß sie erlöst werden von Gedanken und Sorgen, die sie sich machen, von Belastungen, die sie mit sich herumschleppen. Durch das Hören auf Jesus wird man ein andrer Mensch. Das zeigt sich daran, daß man zu seinen Mitmenschen ein neues Verhältnis bekommt und sich freut, ihnen dienen zu können.

Jesus ist gekommen, um uns Menschen zu dienen. Wann und wodurch tut er es heute in unserer Zeit? Er tut es durch sein Wort, und das hören wir vor allem im Gottesdienst. Wer dient da wem? Dienen wir Gott oder dient er uns? Wenn wir an unseren Spruch denken, müssen wir sagen: Im Gottesdienst dient Gott uns. Denn wir können Gott ja eigentlich nur mit dem dienen, was wir außerhalb des Gottesdienstes tun. Viele gehen deshalb nicht gern in die Kirche, weil sie mit einem gewissen Recht daran zweifeln, daß sie Gott damit einen Dienst erweisen. Und sie würden vielleicht lieber gehen, wenn sie wüßten, daß die Sache umgekehrt ist, daß nämlich Gott ihnen dienen will und sie teilhaben lassen will an der Erlösung, die er uns durch Jesus Christus zukommen läßt.

Vom Zinsgroschen

MATTHÄUS 22, 15–22

Da gingen die Pharisäer hin und hielten einen Rat, wie sie ihn fingen in seiner Rede. Und sandten zu ihm ihre Jünger samt des Herodes Dienern; und sie sprachen: Meister, wir wissen, daß du wahrhaftig bist und lehrst den Weg Gottes recht, und du fragst nach niemand; denn du achtest nicht das Ansehen der Menschen. Darum sage uns, was dünkt dich? Ist's recht, daß man dem Kaiser Zins gebe, oder nicht? Da nun Jesus merkte ihre Schalkheit, sprach er: Ihr Heuchler, was versuchet ihr mich? Weiset mir die Zinsmünze! Und sie reichten ihm einen Groschen dar. Und er sprach zu ihnen: Wes ist das Bild und die Überschrift? Sie sprachen zu ihm: Des Kaisers. Da sprach er zu ihnen: So gebet dem Kaiser, was des Kaisers ist, und Gott, was Gottes ist! Da sie das hörten, verwunderten sie sich und ließen ihn und gingen davon.

Wer sein Leben in Frieden und einigermaßen geordnet führen will, ist gezwungen, eine Reihe von Kompromissen zu schließen, das heißt, er sieht sich genötigt, manches zu

172

tun, was ihm nicht paßt, manches mitzumachen, was die anderen tun, manches zu lassen, was er gern täte. Er muß sich in einen Rahmen fügen, der ihm hier und da zu eng ist. Denn er würde große Schwierigkeiten und Unbequemlichkeiten haben, wenn er sich diesen Ordnungen widersetzte. Wir müssen eine ganze Menge Dinge nur deswegen tun, weil sie angeordnet und befohlen werden, auch wenn wir ihren Sinn und ihre Zweckmäßigkeit nicht einsehen, auch wenn wir finden, daß unsere Freiheit und unser Recht dadurch eingeschränkt werden.

Auch die Juden zur Zeit Jesu machten solche Kompromisse, um leben zu können. Einer davon war dieser: Sie zahlten Steuern an den Kaiser in Rom, obgleich sie diesen Zwang als unrecht empfanden. Sie taten es, weil der Kaiser die Macht hatte, sie dazu zu zwingen. Mit Zähneknirschen, denn ihre Selbständigkeit als Volk Gottes wurde dadurch eingeengt. Wahrscheinlich hatten die verantwortlichen Juden sich oft Gedanken darüber gemacht, wie sie sich verhalten sollten, und diese Frage hatte sie in Not gebracht, weil sie keine eindeutige Antwort darauf gewinnen konnten. Nun benutzen sie diese ungeklärte Frage, um Jesus damit eine Falle zu stellen. Als Zeugen bringen sie Staatsbeamte mit. Und sie stellen ihm diese Frage: »Ist es recht, dem Kaiser Zins zu geben, oder nicht?« Sagt er ja, dann gehört er nicht zum Volk Gottes. Sagt er nein, dann ist er ein Feind des Staates, und sie können ihn dann mit dessen Hilfe ausschalten.

Aber Jesus antwortet wie immer anders, nicht mit Ja oder Nein, sondern so, daß jeder diese Frage selbst beantworten kann. Das, was er hier sagt und tut, dürfen wir etwa folgendermaßen deuten: Mit Gott hat es normalerweise gar nichts zu tun, ob man dem Kaiser Steuern zahlt oder nicht. Hier werden zwei Dinge miteinander vermengt, die auf verschiedenen Ebenen liegen. Anders gesagt: Es ist keine

Glaubensfrage, ob ihr zahlt oder nicht. Wer es nicht tut, muß die Verantwortung dafür selber tragen. Gott interessieren ganz andere Dinge an uns, Dinge, die mit unserem eigenen Recht und Vorteil meistens nichts zu tun haben. Ihn kränkt nicht das, was uns kränkt. Unsere Privatmeinung ist ihm gleichgültig. Es kommt ihm darauf an, daß wir die Dinge tun, die ihm gefallen. Was das ist, lesen wir in der Bergpredigt. In der Hauptsache handelt es sich um unseren Umgang mit unseren Mitmenschen. Es interessiert ihn nicht, was für einen Beruf wir ergreifen, ob Arzt, Schwester oder Soldat, sondern wie wir uns als solcher verhalten.

Gott weiß, daß wir in von Menschen gemachten Ordnungen leben müssen und daß die nicht vollkommen sind. Deshalb macht er den gläubigen Menschen frei, sich menschlichen Ordnungen zu unterwerfen, solange sie nicht im Gegensatz stehen zu dem, was wir Gott schuldig sind. Dann allerdings macht er uns ebenso frei, der weltlichen Macht den Gehorsam zu versagen und ihr in seinem Auftrag entgegenzutreten. Nur wenn wir Gott wirklich geben, was er von uns erwartet, brauchen wir keine Kompromisse mehr zu machen, sondern können mit gutem Gewissen der Welt, der Obrigkeit und unseren Vorgesetzten das geben, was ihnen zusteht.

Im Angesicht des Todes

JOHANNES 11, 28–35

Und da sie das gesagt hatte, ging sie hin und rief ihre Schwester Maria heimlich und sprach: Der Meister ist da und ruft dich. Dieselbe, als sie das hörte, stand sie eilends auf und kam zu ihm. Jesus aber war noch nicht in das

Dorf gekommen, sondern war noch an dem Ort, da ihm Mar-
tha entgegengekommen war. Die Juden, die bei ihr im
Hause waren und sie trösteten, da sie sahen, daß Maria
eilends aufstand und hinausging, folgten sie ihr nach und
sprachen: Sie geht hin zum Grabe, daß sie daselbst weine.
Als nun Maria dahin kam, wo Jesus war, und ihn sah,
fiel sie zu seinen Füßen und sprach zu ihm: Herr, wärest du
hier gewesen, mein Bruder wäre nicht gestorben. Als Jesus
sie sah weinen und die Juden auch weinen, die mit ihr kamen,
ergrimmte er im Geist und ward betrübt in sich selbst und
sprach: Wo habt ihr ihn hingelegt? Sie sprachen zu ihm: Herr,
komm und sieh es! Und Jesus gingen die Augen über.

Wenn wir den Bericht von der Auferweckung des Lazarus
im ganzen vor Augen haben, so fragen wir uns im Blick auf
die Verse, die wir eben gelesen haben: Was ist es eigentlich,
was Jesus an dem Verhalten der Maria und der sie begleiten-
den Juden auszusetzen hat, so daß er »im Geiste ergrimmt«,
wie es hier heißt? Ist es ihre menschliche und sehr begreifliche Trauer über den Verlust, den sie erlitten haben? Verlangt er etwa von ihnen, sie sollten ihn jetzt alle freudig
begrüßen und es als eine Selbstverständlichkeit ansehen,
daß er gekommen sei, um ihren geliebten Freund, der
schon vier Tage im Grabe liegt, einfach aufzusuchen, als ob
nichts Besonderes geschehen wäre? Wenn er ein solches
Verhalten von ihnen erwartete, dann würden wir sagen:
Jesus erwartet von uns, daß wir den Tod nicht ernst neh
men. Nein, das kann es nicht sein; denn daß er den Tod
vollständig ernst nimmt, zeigt er uns ja dadurch, daß er
selbst sich ihm unterwirft und sich ans Kreuz schlagen läßt.
Wir könnten uns also vorstellen, daß er genauso ergrimmt
gewesen wäre, wenn sie ihn erwartet hätten mit dem Ansinnen, er müsse den Tod jetzt einfach rückgängig machen; es
bliebe ihm eigentlich gar nichts anderes übrig, als das zu

tun. Nein, es muß wohl etwas anderes sein, was ihn ergrimmen läßt.

Was kann den Sohn Gottes überhaupt in Zorn bringen? Kann ein Mensch und können Menschen das wirklich? Kennt er sie nicht viel zu genau in all ihren Schwächen und Fehlern, um sich durch sie wirklich in Erregung bringen zu lassen? Ein Mensch kann nur in Wut geraten, wenn eine ihm gleichartige oder annähernd gleichwertige Macht auf den Plan tritt, sonst behält er seine Überlegenheit. Wenn aber der Sohn Gottes seine Überlegenheit verliert, dann kann es nur deshalb sein, weil er die stärkste Macht zum Kampf gegen sich angetreten sieht, die es außer Gott noch gibt. Und das ist hier der Fall. Der Tod steht hier vor ihm und beherrscht das Schlachtfeld. Sie alle, die hier trauernd stehen, sehen nur den Tod, und ihre Augen sind verdunkelt für das Licht, das von Gott ausgeht und den Tod überstrahlen will. Der Tod ist Sieger. Jesus erkennt die Macht, die der Tod über die Menschen hat, er erkennt, mit was für einem Gegner er es zu tun hat. Es ist nicht die Enttäuschung über die Menschen, was ihn in heftigste Erregung bringt, sondern die Witterung des Gegners, der Atem des Todes, der ihn anweht, und das Gefühl für die Schwere des Kampfes, der ihm jetzt unmittelbar bevorsteht.

Liegt nicht für uns alle ein großer Trost in der Tatsache, daß Jesus Christus den Tod so ernst nimmt, daß auch er sich durch ihn aus der Ruhe bringen läßt? Heißt das nicht, daß auch wir als Christen dem Tode diese Ehre zuerkennen dürfen, daß er uns aus der Fassung bringt – ganz gleich, ob es sich um den eigenen Tod handelt oder um den Tod eines geliebten Menschen? Und bewahrt uns diese Erkenntnis nicht auch vor leichtfertigem und falschem Trost, den wir anderen Menschen, die durch den Tod betroffen sind, geben zu müssen glauben, wenn auch mit noch so schönen und christlichen Worten?

176

Auf der anderen Seite aber warnt der Text uns nicht nur, sondern er ruft uns auch auf, gerade uns als Christen, die wir Ostern und den Sieg Gottes kennen, mit auf den Plan zu treten in diesem Kampf gegen einen Gegner, vor dem der natürliche Mensch die Waffen strecken muß. Jesus Christus weiß, daß er allein nichts ausrichten kann; deshalb schickt er ein heißes Stoßgebet zu Gott, seinem Vater, ehe er den Kampf aufnimmt. Das gilt auch uns, wenn wir gerufen sind, gegen die Todesmacht im Namen des auferstandenen Jesus anzutreten. Mit unsrer Macht ist nichts getan. Jesu, hilf siegen, du Fürste des Lebens! Du hast den Tod überwunden, hilf auch uns, das Leben in Vollmacht zu bezeugen.

Warum Jesus sterben muß

JOHANNES 11, 46–53

Etliche aber von ihnen gingen hin zu den Pharisäern und sagten ihnen, was Jesus getan hatte. Da versammelten die Hohenpriester und die Pharisäer einen Rat und sprachen: Was tun wir? Dieser Mensch tut viele Zeichen. Lassen wir ihn also, so werden sie alle an ihn glauben; so kommen dann die Römer und nehmen uns Land und Leute.
Einer aber unter ihnen, Kaiphas, der desselben Jahres Hoherpriester war, sprach zu ihnen: Ihr wisset nichts, bedenket auch nichts; es ist uns besser, ein Mensch sterbe für das Volk, denn daß das ganze Volk verderbe. (Solches aber redete er nicht von sich selbst; sondern weil er desselben Jahres Hoherpriester war, weissagte er. Denn Jesus sollte sterben für das Volk; und nicht für das Volk allein, sondern daß er die Kinder Gottes, die zerstreut waren, zusammenbrächte.)
Von dem Tage an ratschlagten sie, wie sie ihn töteten.

An keiner Stelle des Neuen Testaments wird so eindeutig ausgesprochen wie hier, warum Jesus sterben muß. Der Hohepriester selbst sagt es. Nachdem den Pharisäern gemeldet worden ist, daß Jesus seinen Freund Lazarus vom Tode auferweckt hat, halten sie eine Geheimsitzung ab, um zu beraten, was jetzt mit ihm zu geschehen hat. Allen ist klar, daß man ihn aus dem Wege räumen muß – es fragt sich nur, wie man das offiziell begründen kann. Lauter Gründe werden vorgebracht, zum großen Teil natürlich politische. »Wenn das so weitergeht mit Jesus, wird alles Volk ihm nachlaufen. Unsere Macht wird sich nicht mehr aufrechterhalten lassen. Die Römer werden kommen und uns alles wegnehmen.« Solche und ähnliche Argumente werden vorgebracht und diskutiert, bis schließlich Kaiphas, der Hohepriester, aufsteht und ihnen seine Meinung sagt: »Es hat alles keinen Sinn, was ihr da redet. Alle Gründe, die ihr vorbringt, sind nichts als kümmerliche Versuche, euch zu rechtfertigen. Die Sache verhält sich vielmehr so: Jesus muß sterben, weil es Zeiten gibt, in denen es besser ist, ein Mensch stirbt für das Volk, als daß das ganze Volk verdirbt.«

Dazu schreibt der Evangelist Johannes den überaus hintersinnigen Satz: »Dieses sagte er nicht von sich selbst, sondern weil er in dem Jahr Hoherpriester war, weissagte er.« Denn in der Tat sollte Jesus für das Volk sterben, und zwar nicht für das Volk Israel allein, sondern für die ganze Menschheit. Die Rede des Kaiphas hat jedenfalls zur Folge, daß die versammelten Pharisäer ihre Bedenken fallen lassen und nicht mehr nach Gründen suchen, sondern nur noch darüber nachsinnen, wie sie Jesus am unauffälligsten beseitigen können.

Jesus hat sich, wie wir sehen, durch die Auferweckung des Lazarus in eine ausweglose Lage hineinmanövriert. Sein Schicksal als Mensch ist nun besiegelt, und diese Tatsache öffnet uns erst das rechte Verständnis für die Wundertaten Jesu überhaupt. Sie sind keineswegs nur Akte der Menschenfreundlichkeit, als die wir sie gewöhnlich ansehen, sondern sie sind eine Kampfansage gegen das Böse und ein Zeichen dafür, daß Gott auch Herr über das Böse ist. Um die Härte dieses Kampfes begreifbar zu machen, hat der Evangelist das Geschehen um die Auferweckung des Lazarus so besonders ausführlich geschildert. Er zeigt uns die einzelnen Phasen dieses Ringens, vor allem den Kampf Jesu gegen den Unglauben der Menschen. Dabei hören wir von starken Gefühlsäußerungen Jesu, daß Jesus ergrimmt und daß er weint – lauter Reaktionen, die wir von den anderen Evangelisten kaum erfahren. Zeichen eines außerordentlich heftigen persönlichen Einsatzes.

Der Höhepunkt ist die Auferweckung: Lazarus tritt lebend aus dem Grabe, in dem er schon mehrere Tage gelegen hat. Diesen Triumph kann sich das Böse nicht gefallen lassen. Es bäumt sich auf und holt zum vernichtenden Schlage aus. Es geht um Leben und Tod. Das Böse versetzt diejenigen, die höchste Verantwortung tragen, in einen Zustand, in dem sie nur noch rot sehen und keine Möglichkeit mehr haben, etwas anderes zu denken und zu planen als die Beseitigung Jesu. Sie gelingt ihnen – aber was sie damit erreichen, ist kein Sieg, sondern nur die Bestätigung dafür, daß ihre Macht gebrochen ist. Jesus ist Sieger geblieben. Er hat sein Leben zum Opfer gegeben, um dich und mich und alle Welt vor dem Bösen zu bewahren.

Jesus weint über Jerusalem

LUKAS 19, 41–44

Und als er nahe hinzukam, sah er die Stadt an und weinte über sie und sprach: Wenn doch auch du erkenntest zu dieser deiner Zeit, was zu deinem Frieden dient! Aber nun ist's vor deinen Augen verborgen. Denn es werden über dich die Tage kommen, daß deine Feinde werden um dich und deine Kinder einen Wall aufwerfen, dich belagern und an allen Orten ängstigen; und werden dich schleifen und keinen Stein auf dem andern lassen, darum, daß du nicht erkannt hast die Zeit, darin du heimgesucht bist.

Jerusalem, das ist die Stadt, die Jesus hier anredet, die Stadt, über die er weint wie eine Mutter über ihr verlorenes Kind, weil er die Katastrophe kommen sieht und sie nicht abwenden kann. Es wird nicht mehr lange dauern, dann werden von allen Seiten Feinde herandringen, denen die Stadt keinen Widerstand wird bieten können. Und die jetzt noch so stolze, erhabene Stadt, der Mittelpunkt des Gottesvolkes mit ihren festen Mauern und ihrem Tempel, der für die Ewigkeit gebaut zu sein scheint, wird in Schutt und Asche verwandelt werden. Und das alles kommt nicht etwa automatisch, sondern es wird durch das Verhalten der Einwohner Jerusalems heraufbeschworen. Es ist geradezu die notwendige Konsequenz des Lebens, das diese Stadt jetzt führt. Jerusalem ist keine gewöhnliche Stadt, das Volk, das in ihr lebt, kein gewöhnliches Volk wie all die anderen Völker rings umher. Gott hat ein ganz besonderes Interesse an dieser Stadt und an diesem Volk, sein Auge wacht täglich und stündlich über ihnen. Sie sind darauf angewiesen, die Hilfe und Nähe Gottes zu suchen, und haben dafür die Verheißung, daß sie fortbestehen werden, auch wenn starke Feinde sie bedrohen und ihre Zahl noch so klein ist.

Es ist ein aus den anderen weit herausgehobenes Volk. Gott läßt ihm die Freiheit, ihn zu suchen, er zwingt es nicht mit Gewalt, sondern er ruft es mit seinem Wort. Er ruft es durch Menschen, durch den Mund seiner Propheten, und weil es nicht mehr hören will, schließlich jetzt und zum letzten Mal durch seinen Sohn selbst. Würden die Menschen ihn erkennen, seine Stimme hören, ihn annehmen, dann würde auch diese letzte, größte Gefahr, die ihnen droht, ihnen nichts anhaben können. Sie würden für immer gerettet sein. Aber sie wollen nichts von ihm wissen; seine Worte, die sie zur Sinnesänderung aufrufen, sind ihnen lästig, ja erscheinen ihnen sogar gefährlich für ihre Ordnung. Er bringt Unruhe unter sie, mit der sie nicht fertig werden. Sie finden keine andere Lösung, als ihn umzubringen. Damit aber ist ihr Schicksal besiegelt. Sie werden ein Ende mit Schrecken nehmen, weil sie die Stimme Gottes nicht erkannt haben, die sie »heimsuchen«, das heißt nach Hause holen wollte.

Jerusalem von damals besteht nicht mehr. Aber es bleibt eine Mahnung auch für uns heutige Menschen. Jeder von uns ist ein solches Jerusalem, eine Stadt, die sich für sicher hält, die keine Gefahr kommen sieht, die ihr Verhalten nicht ändern will, wenn Warnungen kommen, wenn Stimmen sich vernehmen lassen, daß es Zeit ist, sich für die Katastrophe zu wappnen, die ihre Existenz bedroht.

Auch heute werden Menschen vor die Existenzfrage gestellt, werden an die Grenze gebracht, an der sie erkennen, daß ihr Leben ein verlorenes ist, wenn es so weiterläuft wie bisher. Sie ahnen schon den Abgrund, auf den sie zugehen. Wir sehen das mit an und glauben, wir könnten nichts anderes tun als wegsehen; wir ahnen schon die gleiche Grenze auch für uns selbst und wissen keinen Ausweg.

Wissen wir ihn wirklich nicht? Sind wir es nicht, die Jesus mit seinem Wort heute anredet? Sind wir es nicht, die Gott liebt und auf die er Tag und Nacht sein Auge hat? Hat er nicht für uns seinen Sohn in die Todesgefahr geschickt, damit wir ihn hören und erkennen, daß er gekommen ist, uns zur Umkehr zu rufen? Er will uns nicht dem Tod überlassen, sondern uns erhalten. Dies ist die Zeit unsrer Heimsuchung, der Kranken und der Gesunden. Überall, wo Gottes Wort weitergesagt wird, werden Menschen heimgesucht und heimgeführt. Das ist ein Vorgang, bei dem der Mensch oft alles drangeben muß, was er zu besitzen meint. Aber er erhält dafür unendlich mehr: nämlich den Frieden, die Gewißheit, daß keine Gefahr, die ihn bedroht, zur Katastrophe werden kann, sondern daß sein Leben geborgen ist.

Vom Weizenkorn

JOHANNES 12, 20–28

Es waren aber etliche Griechen unter denen, die hinaufgekommen waren, daß sie anbeteten auf dem Fest. Sie traten zu Philippus, der aus Bethsaida in Galiläa war, baten ihn und sprachen: Herr, wir wollten Jesus gerne sehen. Philippus kommt und sagt's Andreas, und Philippus und Andreas sagten's Jesus weiter. Jesus aber sprach: Die Zeit ist gekommen, daß des Menschen Sohn verherrlicht werde. Wahrlich, wahrlich, ich sage euch: Wenn das Weizenkorn nicht in die Erde fällt und erstirbt, so bleibt's allein; wenn es aber erstirbt, so bringt es viel Frucht. Wer sein Leben liebhat, der wird's verlieren; und wer sein Leben auf dieser Welt hasset, der wird's erhalten zum ewigen Leben. Wer mir dienen will, der folge mir nach; und wo ich bin, da soll mein Diener auch sein. Und wer mir dienen wird, den wird mein Vater ehren.

*Jetzt ist meine Seele betrübt. Und was soll ich sagen? Vater,
hilf mir aus dieser Stunde? Nein, darum bin ich in diese
Stunde gekommen. Vater, verherrliche deinen Namen! Da kam
eine Stimme vom Himmel: Ich habe ihn verherrlicht und
will ihn abermals verherrlichen.*

An dem Wege, den Jesus für die Menschen geht, steht, für
andere unsichtbar, ein Wegweiser nach dem anderen, der
ihn näher an das Ziel bringt. Jedes Zeichen, das ihm Gott
gibt, läßt ihn klarer erkennen, auf welchem Abschnitt seines
Weges er sich befindet. Hier ist es eine scheinbare Äußer-
lichkeit, eine Zufälligkeit: Ein paar Griechen, die aus Interesse zum Passahfest der Juden nach Jerusalem gekommen
sind, interessieren sich auch für Jesus und wollen ihn sehen.

Wir hören im Text nicht, ob ihnen das geglückt ist und
wie die Begegnung verlaufen ist. Das interessiert den Evangelisten in diesem Zusammenhang nicht. Das Auftreten der
Griechen als Vertreter der Heidenwelt, die an Jesus Anteil
nimmt, ist eben nur deswegen wichtig, weil es ein Zeichen
ist für das nahe Ende des Weges. Und das Ende bedeutet:
Eingang in das ewige Leben. Aber vorher muß er durch den
Tod hindurch nach dem Willen Gottes. Das Ringen Jesu vor
Gott um das letzte Ende seines Weges, von dem uns die drei
anderen Evangelisten erst später, unmittelbar vor der
Gefangennahme berichten, findet bei Johannes schon hier
statt, bei dieser scheinbar nebensächlichen Gelegenheit.

Hier, an dieser Stelle gerade, bleibt Jesus einen Augenblick
stehen, als wäre es das schwerste Hindernis auf seinem
Wege, und geht nicht weiter, ehe Gott selbst in Erscheinung
getreten ist, um ihm hinüberzuhelfen.

So wie für Jesus selbst, so ist auch der Weg jedes gläubigen
Christenmenschen oft so anders als die äußerlichen
Menschenwege. Die Schwierigkeiten liegen nicht da, wo
wir sie vermuten würden, und oft tauchen fast unüberwind-

liche Hindernisse gerade da auf, wo ein anderer sie gar nicht bemerken würde. Wenn wir den Weg eines Christen ansehen, so sind wir oft versucht zu fragen: Warum ist er gerade hier, wo der Weg so glatt schien, stehengeblieben und hat angefangen zu zagen, während an anderen Stellen, die voller Gefahren waren, sein Schritt so leicht und sicher ging? Der Weg mit Jesus ist voller Geheimnisse und Wunder, die wir erst kennenlernen, wenn wir begonnen haben, uns ihm ganz anzuvertrauen.

Verheißung

MATTHÄUS 24, 13

Wer aber beharret bis ans Ende, der wird selig.

Worum es der Bibel bei all ihren Hinweisen auf das Ende geht, ist etwas ungemein Ernstes und Gewichtiges, aber keinesfalls etwas Trauriges. Im Gegenteil, könnte man fast sagen. Denn der Christ lebt ja auf ein Ende hin, ein Ende allerdings, mit dem nicht alles aus ist, sondern hinter dem ein neuer Anfang steht – ein Leben nämlich in einer neuen Schöpfung, in der alles klar ist, was jetzt noch dunkel und unverständlich bleibt; in der es kein Leid, keinen Haß, keinen Hunger, keinen Krieg, keine Grausamkeit mehr gibt. Deshalb ist das Leben eines Christen, der das Ende im Auge hat, ein Leben der Hoffnung.

So wie für die ersten Christen vor nun bald 2000 Jahren, zu deren Zeit das Neue Testament entstanden ist, hat es immer wieder Zeiten gegeben, in denen der Hinweis auf das Ende aller Dinge dasjenige war, was der Gemeinde Jesu Christi und ihren Gliedern den wirklichen Halt und Trost hat geben können; und zwar nicht im Sinne einer passiven Resistenz, so als gälte es, eine Zeit der Gefahr oder des Mangels einigermaßen zu überstehen, sondern immer hat in solchen Perioden der Gedanke an das Ende sie zu tätigem Einsatz und zur Anspannung aller Kräfte Leibes und der Seele im Dienste Jesu Christi fähig und frei gemacht. Als eins der lebendigen Beispiele für die Auswirkung einer solchen Haltung wäre aus neuerer Zeit etwa die weltberühmte Anstalt Bethel zu nennen, deren Gründer Friedrich von Bodenschwingh fest davon überzeugt war, daß das Ende aller Dinge gekommen sei und daß es deshalb darauf ankäme, schnell noch so viel wie möglich im Dienst der Nächstenliebe zu schaffen und auf die Beine zu stellen.

Heute sieht es nun, jedenfalls für uns westliche Menschen, im großen ganzen sehr anders aus. Wie es scheint, nehmen wir den Antrieb zu einer Aktivität im Sinne des Evangeliums von Christus eigentlich gar nicht aus dieser eschatologischen Hoffnung, aus diesem Gedanken an das Ende. Wir werden im Gegenteil weitgehend von der Vorstellung der Wissenschaftler beherrscht, unsere Welt habe noch Jahrmillionen der Entwicklung und Vervollkommnung in jeder Hinsicht vor sich. Das ist im Grunde sehr verwunderlich, denn auch das sagen uns die Wissenschaftler, daß die Menschheit noch nie in der gleichen universalen Weise von der Vernichtung bedroht gewesen ist wie heute, wo uns die technischen Mittel dazu in die Hand gegeben sind. Logischerweise müßte also bei dem, der sich heute Christ nennt, der Gedanke an das Ende wieder eine entscheidende Rolle in seinem Leben spielen. Davon hören wir aber, wie gesagt, in der Öffentlichkeit wenig oder nichts. Wir glauben auch die Gründe zu ahnen, warum das so ist. Einmal ist es die außerordentliche, alles beherrschende Rolle, die das Wohlstandsdenken bei uns spielt, von dem auch die Christen nicht verschont bleiben. Dann ist es die unbeschreibliche geistige Verwirrung, die im Denken von Gott und von Christus über uns hereingebrochen ist und die uns noch nicht zu einer neuen unmittelbaren Beziehung zu dem, was wir glauben, geführt hat. Beide Gründe, das Wohlstandsdenken und die geistige Verwirrung, haben uns den Blick auf das Ende und die dahinterstehende Hoffnung weitgehend verstellt.

In diese unsere Situation hinein spricht nun die Bibel wieder einmal ihr Wort von der Endzeit. Wie sollen wir es verstehen, wenn wir vor jedem Ende grundsätzlich die Augen verschließen? Wie sollen wir Kraft aus diesem Wort holen, wenn die Hoffnung, von der es spricht, für uns kein Gegenstand vordringlichen Interesses ist? Vielleicht hilft es uns, wenn wir das Wort aus der Situation zu verstehen suchen, in die es hineingesprochen wurde. Nämlich nicht als einen Hinweis auf das Ende an sich, sondern als Warnung, es sich mit diesem erwarteten Ende nicht zu leicht zu machen. »Wer aber beharrt bis ans Ende, der wird selig.« Jesus spricht es aus im Zusammenhang einer längeren Rede, die er seinen Jüngern hält, nachdem sie ihn gefragt haben, wann das Ende kommt und welche Zeichen darauf hindeuten werden, daß es nahe ist. Aus der Frage der Jünger spricht der menschlich begreifliche Wunsch, sich innerlich und äußerlich auf dieses entscheidende Ereignis einrichten zu können. Aber aus der Art, wie Jesus ihnen antwortet, geht hervor, daß bis dahin noch einiges von ihnen gefordert werden wird. Hunger, Zwietracht, Haß, Verfolgung, Kriege, schwere geistige und moralische Krisen – das sind die Dinge, mit denen sie es zu tun haben werden. An der Art, wie sie sich darin bewähren, wird sich zeigen, ob sie in der rechten Weise für das Ende vorbereitet sind. Es geht also nicht darum, daß sie den Augenblick des Endes rechtzeitig erfassen, sondern darum, daß sie, wenn das Ende kommt, im Dienst stehen.

186

Ich glaube, daß wir diese Anweisung Jesu an seine Jünger auch für uns heute als maßgebend annehmen können, ganz gleich, was für menschliche Vorstellungen wir nun mit diesem Ende verbinden, das ja irgendwann einmal kommen muß, sei es für den einzelnen Menschen, sei es für die Gesamtheit der Welt. Auch für uns hat es keinen Zweck, den Augenblick abzuwarten, bis uns alles klargeworden ist, was heute noch im dunkeln liegt. Wenn wir das tun, verpassen wir das Entscheidende mit Sicherheit. Sondern uns sind Aufgaben gestellt, an denen wir uns bewähren können, einfache und schwierige, je nachdem, was für Gaben uns zu ihrer Bewältigung gegeben worden sind. Die Skala reicht von der einfachen Hinwendung zum Nächsten, der uns braucht, über den Kampf gegen Hunger und Krieg in aller Welt bis zu den zermürbenden geistigen Auseinandersetzungen, von denen unsere Gegenwart erschüttert wird und in denen die Christen in besonderer Weise nach ihrem Einsatz gefragt sind. Sich aus diesen Anforderungen nicht herauszuhalten, sondern sich mitten hineinzubegeben, das ist das Gebot der Zeit, in der wir leben. Nicht mit dem Anspruch, als könnten wir im großen wirklich etwas erreichen – wo das geschieht, ist es allein Gottes Sache. Der Einsatz des Christen in der Welt und für die Welt wird immer den Charakter des Tropfens auf den heißen Stein haben. Es kommt nur darauf an, sich durch diese Feststellung nicht irremachen zu lassen.

»Wer beharrt, der wird selig«, sagt uns unser Wort. Das Leben des Christen in unsrer westlichen Welt ist heute weniger eine Sache des christlichen Redens als eine Sache des verantwortlichen Handelns, wozu natürlich auch das rechte Wort im rechten Augenblick gehört. Und was zu tun ist, das werden in den meisten Fällen keine aufsehenerregenden Dinge sein, keine, die es uns eindeutig zu bestätigen vermögen, daß wir wirklich Christen sind. Dennoch werden sich uns manche Hindernisse in den Weg stellen, sobald wir anfangen, den Weg des Christen ernsthaft zu beschreiten, Hindernisse von außen und solche, die aus unserer eigenen menschlichen Natur kommen. Denn wo Christus im Leben eines Menschen entscheidend mitzureden beginnt, da fällt Licht in das Dunkel um ihn und in ihm und läßt ihn teilhaben an den Auseinandersetzungen, die überall da aufbrechen, wo die Wahrheit sichtbar wird. Gott möge uns die Kraft geben, die wir brauchen, um in diesen Kämpfen unseren Mann zu stehen – heute und morgen und bis ans Ende der Tage.

Erhöhung

Johannes 12, 32

Wenn ich erhöht werde von der Erde, so will ich sie alle zu mir ziehen.

Dieser Spruch ist ein doppelsinniges Wort. Wir denken zunächst, dieses Erhöhen, von dem hier die Rede ist, beziehe sich auf das Ereignis, das wir die Himmelfahrt Jesu nennen. Wenn wir aber nachsehen, in welchem Zusammenhang dieses Wort in der Bibel steht, erkennen wir, daß Jesus hier mit dem »Erhöhen« etwas anderes meint, nämlich sein Erhöhtwerden am Kreuz. Es steht da nämlich gleich im Anschluß an das, was Jesus sagt: »Dieses sagte Jesus, um anzudeuten, welches Todes er sterben würde.« Denken wir auch an ein anderes Wort Jesu, in dem er von dem Erhöhtwerden spricht. Er sagte zu Nikodemus, der ihn bei Nacht besuchte: »So wie die eiserne Schlange von Mose an einem Pfahl erhöht wurde, so muß auch des Menschen Sohn

188

erhöht werden, damit alle, die an ihn glauben, nicht verloren werden, sondern das ewige Leben haben.« Damit weist er zweifellos auf seinen eigenen Tod hin. Aber nicht nur das. Der Tod ist ja nicht das Ende, sondern die Erhöhung geht über den Tod hinaus. Deswegen hat das Erhöhtwerden durchaus auch etwas mit der Aufnahme in den Himmel zu tun.

Was könnte, so fragen wir uns, die Vereinigung und Verschmelzung dieser beiden so verschiedenen Bilder, das der Kreuzigung und das der Erhöhung, für einen tieferen Sinn haben? Was will uns die Bibel damit sagen, daß sie das Schreckliche, das Menschen tun, und das Große, das Gott tut, hier in einem Atemzuge nennt, ja gewissermaßen als das Gleiche bezeichnet? Die Menschen erhöhen Jesus dadurch, daß sie ihn am Kreuz hinrichten. Gott erhöht Jesus dadurch, daß er ihn in den Himmel aufnimmt. Wir stehen hier vor einem Geheimnis, das nur im Glauben zu fassen ist. Der Weg zum Tod am Kreuz, den Jesus durch Menschen erleidet, ist zugleich der Weg zu Gott, auf den er die Menschen mitnehmen will. Dieser Zusammenhang ist das große Ärgernis, an dem sich die Menschen gestoßen haben, seit Jesus Christus über die Erde gegangen ist. Jesus mußte in den Tod gehen, um Menschen zum Leben zu führen. Wie kann man etwas so Widersinniges glauben und für sich selbst in Anspruch nehmen? Wie kann ich behaupten: Dadurch, daß Jesus in den Tod gegangen ist, bin ich zum Leben gekommen?

Man kann es wohl keinem Menschen mit Worten klarmachen, denn mit dem Verstand zu erklären ist es nicht. Man kann es aber erleben. Und viele haben es erlebt. Jesus ist ihnen begegnet, und zwar nicht auf hellen Straßen, sondern auf dunklen Wegen, die zum Tode führen sollten. Wenn er nur auf hellen Straßen ginge, würden ihn die Menschen nicht finden, die ihn wirklich nötig haben. Aber er geht auf den dunklen, die in tiefste Not führen, und da trifft er die Menschen, die das Schicksal oder die Schuld auf solche Wege geführt hat. Da nimmt er sie bei der Hand und führt sie heraus aus der Finsternis, in die sie hineingeraten sind. Er führt sie zum Leben, das heißt auf einen Weg, an dessen Ende nicht der Tod steht, sondern die Herrlichkeit Gottes. Dorthin will er alle, die ihm vertrauen und die sich von ihm führen lassen wollen, nach sich ziehen.

Das wollen wir hören und wieder Mut fassen, wo wir zaghaft geworden sind, weil wir nur noch dunkle Wege sehen. Unser Weg kann nicht zum Tode führen, wenn wir ihn im Glauben gehen. Gott gebe uns allen für uns und unsere Arbeit die Zuversicht, daß er uns mitten ins Leben hineinführt.

Frieden durch den Heiligen Geist

JOHANNES 14, 25–27

Solches habe ich zu euch geredet, solange ich bei euch gewesen bin. Aber der Tröster, der heilige Geist, welchen mein Vater senden wird in meinem Namen, der wird euch alles lehren und euch erinnern alles des, was ich euch gesagt habe. Den Frieden lasse ich euch, meinen Frieden gebe ich euch. Nicht gebe ich euch, wie die Welt gibt. Euer Herz erschrecke nicht und fürchte sich nicht.

Jesus kann seinen Jüngern in den kurzen drei Jahren, die er mit ihnen zusammen ist, nicht alles sagen, was in den folgenden Jahrtausenden noch geschehen wird und wie die späteren Generationen der Christenheit sich dazu verhalten sollen. Und wenn er es ihnen auch sagen könnte – es hätte für sie doch keinen Wert. Sie würden es nicht aufnehmen, nicht verstehen können, weil sie, genau wie wir, Menschen ihrer Zeit sind und nur die Dinge begreifen, von denen sie eine Vorstellung haben. Es hätte also keinen Zweck gehabt, mit ihnen etwa über das Atomzeitalter zu sprechen oder über die Probleme, die mit der modernen Technik zusammenhängen. Sie werden schon genug daran zu tun gehabt haben, alles zu verarbeiten, was sie mit ihm gemeinsam erlebt hatten, um es der Umwelt mitzuteilen. Da blieb kein Raum mehr für das Zukünftige. »Ich habe euch noch viel zu sagen, aber ihr könnt es jetzt nicht tragen«, sagt Jesus an einer anderen Stelle zu ihnen. Es muß also eine Kraft geben, die die Führung übernimmt, wenn Jesus nicht mehr bei ihnen ist. Diese Kraft, die nun schon seit zwei Jahrtausenden an der Christenheit wirkt und sie am Leben erhält, wird hier von Jesus seinen Jüngern gegenüber zum ersten Mal mit Namen genannt. Er nennt sie den Tröster, den Heiligen Geist, den Gott in Jesu Namen schicken wird.

Anläßlich des Pfingstfestes in Jerusalem ist diese Kraft zum ersten Mal für die Menschen erkennbar in Erscheinung getreten. Da ereignete sich plötzlich ein Bewußtseinswandel bei den Jüngern. Sie erkannten auf einmal, was es war, was sie mit Jesus erlebt hatten, nämlich ein Stück Heilsgeschichte der Menschheit, und sie konnten in Vollmacht davon reden, so als wäre Christus jetzt in ihnen, und konnten viele Menschen auf seinen Namen verpflichten und zu seiner Gemeinde führen. In der Folgezeit konnten sie in der gleichen Vollmacht Entscheidungen fällen auch in Fragen, über die sie mit Jesus nie gesprochen hatten. Durch die Kraft des Gebets hatten sie mit ihm die gleiche Verbindung, die er mit seinem Vater hatte, als er noch unter ihnen lebte.

Wie groß und umfassend diese Kraft, die wir Heiliger Geist nennen, ist, wird deutlich aus dem, was Jesus im zweiten Teil unseres Bibelwortes sagt. Er spricht da von dem Frieden, den er den Jüngern geben will. Es ist derselbe Friede, von dem wir im Gottesdienst hören, wenn vom Frieden Gottes geredet wird. Er ist höher als alle Vernunft, oder wie wir sagen würden, jenseits aller Vernunft. Er hat mit dem, was wir gewöhnlich unter Frieden verstehen, nichts zu tun. Verstehen wir doch unter Frieden gewöhnlich einen Zustand, in dem wir in Ruhe gelassen werden, uns nicht aufzuregen, nicht zu verteidigen brauchen. Von ganz anderer Art ist der Friede Gottes und Jesu Christi. »Euer Herz erschrecke nicht und fürchte sich nicht«, sagt Jesus. Vor diesem Frieden nämlich. Er läßt den Menschen, äußerlich jedenfalls, nicht zur Ruhe kommen, sondern führt ihn in Auseinandersetzungen, in Not und erschreckendes Geschehen hinein. Er ist nicht etwas Ruhendes, sondern ungemein Aktives, dauernd am Werk und sehr herausfordernd. Und doch gibt er Frieden, was dasselbe ist wie Freiheit, nämlich die Gewißheit, auch als noch so kleiner, schwacher Mensch im Auftrage Gottes zu stehen und zu handeln, der schließlich als Sieger aus allem Streit hervorgehen muß. Möge es uns geschenkt werden, daß auch wir nicht zurückschrecken, wenn Jesus uns etwas von diesem seinem Frieden geben will.

Vom ewigen Leben

JOHANNES 17, 3

Das ist aber das ewige Leben, daß sie dich, der du allein wahrer Gott bist, und den du gesandt hast, Jesum Christum, erkennen.

Es wird den meisten so gehen wie mir, daß sie sich von Zeit zu Zeit immer wieder Gedanken machen, ob es eigentlich ein Leben nach dem Tode gibt. Da überlegt man dann alle möglichen Einzelheiten, wann dies Leben anfangen wird, ob gleich nach dem Tode oder erst später, wie es sein wird, ob wir darin mit den Menschen zusammensein werden, zu denen wir hier auf Erden gehört haben, was für Aufgaben wir da haben werden und vieles andere mehr. Und je mehr man über diese Möglichkeiten nachdenkt, um so unwahrscheinlicher kommt es einem vor, daß irgend etwas an diesen Vorstellungen vom anderen Dasein, dem sogenannten »Jenseits«, der Wirklichkeit entsprechen könnte.

Alles, was wir uns da zusammenreimen, sind Hirngespinste. So ist es und so wird es bleiben, denn die Menschheit ist in diesem Punkt im Laufe der Jahrtausende auch nicht einen Strich weitergekommen. Man kann wohl sagen, daß all solche Gedanken, wie sie uns manchmal überfallen, zu den Dingen gehören, die uns am meisten stören, aufhalten und niederdrücken. Obgleich wir hundertfach erfahren haben, daß gar nichts dabei herauskommt, hängen wir ihnen trotzdem immer wieder nach. Es ist fast wie eine Krankheit, und es wäre gut, wenn wir sie auch als solche ansähen. Denn so wie man gegen eine Krankheit einen Arzt befragen kann, so gibt es auch für diesen scheinbar hoffnungslosen Zustand einen Arzt, und das ist Gott selbst in der Gestalt seines Sohnes Jesus Christus. Das vergessen wir nur immer so leicht und versuchen mit den Fragen selbst fertig zu werden, anstatt uns an die richtige Adresse zu wenden.

In unserem Bibelwort bekommen wir nun eine sehr klare Antwort auf die soeben angedeuteten Fragen. Im sogenannten hohenpriesterlichen Gebet sagt Jesus: »Das ist das ewige Leben, daß die Menschen dich, den wahren Gott, und seinen Sohn Jesus Christus erkennen.« So heißt die Antwort. Jesus tut hier etwas, was er auch bei anderen Gelegenheiten immer wieder getan hat: Er gibt keine Auskünfte über fruchtlose Probleme, sondern er wendet den Blick der Menschen aus der Ferne, wo er sich verloren hat, zurück in die Nähe, ins Heute, aus dem Jenseits ins Diesseits. Denn darum geht es ja eigentlich. Das wirkliche Problem ist nicht die Frage, ob und wie wir später einmal leben werden, sondern viel wichtiger ist, zu wissen, wie wir heute und jetzt leben können. Dann klärt sich nämlich die zweite Frage, wie es später sein wird, ganz von selbst. Es ist in der Tat so, daß dieses Fragen nach der Zukunft nur ein Zeichen dafür ist, daß wir mit der Gegenwart nicht zu Rande kommen. Auch das ewige Leben gehört zu den Dingen, die nicht erst nach unserem Tode aktuell werden, sondern die es heute und hier in unserem irdischen Dasein zu gewinnen gilt. Wenn wir es hier nicht erlangen, wird es für uns überhaupt niemals Wirklichkeit werden.

Jesus tut nun etwas sehr Einfaches mit uns: Er richtet unseren Blick auf nichts anderes als auf sich. Wer ihn sieht und erkennt, der sieht und erkennt Gott. Und wer Gott erkennt, der hat das ewige Leben. Er sagt nicht: Der erhält es einmal, sondern der hat es schon und braucht sich keine Gedanken mehr darüber zu machen. Was heißt nun Jesus sehen und erkennen und haben? Das heißt nicht, daß wir uns wissenschaftlich mit seiner Gestalt beschäftigen, daß wir Betrachtungen über ihn anstellen, Vergleiche ziehen, Bücher über ihn lesen und ähnliches mehr. Das können wir alles auch tun, wenn uns der Sinn danach steht. Jesus erkennen und haben heißt vielmehr, ihn als den Herrn über unser Leben annehmen und ihn als Richtschnur und Ziel haben. Wie das im einzelnen aussieht, darüber kann man nicht mit ein paar Worten sprechen. Denn dieses Thema ist unerschöpflich, und es spricht davon nicht nur die Bibel, sondern darüber hinaus eine große Zahl von Menschen, die ihr Leben mit diesem Jesus gewagt haben und von ihm von einer Erkenntnis zur anderen und von einer Herrlichkeit zur anderen geführt worden sind. Es kommt nur darauf an, daß der Anfang gemacht wird und jeden Tag ein neuer Anfang mit Jesus und dem Worte Gottes. Es kommt nicht darauf an, daß wir morgen und in den nächsten Monaten und Jahren Christen sind, sondern einzig und allein, daß wir es *heute* sind.

Heute sollen wir am ewigen Leben teilhaben. Mehr brauchen wir nicht. Denn so, wie das Leben nach vorn gesehen ewig ist, so ist es auch nach rückwärts ewig. Es wartet nicht erst auf unseren Tod, sondern wir sind schon mitten drin. Nur müssen wir es ergreifen. Und wir können es nur an einer Stelle ergreifen, nämlich in Jesus Christus. Darum kann ich nur ganz einfach sagen: Fangt heute an. Lest heute noch, allein oder besser zu zweien und dreien, das hohepriesterliche Gebet, aus dem dieses Wort vom ewigen Leben stammt, das 17. Kapitel des Johannesevangeliums. Das soll kein moralischer Appell sein. Von dem ist nichts zu halten. Es soll nur ein Anstoß sein, ein Hinweis darauf, daß es nur um ein sehr einfaches Tun geht, viel zu einfach für viele Menschen. Aber es ist nun einmal der Weg, der zum ewigen Leben führt. Gott hat es so eingerichtet, und alles, was wir tun können, ist: hinweisen, Steine aus dem Weg räumen, ermutigen. Alles übrige tut Gott dann selbst.

Ein Gebet für die Jünger

JOHANNES 17, 15–17

Ich bitte nicht, daß du sie von der Welt nehmest, sondern daß du sie bewahrest vor dem Bösen. Sie sind nicht von der Welt, gleichwie ich auch nicht von der Welt bin. Heilige sie in der Wahrheit; dein Wort ist die Wahrheit.

Jesus betet hier für seine Jünger und spricht zu Gott. Dabei stellt er zwei Dinge einander gegenüber, von denen wir im allgemeinen die Vorstellung haben, sie gehörten zueinander und wären dasselbe: aus der Welt herausgenommen werden und vor dem Bösen bewahrt bleiben. Wir betrachten es als eine Fügung Gottes, wenn uns oder den Menschen, die wir liebhaben, schlimme Erfahrungen erspart bleiben. Wenn wir zum Beispiel aus einer belagerten oder mit Bomben angegriffenen und zerstörten Stadt eben noch herausgekommen sind oder wenn wir vor anderen Dingen, die Menschen durchmachen mußten, durch einen Glücksfall bewahrt geblieben sind, so bezeichnen wir das gern als eine Fügung Gottes. Ebenso versuchen wir uns beim Sterben geliebter Menschen damit zu trösten, daß ihnen vielleicht vieles Schwere im Leben erspart geblieben ist. Man denke etwa an das Sprichwort: Wen die Götter lieben, der stirbt in der Jugend.

Ganz anders denkt Jesus für seine Jünger und für die Zeit, in der sie zu wirken haben werden, die Zeit, in der er selbst nicht mehr leiblich bei ihnen sein wird, um sie zu führen. Sie sollen gar nicht vorzeitig von der Welt genommen werden, um geschützt und bewahrt zu bleiben, sondern sie sollen in der Welt bleiben und dennoch vor dem Bösen bewahrt bleiben. Um das zu verstehen, müssen wir uns darüber klarwerden, was Jesus unter dem Bösen versteht. Wir verstehen darunter gewöhnlich Schäden, die wir an Leib und Seele erleiden, oder große Verluste, die uns zugefügt werden. Die Jünger Jesu sind dagegen von solchen Dingen keineswegs verschont geblieben, weder damals noch heute. Es ist ihnen in dieser Hinsicht oft sehr viel mehr zugemutet worden als ihren Mitmenschen. Auch vor den sogenannten Versuchungen, denen wir Menschen ausgesetzt sind, sind sie keineswegs bewahrt geblieben, sondern sind ihnen oft genug unterlegen. Aber etwas anderes haben sie als Gegengewicht dazu erfahren: Gottes Heiliger Geist hat sie den bösen und dunklen Mächten nicht anheimfallen lassen, sondern hat sie hindurchgeführt, und dadurch hat ihre Beziehung zu Gott immer mehr an Kraft und Intensität gewonnen.

Jesus sieht das Böse also in ganz anderen Dingen, als wir es für gewöhnlich tun. Das Böse, das steckt nicht in dem, was uns äußerlich Schaden antut. Wenn das gemeint wäre, dann könnte Jesus nicht darum bitten, die Jünger sollten in der Welt bleiben und trotzdem verschont werden von all dem, was Menschen zu erdulden haben. Sondern das Böse ist für ihn nur das, was uns von Gott trennen will, was uns den eigentlichen Lebensfaden abschneiden will, den Faden, über den selbst der Tod keine Gewalt hat. An einer anderen Stelle sagt Jesus im gleichen Sinn: Fürchtet euch nicht vor denen, die nur den Leib töten, aber die Seele nicht töten können.

Das, was uns in der Welt vor der Gewalt des Bösen zu schützen vermag, ist allein das Wort Gottes. Deshalb sagt Jesus in diesem seinem hohenpriesterlichen Gebet zu Gott: »Heilige sie in deiner Wahrheit. Dein Wort ist die Wahrheit.« Möge das Wort Gottes, die Heilige Schrift, auch für uns die Kraft sein, die uns fähig macht, in der Welt zu leben und trotzdem vor dem Bösen bewahrt zu bleiben.

Der Weg in die Passion

MARKUS 14, 32–42

Und sie kamen zu einem Hofe mit Namen Gethsemane.
Und er sprach zu seinen Jüngern: Setzet euch hier, bis ich
hingehe und bete. Und nahm zu sich Petrus und Jakobus und
Johannes und fing an, zu zittern und zu zagen. Und sprach
zu ihnen: Meine Seele ist betrübt bis an den Tod; bleibet hier
und wachet. Und ging ein wenig fürbaß, fiel auf die Erde
und betete, daß, so es möglich wäre, die Stunde vorüberginge,
und sprach: Abba, mein Vater, es ist dir alles möglich;
nimm diesen Kelch von mir; doch nicht, was ich will, sondern
was du willst!
Und er kam und fand sie schlafend und sprach zu Petrus:
Simon, schläfst du? Vermochtest du nicht eine Stunde zu
wachen? Wachet und betet, daß ihr nicht in Versuchung fallet!
Der Geist ist willig; aber das Fleisch ist schwach. Und er
ging wieder hin und betete und sprach dieselben Worte.
Und er kam wieder und fand sie abermals schlafend; denn
ihre Augen waren voll Schlafs, und sie wußten nicht, was sie
ihm antworteten. Und er kam zum drittenmal und sprach
zu ihnen: Ach, wollt ihr nun schlafen und ruhen? Es ist
genug; die Stunde ist gekommen. Siehe, des Menschen
Sohn wird überantwortet in der Sünder Hände. Stehet auf,
laßt uns gehen! Siehe, der mich verrät, ist nahe!

Es gehört zum Menschsein, daß wir nicht einfach so in den
Tag hinein leben können, wie es uns gefällt. Sondern wir
werden vor Fragen gestellt, Fragen, die sich nicht ohne
weiteres beantworten lassen. Manchmal geht in unserem
Leben lange alles glatt – und dann auf einmal passiert etwas,
was uns einen Strich durch unsere Rechnung macht. Plötzlich geht es nicht mehr so weiter, wie wir geplant hatten.
Unser Dasein hat einen Stoß bekommen, auf den wir nicht

vorbereitet waren; der hat uns aus der Bahn geworfen, und nun finden wir uns nicht mehr zurecht.

So etwas kann auf die verschiedenste Weise geschehen. Der Grund kann eine schwere Enttäuschung sein, die wir mit einem anderen Menschen erleben. Oder es ist der Verlust eines geliebten Menschen, an den wir all unsere Hoffnungen gehängt hatten. Oder es ist eine schwere Krankheit, die uns betroffen hat. Je tiefgreifender das Ereignis ist, um so schwerer ist das Fragen, das in uns bohrt und das uns nicht zur Ruhe kommen läßt.

An erster Stelle steht da gewiß die Frage nach dem Warum? Warum mußte das gerade mir passieren? Es gibt doch so viele andere Leute. Was habe ich denn verbrochen, daß ich so gestraft werde? Ich bin doch immer ein anständiger Mensch gewesen. Wie kann denn Gott so etwas zulassen? Man hat doch immer von einem »lieben« Gott gehört. Ist es denn nicht eine große Ungerechtigkeit, daß gerade mir so etwas geschieht? So geht das Fragen in uns los – und eigenartigerweise spielt Gott dabei fast immer eine Rolle, auch und besonders dann, wenn sonst nur selten von ihm die Rede gewesen ist. Auf einmal wird er angeklagt und verantwortlich gemacht für das, was uns geschehen ist.

Das ist nur allzu natürlich. Es ist einfach der Ausdruck unsrer Hilflosigkeit. Gott nimmt es uns erstaunlicherweise auch nicht übel, daß wir solche Anklagen gegen ihn vorbringen. Er reagiert nicht etwa damit, daß er uns unsere Sünden vorhält und sagt: »Seht ihr wohl, wie es euch geht, wenn ihr mir nicht gehorcht und nicht auf mich hört.« Sondern er tut etwas gänzlich Unerwartetes: Er steigt von seinem Thron herab, begibt sich in unsere armselige Menschengestalt, um uns ganz nahe zu sein und unser Menschenlos mit uns zu teilen. Er weiß, daß unsere Anklage oft die erste Frage ist, die wir überhaupt an ihn stellen, das erste Zeichen dafür, daß er für uns nicht nur ein mehr oder weniger verschwommener Begriff ist, sondern daß wir ihn ernsthaft nötig haben. Und erst wenn wir ihn nötig haben, können wir ihn begreifen. Erst dann hat es Sinn, daß er uns nahe kommt. Solange die harte Schale, mit der der Mensch sich umgibt, um alle Störungen abzuwehren, noch nicht angeschlagen ist, gibt es keinen Zugang zu ihm. Erst das schwere Erleben bricht den Panzer und schafft die Möglichkeit, Gott einzulassen. Aber auch jetzt dringt Gott nicht mit Gewalt ein, sondern überläßt dem Menschen die freie Entscheidung. Er bietet sich ihm an als einer, der ihn wirklich verstehen kann, weil er selbst Mensch geworden ist.

In welche Not und Einsamkeit er sich für uns begeben hat, das erfahren wir aus der Passionsgeschichte. In seiner schwersten Stunde, als sich sein Schicksal entscheidet, wird Jesus von seinen engsten Freunden allein gelassen. Obgleich er es ihnen immer wieder sagt und sie beschwört, ob sie denn nicht eine Stunde mit ihm wach bleiben können, begreifen sie nichts und verfallen immer wieder in tiefen Schlaf. Es geht ihm so, wie es auch uns gehen kann, wenn wir in tiefe Not geraten: Wir sind von Menschen umgeben, aber keiner ist dabei, der ein Gespür dafür hat, der merkt, was mit uns los ist, der sich in unsere Lage hineinversetzen kann, mit dem man sich aussprechen kann. Ihm ist nichts erspart geblieben. Er hat alles, was uns Menschen an Schwerem widerfahren kann, an seinem eigenen Leibe durchgemacht. Keiner Not, keinem Schmerz, ja selbst dem Tode ist er nicht ausgewichen. – Damit aber hat er die Schranke durchbrochen, die uns Menschen von Gott trennt. Er ist uns vorangegangen auf dem Wege des Glaubens, der auch unserem Leben einen Sinn gibt, auch und gerade dann, wenn wir leiden müssen.

Wenn wir auf ihn und sein Wort hören und ihm nachfolgen, bekommen wir Antwort auf unsere Fragen. Wir begreifen dann nämlich, daß wir im Grunde nicht die Fragenden sind, sondern die Gefragten: Gott stellt uns in Frage, weil er Antwort von uns haben will, Antwort nicht nur mit Worten, sondern mit unserem ganzen Sein. Er will uns einen neuen Maßstab für unser Leben geben. Wir sollen nicht mehr vom Zufall abhängig sein, nicht mehr von dem, was wir Glück oder Unglück nennen, sondern wir sollen uns durch ihn bestimmen lassen, uns ihm ganz anvertrauen und gewiß sein, daß er uns den richtigen Weg führt – dorthin, wo wir Gottes Herrlichkeit schauen. Denn so wie er vom Tode auferstanden ist, so sollen auch wir an dem neuen Leben teilhaben, nicht erst, wenn unsere Lebenszeit zu Ende ist, sondern heute schon, wenn wir uns ihm in die Hand geben.

Sieg über den Tod

2. TIMOTHEUS 1, 10

Jesus Christus hat dem Tode die Macht genommen und das Leben und ein unvergängliches Wesen an das Licht gebracht.

Dieses Wort sagt nicht, daß der Christ keine Angst vor dem Tode hätte oder zu haben brauchte. Das wäre ganz widersinnig und würde auch nicht den Tatsachen entsprechen. Auch für den Christen ist der Tod etwas gänzlich Unfaßbares. Auch für ihn gilt der Satz, mit dem Rainer Maria Rilke eines seiner Gedichte beginnt:

»Er wußte nur vom Tod, was alle wissen –
daß er uns nimmt und in das Stumme stößt.«

Im Gegenteil, der Christ ist ein Mensch, der dazu aufgerufen ist, den Tod ganz besonders ernst zu nehmen und ihm nichts von seiner Größe abzustreichen. Er darf und soll sich erschüttern lassen von der Gewalt des Todes, von der Unabänderlichkeit, die er mit sich bringt. Er soll es sich klarmachen, wie sehr er dieser Macht unterworfen ist, er selbst und die Menschen, die er liebt und an denen er hängt. Er soll sich berühren lassen von der Unbegreiflichkeit dessen, was da geschieht, wenn er einen Menschen sterben sieht. Das memento mori (bedenke, daß du sterben mußt) ist ja gerade zu uns Christen gesagt, damit wir nicht überheblich werden, wenn es uns zu gut geht, sondern uns beugen unter die Grenzen, die uns gesetzt sind, und uns klarmachen, daß wir einmal Rechenschaft ablegen müssen für das, was wir in unserem Leben getan und gesagt haben.

Diese Macht also hat Jesus Christus dem Tode durchaus zugestanden, ja er hat sich selbst darunter gebeugt. Er hat dem Tode nichts, aber auch gar nichts von seiner Macht abgestrichen. Er hat aber auch etwas ganz anderes getan: Er hat uns gezeigt, daß der Tod nicht das Letzte, Endgültige ist, nicht die Macht, die den Schlußstrich ziehen darf, sondern daß es etwas gibt, was noch größer ist, nämlich Gottes Gnade.

Durch sein Leben und Sterben hat er gewissermaßen ein Loch geschlagen in diese undurchdringliche Wand, die da vor uns steht, und durch dieses Loch scheint ein Licht hindurch, das wir jetzt schon, zu unseren Lebzeiten, erkennen können. Zwar oft nur sehr klein und schwach und mit Angst, daß es wieder verlöschen könnte. Aber es erlischt nicht, und je mehr wir darauf sehen, weil wir es brauchen, um so heller und heller wird es und beginnt schließlich alles das zu überstrahlen, was an Angst und Zweifel und Finsternis angesichts des Todes in uns steckt.

Das darf ich sagen als ein Mensch, der es so erlebt hat, der jetzt zwar, genau wie jeder andere Mensch, mit Zweifeln und Ungewißheit zu ringen hat, der aber weiß, wohin er sich zu wenden hat, wenn es wirklich ernst wird und die Macht des Todes über ihn Gewalt gewinnen und ihn unfähig machen will, noch irgendwo etwas Helles, Positives, Tröstendes zu sehen und zu tun. Jesus Christus hat die Endgültigkeit des Todes gebrochen. Er ruft uns auf, den Menschen das zu sagen und sie zuversichtlich zu machen, nicht erst in der Stunde ihres Todes – da natürlich erst recht–, sondern heute schon, hier und überall da, wo Menschen in Gefahr sind, vor dieser Endgültigkeit die Waffen zu strecken.

Der Auferstandene

JOHANNES 20, 17

Gehe aber hin zu meinen Brüdern und sage ihnen:
Ich fahre auf zu meinem Vater und zu eurem Vater,
zu meinem Gott und zu eurem Gott.

Maria Magdalena, eine der Treuesten aus der Umgebung Jesu, eine Frau, der durch die Begegnung mit ihm ein neues Leben geschenkt worden ist, steht auch hier wieder im Mittelpunkt des Heilsgeschehens. So wie sie Jesus zu seinen Lebzeiten versorgt hat, wie sie bei seinem Sterben am Kreuz zugegen war, wie sie sich um seinen Leichnam bemüht hat, bevor man ihn ins Grab legte, so ist sie jetzt vor Tagesanbruch schon wieder zur Stelle, um nach dem Rechten zu sehen. Sie kommt zum Friedhof und muß mit Entsetzen feststellen, daß das Grab leer ist. Sie ist ganz verzweifelt und fängt an zu weinen, weil sie den Kontakt zu dem geliebten Toten, den sie bisher aufrechterhalten hat, nun verloren hat. In dem offenen Grab sieht sie zwei helle Gestalten sitzen, die fragen sie, warum sie weine. Sie klagt ihnen ihr Leid: »Sie haben meinen toten Herrn weggeholt, und ich weiß nicht, wo sie ihn hingebracht haben.«

Gleich darauf sieht sie im Halbdunkel eine andere Gestalt, einen Mann, der sie ebenfalls fragt, warum sie so traurig sei. Sie hält ihn für den Friedhofsgärtner und erklärt ihm, weshalb sie gekommen sei. »Wenn du ihn weggebracht hast, sage mir, wo du ihn hingelegt hast.« Da hört sie sich plötzlich bei ihrem Namen gerufen, in einer Weise, die ihr bis ins Letzte vertraut ist. »Maria!« Da weiß sie, daß es Jesus ist, läuft auf ihn zu und will ihn begrüßen. Er aber weist sie ab: »Rühre mich nicht an, ich bin noch nicht aufgefahren zu meinem Vater. Aber gehe zu meinen Brüdern und sage ihnen, daß ich auferstanden bin und im Begriff, zu Gott zu gehen, zu meinem und zu eurem Gott.«

So wird die Frau von der Straße gewürdigt, der erste Mensch zu sein, der den auferstandenen Christus gesehen hat und der die Aussage machen darf, an deren Wahrheit der Glaube der gesamten Christenheit auf Erden hängt: »Der Herr ist auferstanden!«

Auferstehung – was ist das eigentlich und wie geht es vor sich? Jesus hat zwar immer wieder davon gesprochen, daß er am dritten Tage nach seinem Tode auferstehen würde. Aber seine Begleiter hatten noch keine Vorstellung, was damit gemeint sei. Nun erlebt es jeder von ihnen auf eine besondere Weise – und wir erleben es mit ihnen. Die Auferstehung geht anders vor sich, als wir uns das vorgestellt haben mögen. Alle Berichte stimmen darin überein, Jesus sei von seinen Freunden zunächst nicht erkannt worden. Nach Maria Magdalena ist er noch vielen anderen erschienen, er ist neben ihnen hergegangen, hat mit ihnen gesprochen, sie nach manchem gefragt – und doch haben sie ihn erst erkannt, wenn er etwas sagte oder tat, was sie in den drei Jahren ihres gemeinsamen Weges von ihm gewohnt waren. Zum Beispiel wurde er von zweien unter ihnen daran erkannt, wie er das Brot brach, als sie nach einem langen Gespräch mit ihm, das sie im Gehen geführt hatten, mit ihm zu Tische saßen. Jesus ist also nicht in der gleichen Gestalt auferstanden, in der er gelebt hat, gestorben und ins Grab gelegt worden ist, sondern er hat von Gott eine neue Gestalt erhalten, einen geistlichen Leib, wie es der Apostel Paulus nennt – im Gegensatz zu dem natürlichen Leib, den er in seinem irdischen Dasein getragen hat. In diesem neuen Leib ist er unangreifbar, den bösen Mächten nicht mehr zugänglich. Er lebt nun in einer neuen Dimension, in der der Tod keine Macht mehr über ihn hat. Nichts von all dem, was ihn vorher beschwert und bis ans Kreuz gebracht hat, kann ihn mehr aufhalten, keine verschlossenen Türen und keine natürlichen Grenzen. Er ist, wie geschrieben steht, vom Tode zum Leben hindurchgedrungen.

Nun steht es ihm frei, sich seinen Freunden und Begleitern zu zeigen und sie zu stärken für den Kampf, den sie in seinem Auftrag in der Welt zu führen haben werden. Denn erst jetzt sind sie in der Lage, zu verstehen, was er gemeint hat, wenn er zu ihnen von seiner Auferstehung gesprochen hat. Jetzt können sie es weitersagen und allen Menschen die Gewißheit geben, daß der Tod nicht das letzte Wort über sie hat, sondern zurückweichen muß überall da, wo Jesus Christus als der Herr des Lebens in Erscheinung tritt und verkündet wird. Jesus will auch uns das »ewige Leben« geben, diesen Zustand, in dem alles von uns genommen ist, was uns beschwert, niederdrückt und in Frage stellt, und alles erhalten geblieben ist, was unsere Persönlichkeit ausmacht und womit wir einander zu erkennen geben können. Sollte das nicht Grund genug sein auch für uns, einzustimmen in den Ruf der Maria Magdalena: »Der Herr ist auferstanden, er ist wahrhaftig auferstanden!«

Die Emmaus-Jünger

LUKAS 24, 13–31

*Und siehe, zwei von ihnen gingen an demselben Tage in
einen Ort, der lag von Jerusalem bei zwei Stunden Wegs;
des Name heißt Emmaus. Und sie redeten miteinander von
allen diesen Geschichten. Und es geschah, da sie so redeten
und besprachen sich miteinander, da nahte sich Jesus selbst
und ging mit ihnen. Aber ihre Augen wurden gehalten, daß
sie ihn nicht erkannten.*

*Er sprach aber zu ihnen: Was sind das für Reden, die
ihr zwischen euch handelt unterwegs? Da blieben sie traurig
stehen. Und der eine, mit Namen Kleophas, antwortete und
sprach zu ihm: Bist du allein unter den Fremdlingen zu
Jerusalem, der nicht wisse, was in diesen Tagen darin
geschehen ist? Und er sprach zu ihnen: Was denn? Sie aber
sprachen zu ihm: Das von Jesus von Nazareth, welcher war
ein Prophet, mächtig von Taten und Worten vor Gott und
allem Volk; wie ihn unsre Hohenpriester und Obersten
überantwortet haben zur Verdammnis des Todes und gekreu-
zigt. Wir aber hofften, er sei es, der Israel erlösen würde.
Und über das alles ist heute der dritte Tag, daß solches
geschehen ist. Auch haben uns erschreckt etliche Frauen
aus unsrer Mitte; die sind frühe bei dem Grabe gewesen,
haben seinen Leib nicht gefunden, kommen und sagen,
sie haben eine Erscheinung von Engeln gesehen, welche sagen,
er lebe. Und etliche unter uns gingen hin zum Grabe und
fanden's so, wie die Frauen sagten; aber ihn sahen sie nicht.
Und er sprach zu ihnen: O ihr Toren und trägen Herzens,
zu glauben alle dem, was die Propheten geredet haben! Mußte
nicht Christus solches leiden und zu seiner Herrlichkeit
eingehen? Und fing an bei Mose und allen Propheten und
legte ihnen in der ganzen Schrift aus, was darin von ihm
gesagt war. Und sie kamen nahe zu dem Orte, da sie*

hingingen. Und er stellte sich, als wollte er weitergehen.
Und sie nötigten ihn und sprachen: Bleibe bei uns; denn es
will Abend werden, und der Tag hat sich geneigt. Und er
ging hinein, bei ihnen zu bleiben. Und es geschah, da er mit
ihnen zu Tische saß, nahm er das Brot, dankte, brach's
und gab's ihnen. Da wurden ihre Augen geöffnet, und sie
erkannten ihn. Und er verschwand vor ihnen.

Jesus stellte sich, als wolle er weitergehen. Das ist der
entscheidende Augenblick im Leben dieser beiden Jünger
auf dem Weg nach Emmaus. Dieser Augenblick kommt
einmal im Leben eines jeden Menschen, der sich von Jesus
ein Stück weit auf seinem Wege hat begleiten lassen. Einmal
kommt der Augenblick, wo Jesus stehenbleibt und uns die
Entscheidung überläßt, ob wir ihn bitten wollen, bei uns zu
bleiben, oder ob wir allein weitergehen wollen. Wer diesen
Augenblick erlebt und sich fürs Bleiben entschieden hat,
der denkt an ihn zurück mit unendlichem Dankgefühl. Er
sieht Jesus vor sich stehen als einen, der mit klopfendem
Herzen auf unsere Entscheidung wartet. Wie steht es mit
dir, du Menschenkind? Ist es nur ein oberflächliches Interesse geblieben, was du für mich empfindest? Bin ich dir
nichts anderes als einer von den vielen, denen du aus Neugier oder aus Pflichtgefühl dein Ohr geliehen hast und die
dann wieder aus deinem Gesichtskreis entschwunden sind?
Wird es dir schwer, wenn ich fortgehe? Bist du schon so tief
angerührt, daß du Unannehmlichkeiten in Kauf nehmen
würdest, um mich bei dir zu halten? Das muß ich jetzt
wissen, sagt Jesus. Denn der Zeitpunkt ist gekommen, wo
ich dir nicht mehr ein stiller, unverbindlicher Begleiter sein
kann.

Es ist soweit, daß ich mich dir in meiner Herrlichkeit
offenbaren und dir ganz andere Dinge zeigen möchte, als du
sie bisher gesehen hast. Dazu brauche ich dein rückhaltlo-

ses Ja, und es könnte sein, daß du dafür vieles andere, woran du hängst, aufgeben mußt. Aber wenn du dich für mich entscheidest, will ich immer bei dir bleiben, nicht mehr nur als Lehrer und Berater, sondern als Herr über dein Leben, der dich durch alle Nöte und Gefahren, in denen sonst keiner helfen kann, selbst durch den Tod hindurchträgt zum ewigen Leben.

Noch einmal: Wer sich von Jesus Christus begleiten läßt, kann nicht neutral bleiben. Einmal kommt der Augenblick, wo er gefragt wird: Willst du den einen Weg zum Leben gehen, oder willst du dir noch andere Wege offenhalten? Wenn du dich für das zweite entscheidest, was das Bequemere ist, dann kann es sein, daß Jesus dir nie wieder begegnet. Darum wollen auch wir uns heute von Jesus rufen lassen: »Folget mir nach! Denn wer mir nachfolgt, der wird nicht in der Finsternis bleiben, sondern er wird das Licht des Lebens haben.«

Aus der Botschaft der ersten Christen

Himmelfahrt

APOSTELGESCHICHTE 1, 9–12

Und da er solches gesagt, ward er aufgehoben zusehends, und eine Wolke nahm ihn auf vor ihren Augen weg. Und als sie ihm nachsahen, wie er gen Himmel fuhr, siehe, da standen bei ihnen zwei Männer in weißen Kleidern, welche auch sagten: Ihr Männer von Galiläa, was stehet ihr und sehet gen Himmel? Dieser Jesus, welcher von euch ist aufgenommen gen Himmel, wird kommen, wie ihr ihn gesehen habt gen Himmel fahren. Da wandten sie um gen Jerusalem von dem Berge, der da heißt der Ölberg, welcher ist nahe bei Jerusalem und liegt einen Sabbatweg davon.

Himmelfahrt ist ein Tag, mit dem wir innerlich immer so wenig anzufangen wissen und der darum allmählich zu einem rein weltlichen Feiertag geworden zu sein scheint. Man wünscht sich dazu besonders schönes Wetter, und für die Gaststätten an den Straßen ist es einer der besten Geschäftstage im Jahr. Es ist eigentlich ein großes Armutszeugnis, das wir uns selber ausstellen, wenn wir den Himmelfahrtstag nicht anders zu begehen wissen als durch einen Ausflug und wenn wir bei schlechtem Wetter ihn mehr oder weniger als einen verlorenen Tag ansehen. Wir beweisen damit nämlich nichts anderes, als daß wir trostlose Heiden sind und keine Ahnung von dem haben, was dieser Tag für die Christenheit bedeutet.

Die Himmelfahrt Christi ist ein entscheidender Wendepunkt sowohl für die Jünger, die leiblich mit Jesus zusammengelebt haben, wie auch für jeden gläubigen Menschen, dem der Gottessohn durch die Kraft des Heiligen Geistes in seinem Leben begegnet ist. Es ist nämlich der Augenblick, in dem für die Jünger das persönliche Geführtwerden durch den Heiland aufhört und in dem auch an den gläubigen

Menschen unserer Tage die Frage gerichtet wird, ob er weiterhin nur ein Mitläufer oder Nachläufer sein kann, ob er sich immer noch an andere halten kann, die ihm den Weg weisen, oder ob nicht der Augenblick seiner Selbständigkeit als Christ gekommen sei. Dabei ist es nicht wichtig, ob wir eine Vorstellung davon haben, wie diese Himmelfahrt Jesu eigentlich praktisch vor sich gegangen ist. Wenn solche Fragen an uns gestellt werden, dann brauchen wir nicht verlegen zu stottern oder irgend etwas zusammenzufaseln, was wir selber nicht glauben, sondern nur zu erklären, daß es gänzlich gleichgültig sei, auf welche Weise die Himmelfahrt geschehen sei und daß es nur auf die Tatsache ankomme. Jesus ist von diesem Augenblick an nicht mehr leiblich sichtbar und faßbar bei seinen Jüngern, und sie haben sich nun ganz gewaltig umzustellen, wenn sie das bleiben wollen, was sie sind. Diese Notwendigkeit wird deutlich in dem wichtigsten Satz aus dem Himmelfahrtsbericht: »Ihr Männer von Galiläa! Was steht ihr hier und sehet gen Himmel? Dieser Jesus, der von euch weggenommen ist in den Himmel, wird wiederkommen, wie ihr ihn gesehen habt gen Himmel fahren.«

»Was steht ihr und seht gen Himmel?« Das ist die Frage, die am Ende des Himmelfahrtstages nicht nur an die Jünger, sondern auch an jeden einzelnen Christen unserer Tage gestellt wird. Es geht darum, die Verbindung zu finden zwischen dem, was wir hören und dem wir uns zuwenden, wenn wir in die Kirche gehen oder uns zur Andacht versammeln, und der Praxis unseres Lebens. Es gilt zu begreifen, daß Anbetung und Christsein eben nicht allein darin bestehen, daß wir von Zeit zu Zeit zum Himmel aufsehen – und glücklich schätzen kann sich der Mensch, der in solchen Augenblicken auch wirklich so gesammelt und frei ist, daß er etwas empfängt –, sondern es gehört dazu und ist der Sinn unserer Anbetung und unseres Hörens, daß wir das

Empfangene auch in die Tat umsetzen, daß wir danach leben, auch wenn sich alle möglichen Hindernisse dem entgegenstellen; daß wir uns mitverantwortlich wissen für das, was unter uns geschieht, im kleinen zunächst und im großen. Wir können uns nicht heraushalten aus diesem Geschehen, ohne uns schuldig zu machen und unser Christsein zu verleugnen. Zehn Tage hatten die Jünger nach Himmelfahrt noch zu warten, bis ihnen ihre neue große Aufgabe gegeben wurde, eine sehr kurze Zeit, die ihnen aber sicher unendlich lang vorkam und die mit Zweifeln und großen inneren Schwierigkeiten erfüllt war. Aber in der Rückschau wird diese Zeit vor Pfingsten später sicher als eine ganz besonders wichtige in Erinnerung geblieben sein, eine Zeit, in der sie auf ihren Glauben wirklich geprüft worden sind und die Probe bestanden haben. Möchte auch uns der Himmelfahrtstag ein Tag sein, der uns zu größerer Selbständigkeit als Christen in der Welt verhelfen will.

Das Wirken des Heiligen Geistes

APOSTELGESCHICHTE 3, 1–10

Petrus aber und Johannes gingen miteinander hinauf in den Tempel um die neunte Stunde, da man pflegt zu beten. Und es war ein Mann, lahm von Mutterleibe, der ließ sich tragen; und sie setzten ihn täglich vor des Tempels Tür, die da heißt »die schöne«, daß er bettelte das Almosen von denen, die in den Tempel gingen. Da er nun sah Petrus und Johannes, daß sie wollten zum Tempel hineingehen, bat er sie um ein Almosen.
Petrus aber sah ihn an mit Johannes und sprach: Sieh uns an! Und er sah sie an, wartete, daß er etwas von ihnen

empfange. Petrus aber sprach: Silber und Gold habe ich nicht; was ich aber habe, das gebe ich dir: Im Namen Jesu Christi von Nazareth stehe auf und wandle! Und griff ihn bei der rechten Hand und richtete ihn auf. Alsobald standen seine Schenkel und Knöchel fest; er sprang auf, konnte gehen und stehen und ging mit ihnen in den Tempel, wandelte und sprang und lobte Gott.

Und es sah ihn alles Volk wandeln und Gott loben. Sie kannten ihn auch, daß er's war, der um das Almosen gesessen hatte vor der schönen Tür des Tempels; und sie wurden voll Wunderns und Entsetzens über das, was ihm widerfahren war.

Seit Pfingsten hat der Heilige Geist sein Wirken in der Welt an Menschen und durch Menschen begonnen, und, wie wir sehen, nicht nur dadurch, daß er Menschen geistig überzeugt, sondern er erneuert sie auch körperlich und macht sie leiblich gesund. Hier hören wir von einer solchen Einzelbegegnung. Petrus und Johannes gehen zum Tempel, um anzubeten. Da sitzt am Eingang ein Mann, der seit Jahren gelähmt ist. Er läßt sich jeden Tag dort hintragen, weil er, wahrscheinlich zu Recht, annimmt, daß die Menschen dort am ehesten bereit sind, ihm etwas zu geben. Als die Apostel erscheinen, streckt er auch ihnen seine Hand hin, gewohnheitsmäßig, ohne zu ihnen aufzusehen. Was er erwartet, sind bestenfalls ein paar Pfennige. Petrus und Johannes bleiben stehen.

»Sieh uns an!« fordern sie ihn auf. Was sollte wohl an ihnen zu sehen sein? Und doch – es gibt nichts, was die innere Verfassung eines Menschen so kennzeichnet wie sein Blick, der Ausdruck seines Gesichts. Wir kennen alle diesen stumpfen, müden Alltagsblick, diesen gleichgültigen Ausdruck, den wir gewöhnlich haben und dem wir begegnen, wenn wir an unser Tagewerk gehen, ein Blick, aus dem nur allzu deutlich spricht, daß wir von diesem Tage und voneinander gar nichts anderes erwarten, als was wir schon gewohnt sind. So kennen wir auch den neugierigen, hungrigen Blick von Menschen, die etwas erwarten, was sie auf die Dauer doch nur enttäuschen und demütigen kann. Wie atmen wir auf, wenn wir einem Blick begegnen, der etwas ausstrahlt, eine Kraft weitergibt! »Sieh uns an!« Die Jünger sagen es ganz bewußt. Der Gelähmte soll etwas zu spüren bekommen von der Kraft, die in ihnen wohnt und aus ihnen wirkt und die sie ihm mit Worten nicht erklären können. Der Geist, der aus ihnen andere Menschen gemacht hat, der muß auch ihm helfen können. »Im Auftrage Jesu Christi sagen wir dir: Steh auf.« Und er stand auf und war gesund.

Weihnachten und Ostern – das sind Ereignisse, die einmal geschehen sind, ein für allemal. Aber das, was zu Pfingsten geschah, daß Menschen mit der Kraft des Heiligen Geistes erfüllt werden und in die Welt hinaus wirken, das wiederholt sich immer neu und geschieht auch zu unserer Zeit. Auch heute ereignet es sich, daß Menschen unter der Wirkung des Heiligen Geistes nicht nur geistig, sondern auch körperlich gesund werden dadurch, daß sie eine Hoffnung fassen, die sie bis dahin nicht gekannt haben, daß sie Sinn und Ziel in ihrem Leben erkennen, nämlich Gott zu loben und zu preisen. Wir wollen Gott bitten, daß er auch uns seinen Geist geben möge, damit wir auch in unserem Leben den Sinn erkennen und das Ziel ins Auge fassen können und von innen heraus gesund werden.

Das Leben der Gemeinde

*In den Tagen aber, da der Jünger viele wurden, erhob sich
ein Murmeln unter den Griechen wider die Hebräer, darum
daß ihre Witwen übersehen wurden in der täglichen Hand-
reichung. Da riefen die Zwölf die Menge der Jünger
zusammen und sprachen: Es taugt nicht, daß wir das Wort
Gottes unterlassen und zu Tische dienen. Darum, ihr lieben
Brüder, sehet unter euch nach sieben Männern, die ein gut
Gerücht haben und voll heiligen Geistes und Weisheit sind,
welche wir bestellen mögen zu dieser Notdurft. Wir aber
wollen anhalten am Gebet und am Amt des Worts.
Und die Rede gefiel der ganzen Menge wohl; und sie
erwählten Stephanus, einen Mann voll Glaubens und
heiligen Geistes, und Philippus und Prochorus und Nikanor
und Timon und Parmenas und Nikolaus, den Judengenossen
von Antiochien. Diese stellten sie vor die Apostel und beteten
und legten die Hände auf sie. Und das Wort Gottes nahm
zu, und die Zahl der Jünger ward sehr groß zu Jerusalem.
Es wurden auch viele Priester dem Glauben gehorsam.*

Was wir hier erleben, ist sozusagen der Anfang einer kirchli-
chen Organisation. Die Gemeinde ist so stark angewachsen,
daß bereits Spannungen und Unzufriedenheit darin auftreten. Es werden Unterschiede gemacht zwischen den einzelnen Menschengruppen, wie sie nicht sein sollten zwischen
Brüdern und Schwestern, und die Verkündigung des Wortes Gottes, das Predigen, kommt zu kurz, weil die zwölf
Jünger sich plötzlich noch um lauter andere Dinge kümmern müssen, die mit ihrer eigentlichen Aufgabe nichts
mehr zu tun haben. Deshalb fassen sie den Entschluß, eine
Reihe von Männern aus der Gemeinde auszuwählen, die
für diese Dienste bereit und geeignet sind. Die sollen dafür

sorgen, daß jeder zu seinem Recht kommt. Die Apostel selbst aber sollen frei bleiben zur Verkündigung des Wortes an die ständig anwachsende Gemeinde und die noch Außenstehenden. Was für Männer das sind, die da gewählt werden, das sehen wir an einem von ihnen, der Stephanus heißt. Was wir von diesem Mann in den folgenden Kapiteln der Apostelgeschichte hören werden, zeigt uns, daß er jemand ist, der in geistlicher Beziehung mit den Aposteln in jeder Weise gleichzusetzen ist. Er ist nicht nur tüchtig, die geschäftlichen Dinge in der Gemeinde zu verwalten, sondern er kann auch Rede und Antwort stehen, wenn es gilt, den Menschen zu sagen, was es eigentlich mit dem Christsein auf sich hat. Er ist in theologischen Dingen so sicher, daß keiner von den Gegnern der Gemeinde ihn in seiner Rede zu widerlegen vermag. An ihm sehen wir das in der Vollendung, was später mit dem allgemeinen Priestertum aller Gläubigen bezeichnet wird. Für das Leben der Gemeinde sind solche Personen genauso wichtig wie die Geistlichen selbst.

Es geht hier in diesem Bericht, so können wir sagen, um die Mündigkeit des einzelnen Gemeindegliedes. Die Pfarrer sind dazu da, das Wort zu verkünden. Das heißt aber nicht, daß die anderen darin zurückstehen sollen. Die Gabe der freien Rede ist zwar eine seltene, und wenige von uns haben sie von Gott erhalten. Aber es gibt auch unter uns keinen, der nicht in der Lage sein sollte, sein Christsein, wenn es darauf ankommt, zu bekennen und unter Beweis zu stellen, sei es durch sein Reden oder sein Handeln oder durch beides zusammen. Die Gemeinde findet ihren Sinn nicht darin, daß sie dem Pfarrer nachläuft. Sie besteht nicht aus Führer und Gefolgschaft, sondern Christus ist ihr Herr, und nur um der Ordnung willen müssen die einzelnen Ämter innerhalb der großen Gefolgschaft Jesu Christi verteilt werden, nicht aber um der Wichtigkeit oder Bedeutung des einzelnen willen. Alle miteinander können aber beten:

Herr, wir danken dir, daß du deine Gemeinde bis zum heutigen Tage hast leben und wachsen lassen. Wir bitten dich, nimm unser Leben auch heute zu deinem Dienst und Zeugnis an, dir zum Lobe und zur Erfüllung unseres Daseins.

Aus Saulus wird Paulus

APOSTELGESCHICHTE 9, 1–9

Saulus aber schnaubte noch mit Drohen und Morden wider die Jünger des Herrn und ging zum Hohenpriester und bat ihn um Briefe gen Damaskus an die Schulen, auf daß, so er etliche dieses Weges fände, Männer und Weiber, er sie gebunden führte gen Jerusalem.

Und da er auf dem Wege war und nahe an Damaskus kam, umleuchtete ihn plötzlich ein Licht vom Himmel; und er fiel auf die Erde und hörte eine Stimme, die sprach zu ihm: Saul, Saul, was verfolgst du mich? Er aber sprach: Herr, wer bist du? Der Herr sprach: Ich bin Jesus, den du verfolgst. Es wird dir schwer werden, wider den Stachel zu löcken. Und er sprach mit Zittern und Zagen: Herr, was willst du, daß ich tun soll? Der Herr sprach zu ihm: Stehe auf und gehe in die Stadt; da wird man dir sagen, was du tun sollst.

Die Männer aber, die seine Gefährten waren, standen und waren erstarrt; denn sie hörten die Stimme und sahen niemand. Saulus aber richtete sich auf von der Erde; und als er seine Augen auftat, sah er niemand. Sie nahmen ihn aber bei der Hand und führten ihn gen Damaskus; und er war drei Tage nicht sehend und aß nicht und trank nicht.

218

Saulus wird auf eine merkwürdige Art vorbereitet zu dem, was er später sein wird, nämlich zu dem machtvollsten Vorkämpfer für das Evangelium von Jesus Christus. Saulus, der später den Namen Paulus erhält, steht zunächst auf der Gegenseite, und zwar in einer Weise, die ihn in Schuld fallen läßt. Keiner hat es mit der Verfolgung der Christen so ernst gemeint wie er. War er doch ein tief religiöser Mensch und sah die Gefahr, die der jüdischen Welt- und Gottesanschauung vom Christentum her drohte, mit aller Deutlichkeit. Man kann wohl sagen, daß er die Christen – soweit das ohne Christus möglich ist – genau kannte und wirklich wußte, weshalb er sie verfolgte. Nur den Herrn der Christen kannte er eben noch nicht, aber den lernt er durch das Erlebnis, das wir eben gelesen haben, kennen.

Die Leute, die mit ihm auf dem Wege nach Damaskus sind, haben keine Ahnung von dem, was vor sich geht, als Paulus kurz vor dem Ziel plötzlich stillsteht, niederfällt und, als er sich langsam wieder aufrichtet, blind ist, so daß sie ihn führen müssen. Sie können nicht ahnen, daß Jesus ihm begegnet ist. Denn die Begegnung vollzieht sich nicht in der Weise, daß Jesus plötzlich wie ein Geist auftaucht, so daß alle ihn sehen können, und dann wieder verschwindet. Sondern die wirkliche Begegnung eines Menschen mit Christus vollzieht sich im Verborgenen. Sie kann zwar heftige Reaktionen auslösen wie hier im Falle des Saulus, der hinfällt und vorübergehend erblindet – ein Ereignis, das dem Arzt als Symptom für eine schwere seelische Erschütterung wohlbekannt ist –; was jedoch wirklich dahintersteht, können die Mitmenschen nicht erkennen.

Dem Betroffenen selbst begegnet Jesus aber immer ganz persönlich, das heißt so, daß er keinen Augenblick zu zweifeln braucht, wer er ist, der ihm da plötzlich gegenübersteht, sondern sofort erkennt: Dies ist Christus, der ist stärker als du, der will von nun an dein Herr sein.

Das Erlebnis, durch das aus einem Saulus ein Paulus wurde, ist gewiß nichts Einmaliges in der Geschichte der Christenheit, wenn es auch vielleicht bei keinem späteren Menschen so dramatisch zugegangen ist wie hier. Die Begegnung mit Christus vollzieht sich vielmehr auch heute auf eine Art, wie sie der Mensch am allerwenigsten erwartet. Der Herr kommt zu uns auf Wegen, die uns verborgen sind. Er reißt alle Hindernisse ein, die wir ihm in den Weg zu stellen vermögen. Er ist der Herr und kein anderer. Das sollen wir aus dieser Geschichte lernen.

Hinein in den Strom der Menschen

<small>APOSTELGESCHICHTE 13, 47</small>

Denn so hat uns der Herr geboten: Ich habe dich zum Licht der Heiden gesetzt, daß du das Heil seist bis an die Enden der Erde.

Jesus, das Licht der Heiden, das ist eine Aussage, die dazu angetan ist, uns innerlich und äußerlich in Bewegung zu bringen. Denn wenn Jesus zu den Heiden geht, können wir, die wir uns zu den Christen zählen, nicht ruhig sitzen bleiben. Es könnte sonst sein, daß wir ihn aus den Augen verlieren. Wir müssen uns aufmachen und ihm nachgehen.

Zu den Heiden – das heißt nicht etwa außer Landes, zu irgendeinem unmündigen Volk, sondern es heißt: mitten hinein in den Strom der Menschen, unter denen wir leben und von denen wir uns bisher vielleicht ferngehalten haben. Diese neue Kontaktaufnahme aber kann es notwendig machen, daß wir manches von dem, was uns lieb geworden ist und an das wir uns gewöhnt haben, hinter uns lassen. Daß wir uns lösen aus der Geborgenheit unserer christlichen Sitten und Gebräuche, daß wir unsere Vorstellungen von einem christlichen, gottgefälligen Leben revidieren. Denn wo die Heiden sind, da haben unsere Formen und Maßstäbe keine Gültigkeit. Auch unsere Sprache muß sich wandeln, wenn sie von ihnen verstanden werden soll. Denn die Begriffe, in denen wir zu reden gewohnt sind, bedeuten ihnen nichts, und unsere Worte geben ihnen die Handhabe, uns in ein frommes Getto abzuschieben.

Jesus aber will mitten in ihr Leben hinein. Er ist nicht einer von vielen Religionsstiftern, sondern das Licht der Welt. Darum müssen wir achtgeben, daß unsere Schatten seinen Weg nicht verdunkeln. Christus spricht jeden Menschen in seiner Sprache an. Er gebe auch uns einen Schein von seinem Licht und seiner Liebe, damit man uns versteht, wenn wir von ihm Zeugnis ablegen.

Befreiung im Gefängnis

APOSTELGESCHICHTE 16, 25–31

Um die Mitternacht aber beteten Paulus und Silas und lobten Gott. Und es hörten sie die Gefangenen. Schnell aber ward ein großes Erdbeben, also daß sich bewegten die Grundfesten des Gefängnisses. Und von Stund an wurden alle Türen aufgetan und aller Bande los.
Als aber der Kerkermeister aus dem Schlafe fuhr und sah die Türen des Gefängnisses aufgetan, zog er das Schwert und wollte sich selbst erwürgen; denn er meinte, die Gefangenen wären entflohen. Paulus aber rief laut und sprach: Tu dir nichts Übles; denn wir sind alle hier! Er forderte aber ein Licht und sprang hinein und ward zitternd und fiel Pau-

221

lus und Silas zu den Füßen und führte sie heraus und
sprach: Liebe Herren, was soll ich tun, daß ich selig werde?
Sie sprachen: Glaube an den Herrn Jesus Christus, so wirst
du und dein Haus selig!

Dieser kurze Bericht schildert in eindrucksvoller Weise, wie
ein Mensch zum Glauben an Christus kommt. Wir wollen
uns fragen, weswegen der Kerkermeister so reagiert, wie da
beschrieben ist. Wie kommt es, daß er plötzlich anfängt zu
zittern, daß er den beiden gefangenen Männern – Paulus
und Silas – zu Füßen fällt und ihnen die für sein Leben
entscheidende Frage stellt: »Was soll ich tun, daß ich selig
werde?« Woher weiß er, daß diese beiden für die Antwort
zuständig sind?

Der Grund ist sicher nicht das Erdbeben, das die Mauern
des Gefängnisses eingerissen hat, so daß die Gefangenen
hätten fliehen können. Paulus und Silas haben zwar die
ganze Nacht gebetet, aber sicher nicht um ein Erdbeben.
Nein, was den Gefängnisaufseher erschüttert, ist etwas anderes. Gewiß hat er es noch nie erlebt, daß Gefangene eine
solche Gelegenheit, sich zu befreien, nicht ausgenutzt hätten. Und nicht nur die beiden Genannten – alle Gefängnisin-
sassen sind an ihrem Platz geblieben, zusammengehalten
offenbar durch das Gebet, das sie miteinander angehört
hatten. Dieses Band ist so stark, daß es ihnen im Augenblick
wichtiger ist als ihre eigene Befreiung aus dem Gefängnis.
Und warum sind sie am Platz geblieben? Weil sie dabei an
ihn, den Kerkermeister, gedacht haben und verhindern wollten, daß er sich etwas Böses antäte. Er, der für sie alle doch
nur der Inbegriff des Schreckens sein konnte, dessen Selbstmord allen doch nur erwünscht sein konnte. Daß sie, als das
Erdbeben kam, zuerst an ihn gedacht haben, ist für ihn
schlechthin unfaßlich. Eine solche Freiheit von sich selbst
können Menschen nur von Gott haben.

»Tu dir nichts Böses, wir sind ja alle hier.« Können wir uns vorstellen, wie dieser Zuruf den Kerkermeister erschüttert hat? Vielleicht hat auch er das nächtliche Gebet der beiden mit angehört. Vielleicht ist ihm auch bekannt, weswegen sie ins Gefängnis gebracht worden sind. Das allein hat ihn nicht überzeugen können. Aber nun erlebt er in unmißverständlicher Weise den Geist, aus dem die beiden sprechen und handeln. An sich selbst erlebt er die Praxis dessen, was sie predigen. Das sind Menschen, die sich durch ihn nicht schrecken lassen, die sich auch im Gefängnis zu Hause fühlen. Was er hier erlebt, erschüttert ihn bis in die Tiefe seines totgeglaubten Herzens, so daß er nur noch das eine fragen kann: »Was muß ich tun, damit auch ich die Seligkeit erlange?« Darauf aber gibt es nur die eine Antwort: »Glaube an den Herrn Jesus Christus, so wirst du mit deinem ganzen Hause selig.«

Alles Reden von Christus, so klug und schön es auch klingen mag, ist leer, wenn nicht der ganze Mensch dahintersteht, der bereit ist, die Wahrheit der Botschaft von der Erlösung mit seinem Leben unter Beweis zu stellen. Wenn nicht deutlich wird, daß ein Erlöster spricht, dann sind alle Worte Schall und Rauch. Das Erlöstsein aber ist eine Freiheit, die wir uns nicht selber nehmen können. Wir können es nur im Glauben fassen, daß wir frei sind, auch wenn noch so viel Not und Sorge und Unfreiheit uns umgeben und festhalten. Gott allein kann geben, was er hier durch Paulus und Silas dem Kerkermeister schenkt. Er möge auch uns nicht ausweichen lassen, sondern uns auf unserem Posten festhalten, wenn es gilt, einen Menschen die Wahrheit erkennen zu lassen.

Gerechtigkeit, die vor Gott gilt

RÖMER 5, 1–5

*Nun wir denn sind gerecht geworden durch den Glauben, so
haben wir Frieden mit Gott durch unseren Herrn Jesus
Christus, durch welchen wir im Glauben den Zugang haben
zu dieser Gnade, darin wir stehen, und rühmen uns der
Hoffnung der zukünftigen Herrlichkeit, die Gott geben wird.
Nicht allein aber das, sondern wir rühmen uns auch der
Trübsale, weil wir wissen, daß Trübsal Geduld bringt; Geduld
aber bringt Erfahrung; Erfahrung aber bringt Hoffnung;
Hoffnung aber läßt nicht zuschanden werden, denn die Liebe
Gottes ist ausgegossen in unser Herz durch den heiligen
Geist, welcher uns gegeben ist.*

Die Gerechtigkeit, die vor Gott gilt, ist das Hauptthema des
Briefes, den der Apostel Paulus an die christliche Gemeinde
in Rom schreibt. Es geht ihm dabei nicht um komplizierte
theologische Betrachtungen, wie es uns erscheinen mag,
sondern um geistliche Hilfe für Menschen, die bestimmte
Vorstellungen von Gott haben und dadurch in Konflikte
geraten sind. Denn zu einem Wissen um Gott gehört un-
trennbar die Erkenntnis der Sünde, das heißt die Einsicht,
daß eine Kluft zwischen Gott und Mensch besteht, die sich
vom Menschen aus nicht überbrücken läßt. Und diese Einsicht kann zu einer großen Not werden.

Um dieser Not zu begegnen, schreibt Paulus den Römern
von seinen eigenen Erfahrungen. Er will ihnen begreiflich
machen, daß allein der Glaube an Jesus Christus als den
Sohn Gottes dieses Problem zu lösen vermag. Durch ihn
werden sie den ersehnten Frieden mit Gott finden. Damit
sie aber diesen Frieden nicht falsch verstehen, ihn etwa als
eine Lebensversicherung gegen Ängste, Traurigkeiten und
Zweifel betrachten, spricht Paulus im gleichen Atemzug

von den dunklen Seiten des Lebens, von den schweren Dingen, von der Trübsal, die keinem lebendigen Menschen erspart bleibt, am allerwenigsten dem, der etwas von Gott weiß. Diese Nöte, diese Trübsal verschwinden nicht, sondern erhalten einen anderen Akzent. Sie überfallen den Menschen nicht mehr wie ein blindes Schicksal, sie tragen nicht mehr den Charakter des rein Zufälligen, sondern auch sie kommen von Gott und verfolgen einen bestimmten Zweck. Sie dienen dazu, den Menschen zu festigen, in ihm Eigenschaften zu entwickeln und zu fördern, auf die es Gott besonders ankommt. Es sind Eigenschaften, die dem Menschen nicht von der Natur in die Wiege gelegt werden, sondern die er sich erst erringen muß.

Als erste dieser Eigenschaften ist hier die Geduld genannt, das Wartenkönnen, das Wissen darum, wie anders Gottes Wege sind als unsere Wege und daß diese Wege besser und sicherer zum Ziel führen als alle Wege, die wir uns ausdenken könnten. Aus diesem Wartenkönnen erwächst als zweite Konsequenz die Erfahrung. Das ist die Weisheit dessen, der Gottes Wege bejaht und sich ihnen anvertraut. Er sieht auf diesen Wegen Dinge, die andere nicht sehen. Er erhält Augen für die Not der Menschen und für die Möglichkeiten, ihnen zu helfen, und gewinnt dadurch Abstand von sich selbst und seiner eigenen Not. Diese Erfahrung aber hat zur Folge eine weitere Kraft, nämlich die Hoffnung. Hoffnung ist das, was den Menschen am Leben erhält und ihn fähig macht, den Blick nach vorn zu richten auf das Ziel hin, das ihm zugesagt ist. Wer Hoffnung hat, der läßt sich nicht so leicht irritieren und ablenken durch die wechselvollen Ereignisse der Zeit, in die er hineingestellt ist. Er weiß, daß es seine Aufgabe ist, sich darin zu bewähren.

Gott schenke auch uns, wenn er uns Trübsal schickt, das Wartenkönnen, das uns reif machen will für die Hoffnung auf sein ewiges Reich, an dem wir teilhaben sollen.

Das Ziel vor Augen

1. KORINTHER 9, 24–27

Wisset ihr nicht, daß die, so in den Schranken laufen, die laufen alle, aber einer erlangt das Kleinod? Laufet nun also, daß ihr's ergreifet! Ein jeglicher aber, der da kämpft, enthält sich alles Dinges; jene also, daß sie eine vergängliche Krone empfangen, wir aber eine unvergängliche.
Ich laufe aber also, nicht als aufs Ungewisse; ich fechte also, nicht als der in die Luft streicht; sondern ich betäube meinen Leib und zähme ihn, daß ich nicht den andern predige und selbst verwerflich werde.

In einer Zeit wie der heutigen, wo der Leistungssport eine so große Rolle spielt, verstehen wir das Wort, das der Apostel Paulus seiner Gemeinde in Korinth zuruft, ohne weiteres. Er vergleicht sein Leben mit dem eines Sportlers, dessen ganzes Streben darauf gerichtet ist, beim Wettkampf den ersten Preis zu erringen. Bei den Läufern geht es da oft um Bruchteile von Sekunden, die sie ihren Rivalen vor"aushaben müssen, um zu gewinnen, und um dieser Bruchteile willen muß das ganze Leben einer strengen Ordnung unterworfen werden. Da kann man es sich nicht leisten, kritiklos in den Tag hinein zu leben, seinen Neigungen nachzugehen, zu essen, was einem Spaß macht, über den Durst zu trinken, die Trainingsstunden zu versäumen und vieles andere mehr. Das ist gewiß nicht leicht. Aber wenn dadurch der Sieg in erreichbare Nähe gerückt werden kann, nimmt man solche Verzichte gern in Kauf.

Ähnliche Regeln gelten – so schreibt Paulus – auch für mich, der ich das ewige Leben in Christus als Ziel vor mir habe. Ich kann mir viele Dinge nicht leisten, die für meine Mitmenschen zu den Selbstverständlichkeiten ihres Lebens gehören. Ich werde von allen Seiten beobachtet und muß jederzeit darauf gefaßt sein, wegen meines Redens und Handelns zur Rechenschaft gezogen zu werden. Ich muß es sehr genau nehmen mit dem, was ich sage und tue. Denn ich darf den Menschen nicht etwas predigen, was ich selbst nicht zu halten bereit bin. Ich muß, soweit das möglich ist, auch körperlich auf der Höhe bleiben, um den Strapazen, die mein Dienst am Evangelium mir zugedacht hat, gewachsen zu sein. So geht es allen, die sich zum gleichen Dienst berufen wissen. Sie müssen kämpfen, als ob sie sich in einem Wettstreit befänden, bei dem nur einer den Sieg erringen kann.

Wir fragen, ob der Apostel seinen Vergleich des Christen mit dem Leistungssportler nicht etwas zu weit getrieben hat. Sieht das nicht so aus, als hätte der Mensch die Möglichkeit, das Reich Gottes durch eigene Kraft und Leistung für sich zu erobern? Steht das nicht im Gegensatz zu einer anderen Aussage des Paulus, die er im neunten Kapitel des Briefes an die Römer macht und die zu dem Wichtigsten gehört, was er uns überhaupt zu sagen hat? Dort heißt es: »So liegt es denn nicht an jemandes Wollen oder Laufen, sondern an Gottes Erbarmen.« Wir finden in der Bibel eine ganze Reihe solcher scheinbarer Widersprüche, je nachdem, von welcher Seite wir an ihre Aussagen herankommen. Das ist noch lange kein Grund, sie etwa für unglaubwürdig zu halten. Vielmehr sind dies Zeichen ihrer Aktualität und Lebensnähe und Beweise dafür, daß sie kein starres Gesetzbuch ist, das uns ein bestimmtes Verhalten vorschreiben will. Wichtig für uns ist jedenfalls, daß wir uns mit diesen Widersprüchen auseinandersetzen. Dann werden wir entdecken, daß sie sich keineswegs gegenseitig ausschließen, sondern daß wir sie nebeneinander stehen lassen dürfen, weil beide Aussagen aus dem gleichen göttlichen Geist hervorgegangen sind.

Gott rechnet anders als wir

2. Korinther 5, 10

Wir müssen alle offenbar werden vor dem Richtstuhl Christi,
auf daß ein jeglicher empfange, nach dem er gehandelt hat
bei Leibesleben, es sei gut oder böse.

Es ist nicht gleichgültig, wie wir leben. Einmal kommt der
Tag, da wird über jeden von uns das Urteil gesprochen. Da
kommt es heraus, was unser Leben wert war. Da wird
darüber entschieden, was weiter aus uns wird, ob wir die
Herrlichkeit Gottes schauen oder in der Finsternis bleiben
werden.

Der Apostel Paulus ist nicht der einzige, der uns das sagt.
Jesus Christus selbst prägt es uns ein mit Hilfe eines Bildes,
das niemand wieder vergessen kann, der es einmal zu Gesicht bekommen hat: das Bild vom Jüngsten Gericht. Da
tritt er selbst als Richter der Welt in Erscheinung, und sein
Urteil über uns gilt. Was geht in uns vor, wenn wir dieses
Bild, das so oft von Künstlern dargestellt worden ist, auf uns
wirken lassen? Können wir es ertragen? Können wir ihm
standhalten, ohne uns gegen seine Herausforderung abzu-
schirmen? Versuchen wir nicht sogleich, sie abzuschwä-
chen und zu sagen: »So schlimm wird es schon nicht sein«?
Fangen wir nicht sofort an zu rechnen, zu sagen: »Es gibt so
viele schlechte Menschen auf der Welt, da wird ein Mensch
wie ich doch wohl noch einigermaßen mit durchschlüpfen«?

Aber ist das der Sinn des Bildes vom Jüngsten Gericht,
daß wir es mit unseren kleinen, armseligen Gedanken aus-
einandernehmen? Sollten wir es nicht lieber so stehen lassen, wie es steht, und uns dadurch in die Anbetung führen
lassen, die einzige Haltung, die vor Gott sinnvoll ist? Noch
ist es ja nicht soweit. Noch leben wir, noch können wir
hören. Noch haben wir Einfluß auf das Urteil, das über uns

gefällt wird. Gott rechnet anders als wir. Er macht keine Qualitätsunterschiede. Von ihm sind wir, solange wir leben, niemals endgültig abgeschrieben. Das sagt uns das Gleichnis vom verlorenen und wiedergefundenen Sohn, das sagt uns der Schächer am Kreuz. Und wenn uns die Bibel solche Beispiele vor Augen führt wie die Geschichte vom reichen Mann und armen Lazarus oder von den fünf klugen und den fünf unklugen Brautjungfern, so will sie uns damit nicht etwa nur Angst einjagen, sondern sie will uns klarmachen, daß wir noch Möglichkeiten haben, daß uns noch Wege offenstehen, Wege zur Sinnesänderung, zur Umkehr, zur Versöhnung mit Menschen, zur Wiedergutmachung – ja, auch zur Wiedergutmachung.

Wir begehen jedes Jahr den sogenannten Volkstrauertag. Dabei bleibt die Frage offen, was wir darunter verstehen. Trauern wir mit dem Volk oder um das Volk? Fühlen wir Deutschen uns noch als ein Volk, das stark genug ist, gemeinsam zu trauern? Oder trauern wir dem Verlorenen nur nach, jeder für sich auf seine Art? Mit anderen Worten: Führt die Trauer uns zusammen oder auseinander? Wie dem auch sei – der Ort, an dem getrauert wird, das sind unsere Gräber, die Gräber derer, die für das Volk ihr Leben gelassen haben. Ihrer sind Millionen, und dazu gehören weitere Millionen, die kein Grab gefunden haben. Es ist hier nicht der Ort, nach dem Sinn oder Unsinn ihres Sterbens zu fragen. Gott kennt sie alle und weiß, daß der Schmerz um sie noch in zahllosen Herzen brennt, in den Herzen der Mütter, der Bräute, der Schwestern, der Brüder. Sie wollen wir fragen nach den Tiefen des Leides, die sie durchschritten haben, nach den Erfahrungen, die sie dabei gemacht haben, mit sich selbst und mit ihren Mitmenschen. Sie sollen uns sagen, was ihnen geholfen hat, die Not zu überstehen und neue Hoffnung zu fassen. Von ihnen wollen wir lernen, wie man die Freiheit gewinnt, Liebe, die einem besonderen Menschen gegolten hat, nicht in sich zu verschließen, sondern sie ausstrahlen zu lassen auf andere, die danach hungern.

Ob Volk oder nicht Volk – Liebe ist das, was uns am meisten fehlt. Ohne sie bleiben wir in unseren Ängsten gefangen. Sie allein öffnet uns den Weg in die Zukunft und gibt uns die Freudigkeit, die wir brauchen, um leben zu können – bis hin zu dem Augenblick, wo auch über uns und alle, die wir geliebt haben, das Urteil gesprochen wird. Christus hat unserem armen Leben Sinn und Ziel gesetzt und es dadurch reich gemacht. Laßt uns darauf vertrauen, daß sein Richterstuhl in Wirklichkeit ein Gnadenstuhl ist.

Lasset euch versöhnen mit Gott

2. KORINTHER 5, 19–21

Denn Gott war in Christo und versöhnte die Welt mit ihm selber und rechnete ihnen ihre Sünden nicht zu und hat unter uns aufgerichtet das Wort von der Versöhnung.
So sind wir nun Botschafter an Christi Statt, denn Gott vermahnt durch uns; so bitten wir nun an Christi Statt: Lasset euch versöhnen mit Gott!
Denn er hat den, der von keiner Sünde wußte, für uns zur Sünde gemacht, auf daß wir würden in ihm die Gerechtigkeit, die vor Gott gilt.

Wenn zwei Menschen sich miteinander versöhnen, so bedeutet das, sie beseitigen etwas, was sie voneinander trennt. Handelt es sich um zwei Gleichgestellte, die beide im Recht sind, so kommt die Versöhnung dadurch zustande, daß jeder dem anderen entgegenkommt und sie sich in der

Mitte begegnen. So etwas nennen wir einen Vergleich, einen Kompromiß, das heißt einen Vertrag, bei dem die Persönlichkeit jedes der beiden Partner unangetastet bleibt. Handelt es sich aber um zwei Menschen, bei denen der eine dem anderen gegenüber im Unrecht ist, dann sieht die Versöhnung anders aus: Der eine muß bereit sein, zu geben, der andere kann nur annehmen. Dazu müssen sich beide aus dem Bereich des Rechts und der Berechnung herausbegeben und eine Ebene betreten, die man die eigentlich menschliche nennen kann. Das heißt: Beide müssen sich selbst überwinden und ihren Standpunkt preisgeben, um der Liebe willen. Der eine indem er gibt, der andere indem er annimmt. Dabei ist das Annehmen meistens das Schwerere, weil dadurch eine persönliche Bindung entsteht, eine Bindung, die nicht wieder zu lösen ist, weil sie ihre Wurzeln im Menschlichen hat. Eine Schranke ist fortgenommen worden und kann nicht wieder aufgerichtet werden. Vor solchen Bindungen scheut man normalerweise zurück, man möchte seine Reserven nicht preisgeben, man möchte den Schein wahren.

Von dieser zweiten Art ist die Aussöhnung mit Gott, von der der Apostel spricht. Sie ist nicht denkbar, ohne daß dadurch eine innere Bindung, ein nicht mehr lösbares Abhängigkeitsverhältnis entsteht. Denn auch hier ist die Aussöhnung einseitig: Mit Gott kann der Mensch keinen Vergleich schließen, ihm gegenüber nichts »wiedergutmachen«. Wer das versucht, gerät immer mehr in die Gottesferne. Gott ist immer nur der Gebende, der Mensch der Empfangende.

Nun kommt die Botschaft an uns Menschen, an dich und an mich: Gott will dir alles schenken, du brauchst es nur anzunehmen. Seinen Sohn gibt er dir. Du Mensch bist ihm das wert. Nur durch dies Opfer kann die Trennung aufgehoben werden. Gott hat seinen Standpunkt geändert: Er will dich haben – nun nimm seine Liebe an. Wer hört diesen Ruf? Wen belastet die Trennung so stark, wem ist die Versöhnung so wichtig, daß er bereit ist, das große Opfer anzunehmen? Wird die Bindung nicht eine zu starke sein? Wir wissen es nicht. Vielleicht sind aber auch unter uns Menschen, die sich bedingungslos Gott in die Arme werfen würden, wenn ihr Leben dadurch wieder neu würde. Ihnen gilt dieser Ruf: Laß dich versöhnen, nimm das Opfer Jesu Christi an. Und wenn dein Leben auch ganz umgekrempelt wird – laß getrost das Alte hinter dir und fange heute das Neue an.

Keine Verfälschung des Evangeliums

GALATER 1, 6–10

Mich wundert, daß ihr euch so bald abwenden lasset von dem, der euch berufen hat in die Gnade Christi, zu einem anderen Evangelium, obwohl es doch kein anderes gibt; nur daß etliche da sind, die euch verwirren und wollen das Evangelium Christi verkehren. Aber wenn auch wir oder ein Engel vom Himmel euch würde Evangelium predigen anders, als wir euch gepredigt haben, der sei verflucht. Wie wir eben gesagt haben, so sage ich abermals: Wenn jemand euch Evangelium predigt anders, als ihr es empfangen habt, der sei verflucht. Predige ich denn jetzt Menschen oder Gott zu Gefallen? Oder gedenke ich, Menschen gefällig zu sein? Wenn ich den Menschen noch gefällig wäre, so wäre ich Christi Knecht nicht.

Die Gefahren, die dem christlichen Glauben von innen her drohen, zeigen sich schon bei den ersten Gemeinden. Gegen die wahrscheinlich größte und geläufigste wendet sich der Apostel hier in seinem Brief an die Galater. Die Gemeinde in Galatien ist auf dem Wege, das Evangelium von Christus zu verdrehen und den Menschen mundgerecht zu machen. Wir würden heute sagen: Sie ist im Begriff, aus der frohen Botschaft eine Weltanschauung zu machen, also ein von Menschen erdachtes geistiges System, das man gedanklich begründen und erweitern kann, das den Menschen einleuchtet oder das man ihnen notfalls aufzwingen kann. Eine Weltanschauung richtet sich ausschließlich an den Verstand des Menschen und versucht, sich ihm anzupassen. Das Evangelium dagegen ergreift den ganzen Menschen von innen her und läßt ihn die Kraft Gottes spüren. Auch wenn er davon zunächst so gut wie nichts begreift, so versucht er doch, sein ganzes Wesen, auch seinen Verstand, von dieser Kraft bestimmen und formen zu lassen. Deshalb kann man das Evangelium auch niemandem aufzwingen, auch wenn das immer wieder und mit scheinbarem Erfolg versucht worden ist. Was aufgezwungen wird, erweist sich als Schein und Irrtum, sobald eine andere neue Lehre dagegen aufsteht.

Auch bei uns ist die Kirche Christi, die evangelische wie die katholische, ständig in Gefahr, zur Weltanschauung zu werden und den Menschen in allen Dingen Meinungen vermitteln zu wollen. Sie zeigt immer wieder die Neigung, die Menschen von außen zu beeinflussen, statt sie von innen her anzusprechen – beides läßt sich nicht miteinander kombinieren. Diese fatale Neigung kommt aus einer Schwäche des Glaubens. Wir trauen es Gott nicht zu, daß er den Menschen ergreift und nach seinem Willen formt, und meinen, wir müßten auf unsere Weise nachhelfen, damit das Ziel schneller erreicht wird.

Gegen solche Auswüchse wendet sich der Apostel Paulus in seinem Brief an die Galater. Das Evangelium kann nur verkündet und vorgelebt werden; und es gilt, darauf zu vertrauen, daß Menschen dadurch überwältigt und angesteckt werden. Alle anderen Versuche sind zum Scheitern verurteilt; man wird damit bestenfalls ein Scheinchristentum anerziehen, das keiner Belastungsprobe standhält, nie aber den wahren Glauben vermitteln.

Des Christen Mündigkeit

GALATER 4, 1–7

Ich sage aber, solange der Erbe unmündig ist, ist zwischen ihm und einem Knechte kein Unterschied, ob er wohl ein Herr ist aller Güter, sondern er ist unter den Vormündern und Pflegern bis auf die Zeit, die der Vater bestimmt hat.
So auch wir: als wir unmündig waren, waren wir in der Knechtschaft der Elemente der Welt. Als aber die Zeit erfüllet ward, sandte Gott seinen Sohn, geboren von einem Weibe und unter das Gesetz getan, auf daß er die, so unter dem Gesetz waren, erlöste, damit wir die Kindschaft empfingen.
Weil ihr denn Kinder seid, hat Gott gesandt den Geist seines Sohnes in unsre Herzen, der schreit: Abba, lieber Vater!
So bist du nicht mehr Knecht, sondern Kind; wenn aber Kind, dann auch Erbe durch Gott.

Durch die Geburt Jesu wird der Mensch mündig, das ist die Quintessenz dieses Bibelwortes. Bis dahin standen die Menschen unter dem Zwang des Gesetzes; nun sind sie frei davon geworden. Paulus braucht zur Erklärung einen sehr einleuchtenden Vergleich: Der Mensch, der einen Besitz

234

erben soll, einen Hof oder ein größeres Unternehmen, hat, solange er noch nicht selbständig ist, nicht mehr Rechte als irgendein Angestellter des Betriebes, sondern ist in dessen Ordnung eingefügt. Erst wenn der Eigentümer es bestimmt, tritt er in seine Rechte ein. So ist der Mensch normalerweise in seinem Verhältnis zu Gott vom Gesetz abhängig, also von den Zehn Geboten. Das heißt auf deutsch: Wenn er gestohlen hat, ist er ein Dieb, wenn er gelogen hat, ein Lügner, wenn er als dritter in eine Ehe eingedrungen ist, ein Ehebrecher, wenn er jemand angeschwärzt hat, ein Verleumder oder Verräter und bleibt es auch. Es kann natürlich sein, daß ihn das gar nicht belastet. Je weniger er von Gott weiß, um so gleichgültiger wird es ihm sein. Trotzdem bleibt die Tatsache als solche bestehen, und das einmal Geschehene kann noch nach Jahren oder Jahrzehnten plötzlich belastend werden. Dann ist da auf einmal eine Wand, die nicht wegzuschieben ist, ein Druck, der sich nicht aufheben läßt. Unter diesem Zwang leiden zahllose Menschen, auch solche, die uns auslachen würden, wenn wir sie darauf ansprächen. Es bleibt ihnen eigentlich nichts anderes übrig, als zu resignieren. Der Mensch gewöhnt sich ja an alles, an Krankheit, Gefangenschaft, Unterdrückung, Bosheit – warum nicht auch an die eigene Sündhaftigkeit? Auch im schlimmsten Elend schafft er sich immer noch Raum zum Leben und für seine kleinen Freuden, mit denen er sich über seine wahre Situation hinwegtröstet. Etwas aber findet er nicht mehr: die große unbefangene Freude am Leben, die Freiheit zum Handeln, wie Kinder sie haben.

Diese große Gabe der Unbefangenheit, der Fähigkeit, ganz neu ans Leben heranzugehen, kann ein Mensch sich nicht wieder nehmen, wenn er sie einmal verloren hat. Oder er müßte in den Leib seiner Mutter zurückkehren und von neuem geboren werden, wie Nikodemus es in seinem Gespräch mit Jesus ausdrückt. Da er das nicht kann, bleibt er eben belastet mit seiner Schuld, also, wie es hier heißt, »unter das Gesetz getan«.

Die meisten Menschen würden jetzt wahrscheinlich sagen: Das ist doch nun einmal so, und man muß sich damit abfinden. Nein! sage ich, damit muß man sich nicht abfinden. Wer das noch denkt, hat Weihnachten umsonst gefeiert. Gott hat dadurch, daß er selbst Mensch wurde, diese unsere Zwangslage ihm gegenüber aufgehoben. Er hat sich selbst in unseren Zustand begeben, um uns aus dessen Zwängen zu befreien. Es ist ein Irrtum, wenn wir darin beharren. Wir sind mündig geworden, wir dürfen teilhaben am Erbe Gottes, hier auf Erden schon. Es ist von ungeheurer Bedeutung, zu wissen, daß der Mensch tatsächlich von neuem geboren werden kann, daß es die Möglichkeit gibt, das Alte abzuwerfen wie eine Schale und neu anzufangen so wie einer, der die ersten Schritte tut.

Das ist kein frommes Gerede und keine religiöse Spekulation, sondern ein handfester, realer und kontrollierbarer Vorgang, der dem Menschen, der ihn erfährt, so bewußt wird wie vielleicht sonst nichts in seinem Leben. Gesegnet ist der Mensch, der die befreiende Kraft des Evangeliums auf solche Weise erfährt. Möge es immer seine größte Freude sein, es anderen weiterzusagen.

Einer trage des anderen Last

GALATER 6, 1–5

Liebe Brüder, wenn ein Mensch etwa von einem Fehl übereilt würde, so helfet ihm wieder zurecht mit sanftmütigem Geist, ihr, die ihr geistlich seid; und siehe auf dich selbst, daß du nicht auch versucht werdest.

Einer trage des anderen Last, so werdet ihr das Gesetz Christi erfüllen. Denn wenn sich jemand läßt dünken, er sei etwas, obwohl er doch nichts ist, der betrügt sich selbst. Ein jeglicher aber prüfe sein eigen Werk; und alsdann wird er an sich selbst den Ruhm haben und nicht an einem andern. Denn ein jeglicher wird seine Last tragen.

Bodelschwingh hat einmal gesagt: »Jede fremde Last, die ich auf mein Herz nehme, macht die eigene Last leichter.« Mit diesen Worten wird das, was Paulus hier sagt, noch von einer anderen Seite beleuchtet und damit besonders unterstrichen und einprägsam gemacht. »Einer trage des andern Last.« Das ist nicht nur eine Ermahnung und Anweisung im moralischen Sinn, sondern diese Anweisung trägt eine Verheißung in sich. Damit unterscheidet sie sich von allen sonstigen Anweisungen, die wir erhalten. Denn Gott fordert nichts von uns, ohne uns sehr viel mehr dafür anzubieten.

Jeder Mensch, dem es einmal geschenkt worden ist, Gott beim Wort zu nehmen und seinem Befehl Folge zu leisten, der kann davon berichten, wie sich diese Konsequenz auf sein ganzes Leben segensreich ausgewirkt hat. Aber in diesem Fall wird es uns doch besonders deutlich, und wir können es nicht nur einmal, sondern immer wieder erfahren, was für eine große Sache das ist, die Last eines anderen Menschen im Namen Jesu Christi auf uns nehmen zu dürfen. Die eigene Last, also das, was uns selbst zu tragen und zu ertragen gegeben ist, wird nämlich dadurch nicht, wie man annehmen sollte, schwerer, sondern leichter. Woran das liegt, dafür könnten wir viele Gründe anführen: etwa die Tatsache, daß wir durch fremdes Leiden von dem eigenen abgelenkt werden, oder daß wir durch das Vertrauen, welches ein anderer Mensch uns schenkt, wenn er uns etwas Schweres anvertraut, innerlich gehoben werden. Aber damit ist nicht alles erklärt, sondern in der Erfüllung jedes Gebotes, das Gott uns gibt, liegt ein Geheimnis, das wir psychologisch nicht erfassen können, sondern das sich uns immer wieder erst dann erschließt, wenn der Schritt getan wird, der zur Erfüllung dieses Gebotes führt.

Vielleicht liegt die Erklärung in der Tatsache, daß wir jedesmal, wo wir Gott gehorchen, unsere eigene Natur überwinden und in ein Reich vorstoßen, das uns normalerweise nicht zugänglich ist, weder in Gedanken noch in Wirklichkeit, ein Reich, in dem andere Gesetze gelten als in unserer Welt und in dem wir das sichere Gefühl haben: Es ist eine ganz besondere Gnade, die uns hier hat Zutritt finden lassen. Es ist ein Reich, in dem auch das andere, was Paulus hier bezeichnet, plötzlich von uns abfällt, nämlich der sehr störende und oft niederziehende Gedanke, wir seien etwas Besonderes oder müßten etwas Besonderes vorstellen. In Gottes Reich schmelzen die Abstände, die Menschen voneinander trennen, zu einem Nichts zusammen. Da hört alles Theaterspielen und alle falsche Autorität auf, da darf der Mensch endlich einmal so sein, wie er wirklich ist, ohne seine Würde damit aufs Spiel zu setzen. Da kann er wirklich das sein, wozu er geschaffen ist, nämlich ein Kind Gottes.

Alte Grenzen fallen

EPHESER 2, 11–18

Darum gedenket daran, daß ihr, die ihr weiland nach dem Fleisch Heiden gewesen seid und die Unbeschnittenen genannt wurdet von denen, die genannt sind die Beschneidung nach dem Fleisch, die mit der Hand geschieht, daß ihr zu derselben Zeit waret ohne Christum, fremd und außer der Bürgerschaft Israels und fremd den Testamenten der Verheißung; daher ihr keine Hoffnung hattet und waret ohne Gott in der Welt.

Nun aber seid ihr, die ihr in Christo Jesu seid und weiland ferne gewesen, nahe geworden durch das Blut Christi. Denn er ist unser Friede, der aus beiden eines hat gemacht und hat abgebrochen den Zaun, der dazwischen war, indem er durch sein Fleisch wegnahm die Feindschaft, nämlich das Gesetz, so in Geboten gestellt war, auf daß er aus zweien einen neuen Menschen in ihm selber schüfe und Frieden machte, und daß er beide versöhnte mit Gott in einem Leibe durch das Kreuz und hat die Feindschaft getötet durch sich selbst.

Und er ist gekommen, hat verkündigt im Evangelium den Frieden euch, die ihr ferne waret, und denen, die nahe waren; denn durch ihn haben wir den Zugang alle beide in einem Geiste zum Vater.

Paulus behandelt hier ein zu seiner Zeit sehr aktuelles und aufregendes Thema, nämlich die Aufhebung des Unterschiedes zwischen Juden und Heiden durch das Evangelium von Christus. Die Juden waren ja bis dahin ein Volk gewesen, das sich von allen anderen grundsätzlich unterschied und auch streng fernhielt, weil es sich als Gottes Volk ansah und auch von anderen Völkern vielfach so gesehen wurde. Israel hatte die Verheißungen Gottes, alle anderen Völker nicht. Es gab also zwei Sorten von Menschen auf der Welt: das von Gott auserwählte Volk der Juden und die von Gott verworfenen Heiden.

Wie bestürzend muß es für die Juden gewesen sein, wie aufregend auch für die Angehörigen anderer Völker, als sich durch die Wirkung des Evangeliums von Christus plötzlich herausstellte, daß dieser Unterschied – jedenfalls von Gott her gesehen – gar nicht mehr bestand! In der Apostelge-schichte wird berichtet, daß die sogenannten Heiden, als ihnen das Evangelium gepredigt wurde, auch den Heiligen Geist empfingen, genau wie die Juden, und daß dies auch die Apostel plötzlich vor eine völlig neue Situation stellte, mit der sie erst einmal innerlich fertig werden mußten, bevor sie sich, wie Paulus hier in seinem Brief an die Epheser, aus ganzem Herzen darüber freuen konnten. Wir spüren es dem Epheserbrief an, welche Freude es dem Paulus macht, den ehemaligen Heiden den großen Sprung in die Nähe Gottes, den sie getan haben, mit allen Konsequenzen zu schildern.

Unsere christliche Kirche ist heute, ähnlich wie damals die Juden, dazu aufgerufen, ihre Mauern und Zäune von innen her zu durchbrechen und die Welt hereinzulassen, nicht mehr Gläubige und Ungläubige als zwei Sorten von Menschen anzusehen, sondern durch Wort und Tat zu verkünden, daß grundsätzlich alle Menschen durch Christus erlöst sind. In den meisten Fällen wissen sie es nur nicht, und deshalb muß alles daran gesetzt werden, daß sie es erfahren: nicht durch Predigen allein, sondern auch dadurch, daß sie mit hineingenommen werden in die Gemeinschaft der Kinder Gottes. Nur da wird heute wirklich Kirche sein können, wo diese Einstellung zur sogenannten Welt auch sichtbar gelebt wird, damit die Kirche wieder so weit wird, wie sie von Gott gedacht ist.

Zieht den neuen Menschen an

Leget von euch ab den alten Menschen mit seinem vorigen Wandel, der durch trügerische Lüste sich verderbt. Erneuert euch aber im Geist eures Gemüts und zieht den neuen Menschen an, der nach Gott geschaffen ist in rechtschaffener Gerechtigkeit und Heiligkeit.
Darum leget die Lüge ab und redet die Wahrheit, ein jeglicher mit seinem Nächsten, weil wir untereinander Glieder sind. Zürnet ihr, so sündiget nicht; lasset die Sonne nicht über eurem Zorn untergehen und gebet nicht Raum dem Lästerer. Wer gestohlen hat, der stehle nicht mehr, sondern arbeite und schaffe mit seinen Händen etwas Gutes, auf daß er habe, zu geben dem Bedürftigen. Lasset kein faul Geschwätz aus eurem Munde gehen, sondern was gut ist und das Nötige fördert, das redet, auf daß es Segen bringe denen, die es hören. Und betrübet nicht den heiligen Geist Gottes, mit dem ihr versiegelt seid auf den Tag der Erlösung.
Alle Bitterkeit und Grimm und Zorn und Geschrei und Lästerung sei ferne von euch samt aller Bosheit. Seid aber miteinander freundlich, herzlich und vergebet einer dem andern, gleichwie Gott euch vergeben hat in Christus.

Leget den alten Menschen ab, ziehet den neuen an – so als ob man ein altes Kleid ausziehen und ein neues anziehen sollte! Ja, lieber Apostel Paulus – so denken wir –, du sagst das so leicht. Du weißt wohl nicht, wie schwer es getan ist. Das klingt ja gerade so, als wäre das Menschsein etwas, was man sich aussuchen und in der Hand haben kann, als hätte der Charakter des Menschen gar nichts zu bedeuten. Dabei merken wir es doch täglich, wie wenig Herr wir über unsere Eigenschaften sind, wie sehr uns unser eigenes Wesen im Wege ist und uns Streiche spielt, wenn wir uns gerade

241

vorgenommen haben, klug und ruhig, ehrlich und anständig zu sein. Es braucht uns nur ein Vorteil zu winken oder ein Nachteil zu drohen, schon sind wir mit einer kleinen Unwahrheit zur Hand; wir brauchen uns nur zu wenig beachtet oder ungerecht behandelt oder übergangen zu fühlen, schon ist Ärger in uns und wirkt sich bei der ersten besten Gelegenheit auch aus. Und wie schwer ist es, wenn man erst einmal drin ist in Unwahrhaftigkeit und Zorn, da wieder herauszufinden! Wir geben so ungern klein bei, besonders nicht, wenn wir uns im Unrecht wissen. Wie gerne würden wir, wenn wir die Sache in Ruhe betrachten, diese ganze Art auf einmal ablegen und solche Menschen sein, wie sie der Apostel Paulus hier beschreibt: wahrhaftig, gütig, ehrlich, nachsichtig, herzlich. Und wie gern wüßten wir immer etwas Nützliches und Erziehliches zu sagen, das unsere Mitmenschen auch hören und annehmen.

Aber ist es nicht so, daß uns gerade dann, wenn es darauf ankommt, nichts Kluges einfällt und daß wir dann aus dieser Armut des Herzens heraus allzugern in allgemeines, unnützes Gerede verfallen und in allen Klatsch und Tratsch mit einstimmen, der gerade im Schwange ist – so daß uns hinterher ganz elend wird wegen der unnützen Zeit, die wieder vertan worden ist! Wir müssen den Apostel Paulus wirklich bitten, uns näher zu erklären, wie er das mit dem alten und dem neuen Menschen gemeint hat. Denn nach allem, was wir von ihm wissen, hat er doch niemals in Illusionen gelebt, weder über sich selbst noch über seine Mitmenschen, besonders auch gerade über seine Mitchristen. Er kennt sie doch, weil er sich selber kennt, und weiß, daß sie alle miteinander schwache und unzureichende Wesen sind, bei denen man sich immer wieder wundern muß, wie Gott auf den Gedanken gekommen ist, ihnen so große, weltbewegende Aufgaben anzuvertrauen, und wie es möglich ist, daß sie sie auch geschafft haben.

Es kommt hier nicht darauf an, daß wir etwas ausprobieren, was wir im Endeffekt doch nicht vollbringen können. Es kommt allein darauf an, daß wir erkennen, wer dieser alte Mensch ist, den wir ausziehen, und wer der neue, den wir anziehen sollen. Der alte, das sind wir, wie wir von Natur sind und trotz aller Bemühungen immer bleiben werden. Und der neue, das ist Jesus Christus. Ohne ihn würden wir den alten gar nicht ausziehen können; denn es bliebe ja dann buchstäblich nichts mehr von uns übrig. Ohne ihn bleibt der Mensch seiner Natur für immer verhaftet, soviel er auch Selbstbeherrschung aufbringen mag. Jesus aber vermag den Menschen über seine Natur hinauszuheben, er kann ihn von dem Zwang befreien, unter dem sein Wesen steht. Deswegen heißt er ja auch »der Erlöser«, weil er das kann und tut. Wenn er nur etwas täte, was auch ohne ihn möglich ist, dann hätte er keine Bedeutung für uns. Er tut es auch nicht etwa deswegen an uns, damit wir besser durchs Leben kommen und weniger Störungen verursachen; sondern damit wir in die Lage versetzt werden, etwas zu tun, was sonst keinem Menschen einfallen würde: nämlich Gottes Anspruch auf die Welt unter den Menschen zu vertreten. Damit wir Gott zu dienen vermögen, tritt Jesus Christus zwischen uns und unsre Natur und macht es möglich, daß Gemeinschaften entstehen, in denen die Menschen so miteinander umgehen, wie der Apostel es hier im Text erläutert. Sie alle gehören zu der einen Gemeinde, deren Glieder sich über alle menschlichen Grenzen hinweg verstehen, weil sie Gott dienen. – Es ist also keine unerfüllbare Forderung, die unser Wort ausspricht, sondern eine Gnadenzusage. Zieht den neue Menschen an – das ist die einzige Bedingung. Laßt Jesus Christus in euer Leben ein, dann wird euch auch das andere, unmöglich Scheinende, gelingen.

Kinder des Lichts

EPHESER 5, 9–14

*Wandelt wie die Kinder des Lichts – die Frucht des Geistes
ist allerlei Gütigkeit und Gerechtigkeit und Wahrheit –, und
prüfet, was da sei wohlgefällig dem Herrn.*
*Und habt nicht Gemeinschaft mit den unfruchtbaren
Werken der Finsternis, strafet sie aber vielmehr. Denn was
heimlich von ihnen geschieht, das ist auch zu sagen
schändlich. Das alles wird aber offenbar, wenn's vom Licht
gestraft wird; denn alles, was offenbar wird, das ist Licht.
Darum heißt es: »Wache auf, der du schläfst, und stehe auf
von den Toten, so wird dich Christus erleuchten.«*

Das Licht ist etwas, von dem im Neuen Testament immer
wieder die Rede ist. Jesus spricht von sich als dem Licht der
Welt, und in der Bergpredigt sagt er zu seinen Jüngern: Ihr
seid das Licht der Welt. Dieser Vergleich wird hier von
Paulus aufgenommen, wenn er die Epheser ermahnt: Wandelt wie die Kinder des Lichts. Er spricht von dem Licht, das
alle Heimlichkeit und Finsternis zerstört und die Dinge, so
wie sie sind, sichtbar macht.

Wandelt wie die Kinder des Lichts! Ist das nicht ein sehr
anspruchsvolles Wort? Tauchen da nicht in unserer Vorstellung gewisse Lichtgestalten auf, Menschen, die bereits so
geläutert sind, daß sie schon fast über dem Boden zu schwe-
ben scheinen, Wesen jedenfalls, mit denen wir uns in keiner
Weise vergleichen können? Und wenn wir weiter hören, in
was für Erscheinungsformen sich dieses Licht äußert, nämlich in Gütigkeit, Gerechtigkeit und Wahrheit, dann erkennen wir noch deutlicher, was für eine Kluft besteht zwischen
dem, was von uns gefordert wird, und der Wirklichkeit
unseres täglichen Lebens.

Wären wir nicht schon glücklich, wenn es uns einen Tag

gelänge, wenigstens freundlich und bestimmt zu sein, uns nicht beirren zu lassen durch die Launen, Temperamente und Verkehrtheiten unserer Mitmenschen und unseres eigenen Wesens, sondern geradeaus zu gehen auf dem Wege, der uns vorgezeichnet ist? Ist es nicht vielmehr so, daß all unsere guten Vorsätze, die wir für den Umgang mit Menschen hegen, immer wieder in Gefahr sind, zusammenzubrechen, sowie der Mensch, mit dem wir es zu tun haben, anders reagiert, als wir gedacht haben? Wie sollen wir bei dieser andauernden Gefährdung eine Überlegenheit gewinnen, die es uns ermöglicht, nicht nur freundlich und bestimmt, sondern darüber hinaus gütig, gerecht und wahrhaftig zu sein?

Aber wir können gewiß sein, daß der Apostel im Auftrag Jesu Christi nichts von uns verlangt, was außerhalb der Wirklichkeit liegt. Die Gemeinde Jesu Christi besteht nun schon fast zweitausend Jahre, und wenn es ihr gelungen ist, sich immer von neuem die Herzen von Menschen in aller Welt zu gewinnen, so verdankt sie das nicht ihren wohltönenden und überzeugenden Reden, sondern der Tatsache, daß in ihrem Umkreis unter den Menschen Güte, Gerechtigkeit und Wahrheit zur Auswirkung gekommen sind. Das sind die wahren Früchte des Heiligen Geistes. Alles andere ist nebensächliches Beiwerk, mag es sich auch noch so christlich gebärden.

Ich habe darüber nachgedacht, was eigentlich die sogenannten Kinder des Lichts für Menschen sind, nicht in der Vorstellung, sondern in der Wirklichkeit. Ich habe diejenigen Kinder des Lichts, denen ich in meinem bisherigen Leben zu begegnen das Glück hatte, an meinem Auge vorbeiziehen lassen und ich habe versucht, sie miteinander zu vergleichen. Ich habe nach gemeinsamen Charaktereigenschaften, Wesenszügen und Anlagen gesucht, um daraus einen Schluß zu ziehen, welche Menschen eigentlich

Kinder des Lichts zu sein vermögen und welche nicht. Und ich muß und darf es mit Freuden sagen: Ich habe nichts gefunden, was ihnen von Natur gemeinsam wäre. Im Gegenteil: Es sind die unterschiedlichsten Menschen, die ich überhaupt kenne, starke und schwache, begabte und unbegabte, harmonische und unharmonische, gleichmäßige und gefährdete, Männer und Frauen jeder Art, lauter Menschen in keiner Weise über dem Boden schwebend, sondern fest auf der Erde stehend und mit allem behaftet, was auch uns das Leben schwermacht. Nur das eine haben sie alle gemein, daß sie eben Kinder sind, Kinder desselben Vaters, nach dem sie sich richten und auf den sie hören und zu dem sie immer wieder hinfinden, auch wenn es mit ihnen einmal ganz danebengegangen ist.

Es sind alles Menschen, bei denen man sehr bald herausspürt, daß sie nicht aus eigener Kraft und Machtvollkommenheit ihr Leben gestalten, sondern daß sie in ständiger Verbindung mit ihrem Vater stehen. Sie sind auch insofern Kinder, als die Welt, in der sie leben, für sie nach allen Seiten hin offen ist, daß sie einen anderen Menschen, der ihnen begegnet, nicht gleich abschätzen und in irgendein Schubfach tun, sondern ihn annehmen als einen, den Gott ihnen geschickt hat und der ihnen vielleicht etwas mitbringt, was sie noch nie gesehen oder gehört haben. In dieser Weise aufgenommen zu werden, das ist das erstaunliche Erlebnis, das wir haben, wenn wir den Kindern des Lichts begegnen. Dieses Erlebnis kann so überwältigend sein, daß wir dann überhaupt nicht mehr nach irgendwelchen Eigenschaften fragen, uns gar nicht mehr überlegen, ob dieser Mensch eigentlich von Natur gütig oder gerecht oder wahrhaftig ist oder ob er es vielleicht in langer Übung gelernt hat, sondern wir erleben einfach in der Begegnung und im Zusammensein mit diesen Menschen die Güte, Gerechtigkeit und Wahrhaftigkeit Gottes wie ein strahlendes Licht.

Wir haben also in dem Licht, im Hellwerden und Klarwerden, ein wesentliches Merkmal des Christseins zu sehen. Dieses Licht können wir uns aber nicht selbst geben, etwa dadurch, daß wir uns bemühen, nicht mehr zu lügen, sondern die Wahrheit zu sagen, nicht mehr ungerecht und betrügerisch zu sein – bei solchem Bemühen erleiden wir meist nur allzuoft Schiffbruch –, sondern dieses Licht ist von Gott ausgegangen und durch Jesus Christus zu uns gekommen. Nur in der Hinwendung zu diesem Licht geschieht es, daß der Mensch selbst davon erleuchtet wird und er wie ein Spiegel das Licht dann zurückwerfen kann auf seine Umwelt und seine Mitmenschen.

Unsere geringe Fähigkeit, ein Licht zu sein, liegt also nicht an unserer mangelnden Willenskraft – mit dem Willen hat das Christsein überhaupt nur wenig zu tun –, sondern daran, daß wir die Lichtquelle zu wenig kennen und ihr zu wenig vertrauen. Wir verlassen uns viel lieber auf alle möglichen anderen Kräfte, auf äußere Umstände und Zufälle, als auf das einzige, was von Zufälligkeiten, menschlichen Meinungen und unseren eigenen Stimmungen frei ist: das Wort Gottes. Die Aufforderung gerade dieses Abschnitts aus dem Epheserbrief ist einfach: das Licht da zu suchen, wo es zu finden ist.

Gerüstet mit Gottes Waffen

EPHESER 6, 10–17

Zuletzt, meine Brüder, seid stark in dem Herrn und in der Macht seiner Stärke. Ziehet an den Harnisch Gottes, daß ihr bestehen könnt gegen die listigen Anläufe des Teufels. Denn wir haben nicht mit Fleisch und Blut zu kämpfen, son-

dern mit Fürsten und Gewaltigen, nämlich mit den Herren
der Welt, die in der Finsternis dieser Welt herrschen, und den
bösen Geistern unter dem Himmel. Um deswillen ergreifet
den Harnisch Gottes, auf daß ihr an dem bösen Tage Wider-
stand tun und alles wohl ausrichten und das Feld behal-
ten möget. So stehet nun, umgürtet an euren Lenden mit
Wahrheit und angezogen mit dem Panzer der Gerechtigkeit
und an den Beinen gestiefelt, als fertig, zu treiben das Evange-
lium des Friedens.
Vor allen Dingen aber ergreifet den Schild des Glaubens,
mit welchem ihr auslöschen könnt alle feurigen Pfeile des
Bösewichtes; und nehmet den Helm des Heils und das
Schwert des Geistes, welches ist das Wort Gottes.

Das Christsein ist kein Zustand, sondern eine Aufgabe. Es
hat keinen Zweck, zu fragen, ob man eigentlich ein Christ ist
oder nicht, solange man von dem Werkzeug, das Gott für
diese Aufgabe bereitgestellt hat, keinen Gebrauch gemacht
hat. Deshalb gibt es auch kein sogenanntes »heimliches«
Christentum, wie fälschlicherweise oft behauptet wird. Jesus hat dafür einen sehr einfachen Vergleich gebraucht: das
Licht, das unter dem Scheffel steht. Ein Christ, von dem
man nichts sieht, ist keiner. Nein, das Christentum kann
man nicht pachten und sich darauf zur Ruhe setzen. Es muß
immer wieder neu errungen, erworben und erbetet sein.

Der wahre Christ ist also der um sein Christsein ringende
Mensch. Ja man kann sagen: Das Wirken Gottes wird einzig
und allein in dem Tun des um sein Christsein ringenden
Menschen sichtbar. Noch einfacher: Gott wirkt durch den
Menschen, der um sein Christsein ringt. Es muß zu einem
Ringen kommen, weil dieses Christsein angefochten wird.
Daran merkt der Mensch überhaupt erst, daß er ein Christ
ist, wenn sein Christentum in Frage gestellt und er in die
Zwangslage versetzt wird, es unter Beweis zu stellen.

Wodurch geschieht das nun? Wer hat Interesse daran, einen Menschen in seinem Christsein anzugreifen und wenn möglich zu Fall zu bringen? In unserem Text sind die Mächte, die sich dem Christen in den Weg stellen, nicht näher bezeichnet; es ist nur gesagt, daß sich hinter allen der Teufel in vielerlei Gestalt verbirgt. Am leichtesten zu erkennen ist er da, wo er sich mit Menschenmacht verbündet und rohe Gewalt anwendet. Am schwersten da, wo er seine Stimme im Inneren des Menschen erhebt und ihm einflüstert, daß seine Arbeit umsonst ist, daß er mit seinem Christsein nichts erreicht, daß die anderen Menschen ihn damit nicht ernst nehmen und daß es im übrigen auch ohne ihn geht.

Es sind alles Stimmen, die den Menschen vergessen lassen möchten, daß Christus mit ihm geht und sich die Stunde vorbehält, in der er seine Herrlichkeit offenbar machen will. Auch uns gilt deshalb, was hier gesagt ist: Ergreifet die Waffen Gottes, um euch für den Kampf zu rüsten, der bestimmt kommen wird, ja der schon im Gange ist, sobald wir dieser Aufforderung Folge leisten. Wir werden es bald merken, wie der Teufel uns ernst nimmt. Denn der Sohn Gottes ist sein größter Feind. Er ist gekommen, um die Werke des Teufels zu zerstören, sowohl im ganz Kleinen, Alltäglichen, in jeder kleinen Unwahrheit und Ungerechtigkeit, wie sie uns täglich zu schaffen macht, wie im Großen, wo die Welt auf dem Spiele steht.

Das ist das ganz Besondere, ganz Neue: daß wir nicht passiv zu bleiben brauchen, bis Gott uns die Waffen in die Hand gibt, sondern daß wir sie ergreifen können, täglich und stündlich, die Waffen zur Verteidigung und zum Angriff, den Panzer der Gerechtigkeit, den Schild des Glaubens, den Helm des Heils, das Schwert des Geistes – die ganze Waffenausrüstung Gottes.

Vom Sinn des Betens

EPHESER 6, 18–24

Und betet allezeit mit Bitten und Flehen im Geist und wachet dazu mit allem Anhalten und Flehen für alle Heiligen und für mich, auf daß mir gegeben werde das Wort mit freudigem Auftun meines Mundes, daß ich möge kundmachen das Geheimnis des Evangeliums, dessen Bote ich bin in Ketten, auf daß ich mit Freudigkeit davon rede, wie sich's gebührt.

Auf daß ihr aber auch wisset, wie es um mich steht und was ich schaffe, wird's euch alles kundtun Tychikus, mein lieber Bruder und getreuer Diener in dem Herrn, welchen ich dazu gesandt habe zu euch, daß ihr erfahret, wie es um uns steht, und daß er eure Herzen tröste.

Friede sei den Brüdern und Liebe mit Glauben von Gott, dem Vater, und dem Herrn Jesus Christus! Die Gnade sei mit allen, die da liebhaben unsren Herrn Jesus Christus für und für!

Am Schluß seines Briefes an die Gemeinde in Ephesus gibt Paulus den Gemeindegliedern noch eine letzte und wichtigste Anweisung: Betet, und zwar in allen Anliegen, nicht nur für euch selbst, sondern für alle Glaubensbrüder und auch für mich.

Wenn wir diese Aufforderung, alle unsere Anliegen im Gebet vor Gott zu bringen, auch auf uns beziehen, dann stehen wir oft vor der Frage: Was sind denn unsere Anliegen, was sind die Anliegen der Mitmenschen, die so wichtig sind, daß wir Gott deswegen bemühen sollten? Und weiter: Wie sollen wir für diese Anliegen bitten? Haben wir nicht das Gefühl, daß Gott schon längst über uns und die anderen beschlossen hat und daß an dem Ablauf der Dinge gar nichts zu ändern ist? Beten wir, wenn wir es tun, nicht etwa immer schon mit einer gewissen Resignation, mit dem Gefühl, eigentlich mit unserem Anliegen schon zu spät zu kommen? Der Apostel Paulus kennt dies Gefühl wohl, denn er schreibt an anderer Stelle: Wir wissen nicht, was wir beten sollen, wie sich's gebührt. Und er beruft sich dann auf den Heiligen Geist Gottes, der schon weiß, worum es uns geht, wenn wir beten; dem nicht die Worte wichtig sind, die wir brauchen, und nicht die klaren Gedanken, die wir dabei haben, sondern allein die Tatsache, daß wir uns überhaupt zu Gott wenden und ihm die Aufsicht über unser Leben anvertrauen, in guten und in bösen Tagen.

Darum geht es, wenn wir beten: um Gottes Führung in unserem Leben. Je mehr wir darauf ausgehen, uns Gott im Gebet anzuvertrauen, um so mehr Gründe werden wir auch finden, weswegen wir es tun. Die Anliegen, von denen Paulus spricht, werden dann immer deutlicher werden, andere Dinge werden wichtig werden als die, an die wir jetzt vielleicht denken, die bisher noch gar kein Anliegen sind. Ganz deutlich macht uns dies der Vers 19 in unserem Text: »Betet für mich, auf daß mir gegeben werde das Wort mit freudigem Auftun meines Mundes, daß ich möge kundmachen das Geheimnis des Evangeliums.« Das ist das Anliegen des Paulus, für das sie in der Gemeinde beten sollen. Er muß seine Aufgabe erfüllen dort, wo ihn Gott hingestellt hat: nämlich im Gefängnis in Rom. Das ist sein wichtigstes Anliegen, nicht von dieser Kette loszukommen, frei zu werden, sondern dort in der Gefangenschaft das Evangelium zu verkündigen und die richtigen Worte zu finden, damit es auch gehört wird.

Wir können von uns nicht sagen, daß wir auch schon solche Anliegen hätten, um die wir mit solcher Sicherheit, daß es recht ist, beten können wie hier Paulus. Aber wir sollen damit anfangen, uns in unseren Gedanken im Gebet zu Gott zu wenden, dann werden auch unsere wirklichen

Anliegen sich immer deutlicher herausschälen und uns selbst klar werden, so daß wir dann nicht mehr nach Gedanken und Worten erst suchen müssen. Beten ist eine Arbeit, vielleicht die schwerste. Aber sie wird reich belohnt.

Die himmlische Berufung

PHILIPPER 3, 12–14

Nicht, daß ich's schon ergriffen habe oder schon vollkommen sei: ich jage ihm aber nach, ob ich's auch ergreifen möchte, nachdem ich von Christo Jesu ergriffen bin.
Meine Brüder, ich schätze mich selbst noch nicht, daß ich's ergriffen habe. Eines aber sage ich: Ich vergesse, das dahinten ist, und strecke mich zu dem, das da vorne ist, und jage – nach dem vorgesteckten Ziel – nach dem Kleinod, welches vorhält die himmlische Berufung Gottes in Christo Jesu.

Die Jünger Jesu sind nach unserer Vorstellung Leute, die das ewige Leben schon zu Lebzeiten gewissermaßen »in der Tasche« haben. Wenn wir aber die Heilige Schrift lesen, stellen wir fest, daß gerade ihnen ihr Leben als Christen besonders schwer gemacht worden ist. Ständig wurde ihr Glaube auf die Probe gestellt. Immer wieder mußten sie sich in Gefahren begeben, um den Anschluß nicht zu verlieren, und schließlich ist die Mehrzahl von ihnen den Märtyrertod gestorben. Unser eigenes Glaubensleben nimmt sich daneben recht harmlos aus, und wir fragen vielleicht, ob die Jünger es nicht auch einfacher hätten haben können. Offenbar nicht, denn wodurch hätte die Größe und Tragweite von Gottes Erlösungswerk überzeugender zum Ausdruck kommen können als dadurch, daß Menschen ihr Leben dafür hingaben? Wie dieses Leben im einzelnen aussah, erfahren wir am eindrucksvollsten aus den Briefen des Apostels Paulus und aus dem, was die Apostelgeschichte über seine missionarische Tätigkeit berichtet.

Von dem Augenblick an, in dem Jesus Christus in sein Leben eingreift und ihn zu seinem Mitstreiter macht, interessiert ihn nichts mehr von dem, wofür er sich vorher eingesetzt hatte. Seine Augen sind auf ein großes Ziel gerichtet, das es zu erreichen gilt und das den Einsatz aller körperlichen und geistigen Kräfte fordert. Der Weg dorthin ist eine einzige Strapaze. Im Brief an die Korinther zählt er einmal auf, was er alles durchgemacht hat, seitdem er zum Apostel berufen worden ist: Überfälle, Steinigungen, Schiffbrüche, Aufenthalte in Kerkern mit und ohne Ketten, das ist die Begleitmusik seines Christenlebens. Unsere Vorstellung versagt bei dem Versuch, uns in seine Lage hineinzuversetzen und Antwort zu finden auf die Frage, wie er das alles lebend überstehen konnte, obgleich er körperlich nicht der Stärkste war. Was ihn antrieb und auf den Beinen hielt, war das Wissen um die Größe seiner Aufgabe, einer Aufgabe, wie sie ihm kein weltlicher Machthaber hätte übertragen können, sondern für deren Bewältigung er allein Gott gegenüber verantwortlich war. Er hatte Anschluß an die Heilsgeschichte gefunden. Das gab ihm die Gewißheit, nicht vergeblich zu arbeiten, sondern mit seinem Werk für die Ewigkeit aufgehoben zu sein. Wie sollte er da noch Interesse haben an dem, was er früher gedacht und getan hatte? Es war für ihn Ballast geworden, Ballast, wie ihn ein Ballonfahrer abwirft, um an Höhe zu gewinnen.

Wie steht es mit uns, die wir diese Paulusworte hören? Fühlen wir uns durch sie überfordert, oder setzen sie in uns etwas in Bewegung? Die Heilsgeschichte ist noch nicht zu Ende, sondern geht weiter, solange es Menschen gibt. Überall da, wo das Wort Gottes verkündigt wird, ruft sie Menschen in ihren Dienst und gibt ihnen damit ewiges Leben. Sollte das nicht auch uns bereitmachen, etwas von dem Ballast unseres Lebens abzuwerfen, um damit um so sicherer das Ziel ins Auge fassen zu können, das auch uns gezeigt wird?

Vertrauen statt Sorgen

PHILIPPER 4, 6

Sorget nicht, sondern in allen Dingen lasset eure Bitten im Gebet und Flehen mit Danksagung vor Gott kund werden.

Die Sorge gehört offenbar zu den Dingen, die Gott an seinen Kindern am wenigsten leiden kann. Immer wieder ermahnt er sie, sich nicht der Sorge hinzugeben. Hier tut er es durch den Mund des Apostels Paulus, an anderer Stelle durch Petrus, nicht zuletzt durch Jesus Christus selbst, der im Rahmen der Bergpredigt ausführlich zu diesem Thema spricht. Gott mag keine versorgten, verzweifelten Gesichter. Stehen sie doch in krassem Widerspruch zu seinem Evangelium, zu der frohen Nachricht von der Befreiung des Menschen von den Fesseln und Zwängen seines Erdendaseins.

Ich glaube, die Zeit ist reif dafür, daß wir uns wieder einmal über die Voraussetzungen orientieren, unter denen wir unsere schöne Erde bewohnen; besonders weil die Gefahren, von denen die Erde und ihre Menschheit bedroht ist, sich in jüngster Zeit derart zugespitzt haben, daß es wohl kaum einen Menschen mehr gibt, der sich nicht Sorgen darüber machte, wie es weitergehen wird, und der nicht mit der Möglichkeit rechnete, daß auch er eines Tages von einer Katastrophe der einen oder anderen Art betroffen oder mitbetroffen werden kann.

Vergeht doch kein Tag, an dem wir, wenn wir die Zeitung aufmachen oder das Fernsehen einstellen, nicht konfrontiert würden mit schreckenerregenden Ereignissen, gegen die wir so gut wie machtlos sind: Morde, Menschenentführungen, Explosionen, Hotelbrände, Eisenbahnunglücke und – zunächst in etwas weiterer Entfernung – Kriege, Hungersnöte, Vertreibung und Ausrottung ganzer Völker. Dazu die kosmischen Ereignisse, die Erdbeben, die Stürme, die Überflutungen, die uns den Eindruck vermitteln, als sei die ganze Erde in Aufruhr geraten – ganz zu schweigen von der bedrohlichen Entwicklung der Weltpolitik und der Vernichtungswaffen, die dem Menschen in die Hand gegeben sind. Ist nicht alles dazu angetan, uns die alte Weisheit wieder nahezubringen, daß die Erde nicht unsere endgültige Heimat ist, sondern daß wir sie nur zum Lehen für eine befristete Zeit erhalten haben?

Wer von uns sollte sich angesichts dieser weltweiten Bedrohung keine Sorgen machen? Wer sollte von sich behaupten können, er sei immun gegen die Ängste, die auf ihn eindringen, wenn er sich die Weltlage vor Augen führt? Nein, aus eigener Machtvollkommenheit werden wir dieser Dinge nicht Herr. Und wenn wir uns noch so sehr zwingen, nicht daran zu denken – »die Sorge, die schleicht sich durchs Schlüsselloch ein«. Sie läßt sich nicht auf Dauer vertreiben, sondern kehrt immer wieder zurück.

In dieser Verfassung trifft uns das göttliche Wort. »Sorget nicht!« ganz zentral. Wir hören es – nicht als Beschwichtigung, sondern als Befehl, als Aufruf zum Glauben. An uns ergeht damit die Forderung, uns ganz in Gottes Hand zu begeben, uns auf ihn zu verlassen – verlassen in des Wortes eigenster Bedeutung, nämlich aus uns selbst herauszuge-

hen in der Richtung auf ihn. Ihn sollen wir an unserer Stelle
sorgen lassen. Das ist gewiß eine Zumutung an uns. Aber
wenn Gott Hilfe zusagt, dann ist das immer eine Hilfe
besonderer Art. Sie besteht nicht unbedingt darin, daß uns
etwas erspart bleibt, sondern, daß uns die Augen geöffnet
werden. Die Nähe Gottes enthüllt uns Zusammenhänge,
die wir in dem trüben und trügerischen Licht unserer eigenen Erkenntnis nicht wahrnehmen können. Gott läßt den
Menschen, der sich an ihn hält, in einen Raum eintreten,
der alle anderen Räume umschließt, den Raum der Heilsgeschichte, in dem Jesus Christus Herr ist. Dort findet jeder
von uns seinen Platz und seine Aufgabe und weiß, wozu er
da ist. Da geschieht an uns nichts Zufälliges mehr, sondern
alles dient dazu, uns für das wirkliche Leben vorzubereiten.
Die Frage nach dem Sinn der Welt und unseres Lebens, die
wir so oft stellen, erübrigt sich dann. In der Gottesferne hat
die Welt in der Tat keinen erkennbaren Sinn, und unser
Fragen bleibt ohne Antwort. Nur in der Beziehung zu Gott
erfüllt sich die Bestimmung des Menschen.

Vom Geheimnis Christi

Kolosser 4, 2–5

*Haltet an am Gebet und wachet in demselben mit Dank-
sagung; und betet zugleich auch für uns, auf daß Gott uns
eine Tür des Worts auftue, zu reden das Geheimnis Christi,
darum ich auch gebunden bin, auf daß ich es offenbare,
wie ich soll reden. Wandelt weise gegen die, die draußen sind,
und kaufet die Zeit aus.*

Dies sind Worte aus einem Brief des Apostels Paulus an seine Gemeinde in Kolossä, den er, wie so oft, aus dem Gefängnis schreibt. Er fordert sie auf, nicht müde zu werden im Gebet und vor allem das Danken nicht zu vergessen. Auch für ihn sollen sie beten, daß ihm eine Tür aufgetan werde – aber nicht die Tür, durch die er die Möglichkeit haben würde, das Gefängnis wieder zu verlassen. An so etwas denkt er überhaupt nicht, weil er fest davon überzeugt ist, daß er sich nirgends auf der Welt zufällig aufhält, sondern überall im Auftrage Gottes steht. Seine Gemeinde soll also keineswegs dafür beten, daß er bald wieder entlassen wird, sondern daß ihm eine »Tür des Wortes« aufgetan werde. Er möchte gern von Christus reden können zu den Menschen, mit denen er im Gefängnis zusammenkommt, zu den Mitgefangenen und den Bewachern. Aber es fehlt ihm, wie es scheint, noch der richtige Ansatzpunkt. Um den ringt er, und die Gemeinde soll ihm dabei helfen.

Für uns heutige Menschen ist es tröstlich, zu wissen, daß selbst so dynamische und wortgewaltige Männer, wie der Apostel Paulus einer ist, nicht ohne weiteres in der Lage sind, jederzeit und an jedem Ort von Jesus Christus zu reden, so zu reden, daß die Angeredeten es verstehen und aufnehmen können, sondern daß sie darauf angewiesen sind, auf den Augenblick zu warten, in dem Gott, der große Dirigent des Weltorchesters, ihnen das Zeichen zum Einsatz gibt. Wie sollte das nicht erst recht für uns schwache Menschen gelten, die wir uns berufen fühlen, von der Kraft, die uns geholfen hat, zu sprechen und sie an andere weiterzugeben.

Paulus nennt das, wovon er zu reden hat, das »Geheimnis Christi« und unterstreicht damit, daß es sich dabei nicht um ein Wissen handelt, das jederzeit aus der Tasche gezogen und durch Propaganda verbreitet werden kann, sondern um eine Gabe Gottes, die sich nach Art eines Samenkorns, ohne daß wir es kontrollieren können, in der Seele eines Menschen ausbreitet und zu einem Baum wird, der vielen anderen Menschen zum Segen gereicht und ihnen neue Hoffnung gibt.

Auch wir sollen nicht vergessen, daß wir ein Geheimnis zu hüten haben und darauf angewiesen sind, darauf zu warten, daß uns die »Tür des Wortes« aufgetan wird. Dies Wissen soll uns davor bewahren, mit dem Kopf durch die Wand rennen zu wollen, wenn es darum geht, von Christus zu sprechen.

Wach und bereit sein

1. Thessalonicher 5, 1–6

Von den Zeiten aber und Stunden, liebe Brüder, ist nicht not euch zu schreiben; denn ihr selbst wisset gewiß, daß der Tag des Herrn wird kommen wie ein Dieb in der Nacht.
Denn wenn sie werden sagen: Es ist Friede, es hat keine Gefahr – so wird sie das Verderben schnell überfallen, gleichwie der Schmerz ein schwangeres Weib, und werden nicht entfliehen. Ihr aber, liebe Brüder, seid nicht in der Finsternis, daß euch der Tag wie ein Dieb ergreife.
Ihr seid allzumal Kinder des Lichtes und Kinder des Tages; wir sind nicht von der Nacht noch von der Finsternis. So lasset uns nun nicht schlafen wie die andern, sondern lasset uns wachen und nüchtern sein.

Wachet! Es ist sicher gut, wenn uns dieses Wort hin und wieder zugerufen wird, denn wir wissen ja, wie schwer es uns erreicht und wieviel dazu gehört, uns wirklich wachzurufen. Selbst Jesus Christus gelang es nicht, seine Jünger wach zu halten im Garten von Gethsemane, in der Stunde der höchsten Not. Wir haben so wenig Sinn und Gefühl dafür, was um uns her vor sich geht, wir sind stumpf für die Not unserer Mitmenschen und sehen sie nicht, bis die Katastrophe da ist und wir nicht mehr helfen können.

Kaum sehen wir aber auch, was uns selber bedroht. Wir fürchten zwar lauter Dinge, die uns treffen könnten – Krankheit, Unfall und andere bekannte Gefahren –, aber was mit absoluter Sicherheit kommt, nämlich das Gericht Gottes, das fürchten wir nicht, weil wir uns davon keine Vorstellung machen können. Wir müssen schon persönlich sehr schwer vom Schicksal getroffen werden, ehe wir wach werden.

Aber wozu das Wachsein? Was nützt es uns, wenn wir nicht wissen, wie wir die Zeit des Wachseins ausfüllen sollen? Kein Mensch kann fortwährend mit dem Gedanken an den Tod, das Ende und das Gericht Gottes leben. Aber wenn wir das Wort Gottes nehmen als das, was es ist, nämlich eine Hilfe, dann wird klar, daß es nicht darum geht, daß wir Angst haben, sondern daß wir die Angst überwinden.

Wenn Paulus uns also zuruft: »Wachet!«, dann will er uns keine Angst einjagen, sondern uns hinweisen auf Gottes Wort, damit wir unser Leben nach ihm richten und uns auf Christi Wiederkunft mit unserer ganzen Existenz vorbereiten. So gesehen wird aus dem scheinbaren Schreckenswort ein Trostwort. Drohendes wird nur noch drohender, wenn es im Dunkeln bleibt. Wo uns einer aber den Weg weist, den wir gehen sollen, da sehen wir klar und gewinnen Zuversicht.

Wachet! Das heißt: so an den Tod und das Ende aller Dinge zu denken, daß wir wieder Auftrieb zu neuem Werk bekommen, daß wir den Sinn erkennen, den es hat, als Christ zu leben. Seien wir bereit zum Aufbruch, bereit zu hören, was Jesus Christus uns sagen will.

Die Gaben recht gebrauchen

1. TIMOTHEUS 4, 12–5, 2

*Niemand verachte deine Jugend; sondern sei ein Vorbild den
Gläubigen im Wort, im Wandel, in der Liebe, im Geist,
im Glauben, in der Keuschheit. Halte an mit Lesen, mit
Ermahnen, mit Lehren, bis ich komme.
Laß nicht aus der Acht die Gabe, die dir gegeben ist durch
die Weissagung mit Handauflegung der Ältesten.
Dessen warte, damit gehe um,
daß dein Zunehmen in allen Dingen offenbar sei.
Habe acht auf dich selbst und auf die Lehre,
beharre in diesen Stücken. Denn wo du solches tust, wirst du
dich selbst selig machen und die dich hören.
Einen Alten schilt nicht, sondern ermahne ihn als einen Vater,
die Jungen als Brüder, die alten Weiber als Mütter, die
jungen als Schwestern mit aller Keuschheit.*

Timotheus, an den der Brief gerichtet ist, ist ein sehr junger
Mann. Deswegen hat er Schwierigkeiten. Man nimmt ihn
und seine Sache nicht ernst, er hat zu wenig Lebenserfah-
rung, ist nicht genug Persönlichkeit, um sich durchzusetzen, anderen zu helfen, sie zu beraten und zu lehren. Paulus
schreibt ihm, er solle sich nicht unsicher machen lassen,
nicht glauben, er müsse eine besondere Art des Auftretens,
eine besondere Autorität zur Schau tragen, sondern er soll
sich seinen Mitmenschen gegenüber genauso verhalten,
wie es seinem Alter entspricht.

Er soll die alten Männer als Väter, die jüngeren als Brüder, ältere Frauen als Mütter, jüngere als Schwestern behan-
deln. Und von dieser Position aus soll er mit ihnen reden,
sie lehren, sie ermahnen und auch, wenn nötig, zurechtwei-
sen. Er soll keine besonderen Leistungen von sich erwarten,
sondern er soll die besonderen Gaben, die ihm zuteil gewor-

den sind, pflegen, so etwa wie hier das Handauflegen, damit diese Gaben vollständiger werden. So wird er diese Gaben recht gebrauchen und den anderen Vorbild sein. Das Alter ist dabei gleichgültig. Sie werden auf ihn hören, wenn sie überhaupt zu hören geneigt sind.

Was hier dem Timotheus geraten wird, kommt uns einfach vor. Und doch fordert es den ganzen Menschen. Denn es widerspricht eigentlich in allem der menschlichen Natur. Es verlangt Unabhängigkeit von dem Urteil der Mitmenschen. Das ist viel für einen jungen, seinem Alter entsprechend ehrgeizigen Menschen, dem doch sehr viel an der Anerkennung gelegen ist. Aus eigener Kraft kann er sich davon nicht lösen. Es verlangt schon eine tiefe Einsicht in das Wesen Gottes, der die Person nicht wichtig nimmt, sondern der auswählt, wen er will, ob alt oder jung, hoch oder niedrig. Es bedeutet schon ein Wissen darum, daß der Mensch, den Gott auswählt, nicht erst Leistungen zu vollbringen braucht, sondern bereits erlöst ist. Dieses Wissen rückt alle Gaben Gottes an die richtige Stelle.

Den guten Kampf kämpfen

2. TIMOTHEUS 2, 5

So jemand auch kämpft, wird er doch nicht gekrönt,
er kämpfe denn recht.

Der Apostel Paulus spricht in seinen Briefen oft vom Kämpfen. Einmal schreibt er: »Ich habe einen guten Kampf gekämpft.« Ein anderes Mal beschreibt er die Waffenrüstung, die in diesem Kampf gebraucht wird, den Schild des Glaubens, den Helm des Heils, das Schwert des Geistes. Es handelt sich also um einen Kampf, der nicht mit normalen Waffen geführt wird; was der Apostel meint, sind vielmehr Gaben, Kräfte und Hoffnungen, die Gott zur Verfügung stellt, um die frohe Botschaft von Christus unter die Menschen zu bringen.

Paulus nennt das Leben eines Menschen, der die Aufgabe hat, das Evangelium zu verbreiten, einen Kampf. Und wenn wir sein eigenes Leben betrachten, das wir aus der Apostelgeschichte und aus seinen Briefen kennen, dann müssen wir ihm zugeben, daß es tatsächlich alles andere als friedlich verlaufen ist, daß es von dem Augenblick an, wo ihm Christus begegnet war, ein einziges Sichherumschlagen gewesen ist, ein Sichherumschlagen unter feindlich gesonnenen Menschen, auf den Meeren mit zahlreichen Schiffbrüchen, in den Gefängnissen und vor den Tribunalen der Machthaber seiner Zeit. Überall sah er selbst sich als den Boten Gottes, der den Menschen, ganz gleich ob Freunden oder Feinden, das Evangelium zu bringen hatte. Sein Leben ist uns ein Beispiel dafür, wie jemand ganz und gar im Auftrag Jesu Christi handelt. Es ist ein Kampf, in dem man Wunden davonträgt und in dem man Siege erringt und auch Niederlagen einstecken muß.

Allerdings sind diese Siege und Niederlagen nicht so, daß man sie mit menschlichem Maß messen kann. Was als Niederlage erscheint, kann ein Sieg sein, und was wir als Sieg ansehen, kann durchaus vor Gott als Niederlage gelten. Er allein kann beurteilen, ob der Christ seinen Auftrag wirklich erfüllt hat oder ob er gescheitert ist. Es ist nicht so wie bei menschlichen Kämpfen, wo man den Erfolg oder Mißerfolg gleich sehen und beurteilen kann. Oft dauert es lange, bis sich nach scheinbar vergeblicher Arbeit schließlich doch noch der Erfolg einstellt. Es gibt eine Geschichte aus Norwegen, in der ein Pfarrer zehn Jahre lang in den Dörfern des hohen Nordens gegen die Verkommenheit der

Menschen, besonders gegen ihre Alkoholsucht anpredigt, ohne daß sich der geringste Erfolg einstellt. Erst in dem Augenblick, wo den Leuten bekannt wird, daß er weggehen will, weil seine Arbeit umsonst gewesen ist, da horchen sie auf, und es beginnt in dieser Gegend eine Erweckungsbewegung, die weit über das hinausgeht, was der Pfarrer von seiner Tätigkeit in all den vorausgegangenen Jahren überhaupt jemals erhofft hatte.

Jeder, der mit Ernst Christ sein will, stößt unweigerlich auf Widerstände und ist gezwungen, Kämpfe auszufechten gegen alles, was ihn daran hindern will, sein Leben als Christ zu führen; und das sind viele Dinge: solche, die von außen kommen, von den Menschen, mit denen er lebt und die ihn vielleicht auslachen oder zum Spinner erklären oder die es einfach ärgert, daß er anders ist als sie. Ebenso aber sind es Hindernisse, die im Menschen selbst liegen und gegen die er ankämpfen muß: seine eigene Eitelkeit, seine Haßgefühle gegen Menschen, seine Trägheit und andere Schwierigkeiten, die in seiner Person liegen und von denen kein Mensch ganz frei ist. Mit all diesen Widerständen und gegen all diese Feinde von innen und außen gilt es zu kämpfen.

Aber nun kommt es darauf an, daß in der rechten Weise gekämpft wird. Wie wir wissen, kann man auf die verschiedenste Weise kämpfen, besonders wenn man etwas durchsetzen will, was man im Sinn hat. Da kann es leicht dazu kommen, daß wir uns von Leidenschaften mitreißen lassen, daß wir Mittel anwenden, die nicht mehr dem entsprechen, was Christus von uns will und was er uns vorgelebt hat. Auch er ist Menschen seiner Zeit scharf entgegengetreten und hat ihnen Worte gesagt, die ihnen, wie es in der Bibel steht, durchs Herz gingen. Aber das geschah nicht aus Haß, sondern weil sie das, was er ihnen zu sagen hatte, nicht anders hören konnten.

Der Kampf wird nur dann ein guter sein, wenn wir uns keiner anderen Waffen bedienen, als sie uns durch Gott selbst in die Hand gelegt werden.

Vor dem Ende aller Tage

1. Petrus 4, 7–11

Es ist aber nahe gekommen das Ende aller Dinge. So seid nun mäßig und nüchtern zum Gebet. Vor allen Dingen aber habt untereinander eine inbrünstige Liebe; denn die Liebe deckt auch der Sünden Menge.
Seid gastfrei untereinander ohne Murren. Und dienet einander, ein jeglicher mit der Gabe, die er empfangen hat, als die guten Haushalter der mancherlei Gnade Gottes: so jemand redet, daß er's rede als Gottes Wort; so jemand ein Amt hat, daß er's tue als aus dem Vermögen, das Gott darreicht, auf daß in allen Dingen Gott gepriesen werde durch Jesum Christum, welchem sei Ehre und Gewalt von Ewigkeit zu Ewigkeit!

Je einfältiger und intensiver ein Mensch im Glauben steht, um so vertrauter ist ihm das, was wir die letzten Dinge nennen. Der Apostel Paulus schreibt: Ich habe Lust abzuscheiden und bei Christus zu sein. Und Luther spricht vom »lieben« Jüngsten Tag. Dabei waren sie keineswegs lebensmüde, sondern führten ein mit höchster Aktivität und Spannung geladenes Leben.

Je enger und fester die Glieder einer Gemeinde im Glauben untereinander verbunden sind, um so weniger schockiert und bekümmert es sie, wenn von den letzten Dingen gesprochen wird. Sie freuen sich vielmehr, daß die Bibeltexte so klar und eindringlich vom Ende aller Dinge sprechen. Denn wer im Glauben steht, der weiß am besten, wie leicht er auf seinem Wege müde und oberflächlich wird, wie schnell er das Wichtigste aus den Augen verliert und wie leicht ihm aus dem Sinn kommt, was er seinem Bruder, seinem Nächsten schuldig ist. Dagegen gibt es nichts Besseres und Heilsameres, als auf den großen Ernst hingewiesen zu werden, unter dem unser aller Leben steht.

Wir können uns gar nicht eindringlich genug sagen lassen, welch großen Entscheidungen wir entgegengehen, denn dadurch erhält unser Leben erst seinen wirklichen Wert, sein wirkliches Gewicht. Denn was wäre unser Leben und wie gleichgültig wäre unser Tun hier auf Erden, wenn es einer allgemein freundlichen Beurteilung entgegenginge, wo ein Auge zugedrückt wird und jeder seine Erlösung nachgeworfen erhält? Wenn es so wäre, dann wäre auch wirklich nicht einzusehen, warum ein Mensch noch Verantwortung vor Gott empfinden sollte, und alles könnte ruhig drunter und drüber gehen – ein Zeichen dafür, wie gleichgültig wir Gott sind.

Wenn wir also, im Gegensatz dazu, Dinge gesagt bekommen, vor denen wir erst einmal erschrecken, so ist das ein Zeichen dafür, daß wir von Gott ernst genommen werden. Erst einmal, sage ich, denn damit hört es ja nicht auf. Es ist erst der Auftakt. Denn nun kommt ja erst das, was er uns sagen und womit er uns helfen will, damit wir uns aus unserer Zerstreutheit sammeln und nicht hilflos in etwas hineintreiben, was von weitem so aussieht wie ein finsteres Loch, das wir nicht ansehen möchten, weil wir Angst davor haben. Nein, wir sollen es ansehen können, wir sollen vorbereitet darauf zugehen. Darum beginnt Petrus hier mit den Worten: Es ist aber nahe gekommen das Ende aller Dinge. Das ist der Auftakt, und nun kommen die Anweisungen, wie wir uns darauf vorbereiten sollen. Denn wir sollen zwar mit Ehrfurcht vor den höchsten Richter treten, aber ohne menschliche Angst.

Gottesfurcht bedeutet Sammlung, Angst jedoch zerreißt. Unter diesem Gesichtspunkt hat das, was Petrus uns sagt, etwas Befreiendes. Was er uns empfiehlt, hat nichts zu tun mit Grübelei über unsere Fehler und Sünden. Das ist zwecklos. Er ruft vielmehr auf zur Aktivität, zur Hinwendung zu Gott und den Mitmenschen. Seid nüchtern und sachlich im Gebet. Keine allgemeinen Redensarten, sondern Tatsachen vor Gott bringen! Habt untereinander eine inbrünstige Liebe, denn die Liebe deckt auch der Sünden Menge. Was für eine trostreiche Zusage! Sie gilt wohl für beide, sowohl für den, der Liebe gibt, wie auch für den, der sie empfängt. Keine törichte Anhänglichkeit an einzelne in der Gemeinde, sondern Offenheit allen gegenüber, so wie es für sie gut und heilsam ist! Das ist das Leitmotiv. Dienet einander, ein jeglicher mit der Gabe, die er empfangen hat. Jeder hat solche Gaben, der Älteste wie der Jüngste. Keiner ist ausgenommen, jeder kann auf seine Art Liebe üben. Handelt so, daß durch euer Tun Gott gepriesen wird. Dann geht ihr richtig vorbereitet auf das Ende aller Tage zu.

Woran man Christen erkennt

1. JOHANNES 2, 1–6

Meine lieben Kindlein, solches schreibe ich euch, auf daß ihr nicht sündiget. Und ob jemand sündigt, so haben wir einen Fürsprecher bei dem Vater, Jesum Christum, der gerecht ist. Und derselbe ist die Versöhnung für unsre Sünden, nicht allein aber für die unseren, sondern auch für die der ganzen Welt. Und an dem merken wir, daß wir ihn kennen, so wir seine Gebote halten.

Wer da sagt: Ich kenne ihn, und hält seine Gebote nicht,
der ist ein Lügner, und in solchem ist keine Wahrheit.
Wer aber sein Wort hält, in solchem ist wahrlich
die Liebe Gottes vollkommen. Daran erkennen wir,
daß wir in ihm sind. Wer da sagt, daß er in ihm bleibt,
der soll auch wandeln, gleichwie er gewandelt hat.

Gott kennen ist nicht eine Sache des Verstandes oder des
Gefühls, sondern des praktischen Lebens. Ein Mensch kann
die schönsten und klügsten Dinge über Gott sagen – alles
theologisch fundiert –, wenn er aber nicht wirklich danach
handelt, sondern in entscheidenden Augenblicken doch
wieder das tut, was jeder andere tun würde, dann kann er
wohl durch seine Klugheit Eindruck machen, aber niemandem wirklich etwas von Gott vermitteln. Wir sind daran
gewöhnt, daß von Gott nur geredet wird. Wir erschrecken
aber, wenn jemand sich gedrungen fühlt, nach Gottes Wort
auch zu handeln, es wörtlich zu nehmen, wenn er sich
möglicherweise in größte Unannehmlichkeiten bringt dadurch, daß er einem Befehl Gottes folgt, dem er genausogut
hätte ausweichen können, ohne daß irgend jemand etwas
dabei gefunden hätte. Dann erschrecken wir, weil wir daran
erkennen, daß Gott auch an uns einen Anspruch stellt und
erwartet, daß wir seinem Befehl Folge leisten.

Ein Mensch, der bemüht ist, sein tägliches Leben nach
Gott einzurichten und nicht nach dem geringsten Widerstand, der macht uns innerlich unruhig, so wie Jesus die
Menschen beunruhigt hat. Ein solcher Mensch stört uns in
heilsamer Weise. Er vermittelt uns wirklich Gottes Nähe, so
wie Worte allein das nie können. Denn das erste, was der
Mensch von Gottes Nähe spürt, ist nicht etwa ein
angenehmes Gefühl, so wie ein leichtes, erfreuliches
Gruseln, sondern Störung und Unruhe: Du bist nicht so,
wie du sein solltest, du drückst dich um die Wahrheit

herum. Du redest zwar schön, aber wenn es darauf ankommt, bist du nicht zur Stelle. Was du gesagt hast, stimmt nicht.

Mit einfachen Worten macht uns Johannes diesen Tatbestand klar. Er weiß, wie schwach wir sind, wie leicht wir darauf bedacht sind, Unannehmlichkeiten aus dem Wege zu gehen. Deshalb weist er auf Jesus hin, der unser Fürsprecher bei Gott dem Vater ist. Mit ihm im Bunde brauchen wir vor der Nähe Gottes nicht zu erschrecken, sondern werden Kraft bekommen, seinem Wort nicht auszuweichen, sondern unseren Tag im Gehorsam zu bestehen.

Den Willen Gottes tun

1. JOHANNES 2, 17

Die Welt vergeht mit ihrer Lust; wer aber den Willen Gottes tut, der bleibt in Ewigkeit.

»Wieder geht ein Jahr zu Ende, und ich bin immer noch im Pilgerhut und in Wanderschuhen«, so klagt ein japanischer Dichter. Und das Gefühl, das er mit diesen Worten kennzeichnet, ist wohl das gleiche, mit dem eine Anzahl von Menschen heute lebt. Wieder ein Jahr herum, und was habe ich geschafft? Habe ich auch nur einen festen Punkt gewonnen, mein Leben äußerlich und innerlich zu ändern? Ist etwas von dem Wirklichkeit geworden, was ich mir für dies Jahr gewünscht hatte? Was ich schaffen wollte oder wovon ich hoffte, es würde mir in den Schoß fallen? Bin ich nicht immer noch der gleiche unsichere, fragende, friedlose Mensch? Das gilt nicht nur für Menschen, die noch keine Lebensstellung in ihrem Beruf erreicht haben, nicht nur für

Flüchtlinge, die noch keine Heimat wiedergefunden haben. Sondern soweit sie lebendige Menschen sind und eine fühlende Seele haben, gilt das für alle, auch für diejenigen, die in festen Bindungen hier auf Erden stehen: Der letzte Tag des Jahres ist wie keiner dazu angetan, uns die Vergänglichkeit der Welt vor Augen zu führen.

»Die Welt vergeht mit ihrer Lust«, das heißt mit allem, was uns freut, bewegt, fesselt, erhält, Kraft gibt, begeistert. Dies zu wissen macht traurig. Deshalb tun wir alles, um dieser Vergänglichkeit entgegenzuwirken: Man errichtet Denkmäler, macht sich einen Namen durch Klugheit, Güte oder Gewalt, setzt Kinder in die Welt, um in ihnen noch eine Zeitlang weiterzuleben. Oder man schlägt dies Gefühl einfach tot, indem man sich dem Trubel und der Freude des Augenblicks hingibt. Durch Radau wird übertönt, was an trüben Gedanken unser Herz ergreifen will. Zum Schweigen gebracht wird die Mahnung: Was bleibt eigentlich übrig? Was hat alles Mühen und Sorgen, Arbeiten und Hoffen für einen überzeitlichen Wert? Wer sollte dies Gefühl nicht kennen? Die Welt vergeht mit ihrer Lust. Es ist ganz unabhängig vom Lebensalter, in der Jugend oft am stärksten.

Der Evangelist Johannes würde uns mit dieser Feststellung gewiß nicht belasten, wenn er nicht noch etwas anderes wüßte, nämlich: Wer den Willen Gottes tut, der bleibt in Ewigkeit. Was für ein stolzes, herausforderndes Wort! Das hieße unabhängig werden von den Gesetzmäßigkeiten des Lebens, frei werden von dem Zeitbegriff, der uns einengt. Das hieße: weiterhin teilhaben an allem, was uns zum Leben gegeben ist; sich freuen dürfen an den großen Dingen, die von Menschen geschaffen wurden, an der Natur, am Familienleben, an der Freundschaft – ohne den schmerzlichen Beigeschmack der Vergänglichkeit zu empfinden. Das alles unter der einen Voraussetzung, daß wir nach dem

Willen Gottes leben und handeln, daß wir uns seinem Sohn Jesus Christus anvertrauen! Denn was in seinem Namen geschieht, das ist unvergänglich, das ist aufgehoben für die Ewigkeit, auch wenn wir nichts davon sehen. Kann uns nun die Klage des Mannes mit dem Pilgerhut noch traurig machen? Nein, uns ist sie nicht mehr und nicht weniger als ein Grund zur Freude und zum Danken: Wieder ein Jahr in deiner Nähe, o Gott, ein Jahr unter Dach und Fach, ein Schritt näher der Ewigkeit.

Gott ist größer als unser Herz

1. JOHANNES 3, 19–20.23

Daran erkennen wir, daß wir aus der Wahrheit sind, und können unser Herz vor ihm damit stillen, daß, so uns unser Herz verdammt, Gott größer ist denn unser Herz und erkennt alle Dinge. Und das ist sein Gebot, daß wir glauben an den Namen seines Sohnes Jesu Christi und lieben uns untereinander, wie er uns ein Gebot gegeben hat.

Der Christ ist ein Mensch, der darauf gefaßt sein muß, daß ihm eine Reihe von Dingen vorgeworfen werden. Über manche dieser Vorwürfe wird er traurig sein, sei es, weil er spürt, daß sie mit Recht erhoben werden, sei es, daß er daran erkennt, daß diejenigen, die ihm Vorwürfe machen, keinen Begriff vom Wesen des christlichen Glaubens haben.

Es gibt aber auch Vorwürfe, die er sich gerne machen läßt und über die er eine ganz tiefe Freude empfinden kann. Dazu gehört der Vorwurf der Leichtfertigkeit in schwerwiegenden Dingen. Ein solcher Vorwurf kommt nämlich aus einem ganz richtigen Gefühl für das Wesen des Christseins;

und dahinter steht das Bedauern des Betreffenden, der eine solche Leichtigkeit nicht auch für sich in Anspruch zu nehmen wagt.

Woher kommt diese Art, die als Leichtfertigkeit erscheint? Nicht aus Gleichgültigkeit oder Unkenntnis über die Schwere und Wichtigkeit der Dinge des Lebens. Sie kommt ganz einfach aus dem Gauben; daß der Mensch sich an Gottes Wort und Zusage hält und nicht auf sich und seine Not sieht, sondern auf Jesus Christus und ihm die Lösung der schwierigsten Probleme und Nöte des Lebens überläßt. Diese Leichtigkeit kommt daher, daß der Mensch sich nicht niederdrücken läßt von der eigenen Unfähigkeit und Schlechtigkeit, die er notwendigerweise erkennen muß, daß er sich durch sie nicht zur Untätigkeit zwingen läßt, sondern darin den Punkt sieht, an dem Gott ihm helfen will und an dem er Gott nötig hat.

»Gott ist größer als unser Herz.« Er sieht hinaus über das, was wir sehen. Er hat uns trotz aller unserer Fehler und Schwächen zu seinem Eigentum berufen. Darüber sollen wir froh sein. Wenn uns wegen solcher Freude Leichtfertigkeit vorgeworfen wird, dann dürfen wir wissen, daß wir auf dem richtigen Weg sind.

Die Liebe endet nicht

1.JOHANNES 4, 17

Darin ist die Liebe völlig bei uns, daß wir eine Freudigkeit haben am Tage des Gerichts.

Von der Liebe und vom Gericht ist hier die Rede. Wir wollen versuchen zu verstehen, was die beiden miteinander zu tun haben. Liebe – damit ist hier nicht Menschenliebe gemeint. Menschliche Liebe kann zwar stark sein. Aber sie ist auch schwach. Sie ist abhängig von Äußerlichkeiten und bringt nicht nur eitel Freude und Glück, sondern auch Not und Trauer unter die Menschen. Hier aber handelt es sich um die Liebe Gottes zu den Menschen. Sie ist erkennbar und greifbar geworden in Jesus Christus, dem Heiland der Welt. Und sie spiegelt sich wider in den Menschen, die mit ihr in Berührung kommen. Sie ist keine Schwäche, sie hat auch nichts mit Sympathie oder Zuneigung oder irgendeiner Vertraulichkeit zu tun, sondern sie ist eine Kraft, die das Böse überwindet.

Diese Liebe, so sagt uns der Text, kommt am stärksten zum Ausdruck am Tage des Gerichtes. Da schafft sie nämlich eine Freudigkeit. Was ist denn mit dem Tage des Gerichtes gemeint? Ist das ein Tag, der irgendwo in einer fernen Zukunft liegt, oder können wir den erleben? Wir Älteren haben solche Tage des Gerichtes, in denen alles Gewohnte zu Staub zerfiel, schon mitgemacht, und es ist wie ein Wunder, daß wir sie überlebt haben. Und die Zeit, in der wir jetzt leben, ist durchaus nicht sicherer geworden. Im Gegenteil: Unsere Welt ist in einem Maße bedroht wie vielleicht noch nie seit der Sintflut.

Daran denken wir nicht gern, und wir scheuen uns, die Tatsache, daß plötzlich alles aus sein kann, in unser tägliches Dasein mit einzubeziehen. Es ist ein Gedanke, mit dem wir nicht fertig werden und den wir deshalb von uns fortschieben. Unser Wort will uns aber sagen, daß der Mensch, der an Jesus Christus glaubt, es gar nicht nötig hat, vor diesem Tag den Kopf in den Sand zu stecken. Es wird ihm dann erst wirklich klarwerden, was es mit der Liebe Gottes auf sich hat. Sie wird ihm eine Freudigkeit verschaffen, eine Freudigkeit, die deswegen etwas so Ungewöhnliches und Besonderes ist, weil offenbar gar kein Grund dafür vorhanden ist. Inmitten einer Menschheit, die von Verzweiflung und Entsetzen geprägt ist, wird der Christ Freudigkeit empfinden. Diese Freudigkeit wird darin ihren Ausdruck finden, daß er selbst in der Lage sein wird, sich seinen geängsteten Mitmenschen zuzuwenden, so wie Gott sich in seiner Liebe uns Menschen zuwendet.

Auf diese Freudigkeit gilt es zu vertrauen. Gott sagt sie uns zu, wenn wir jetzt schon und täglich in seiner Liebe bleiben. Dies Bleiben aber ist kein Abwarten, kein passives Hinhalten, sondern es ist ein höchst aktives, tätiges Leben in der Hinwendung zum Mitmenschen. Es ist wohl kein Zufall, daß gerade Menschen, die ihren Beruf als Auftrag Gottes anzusehen gewohnt sind, zu denen gehören, die in solchen Tagen des Gerichtes am ehesten in der Lage sind, die Zügel zu ergreifen und in dem Durcheinander der sie umgebenden Menschen eine heilsame Ordnung herzustellen. Da zeigt es sich dann plötzlich mit aller Deutlichkeit, was echte Frömmigkeit und was nur leeres Gerede gewesen ist.

Das Wort von der Freudigkeit am Tage des Gerichtes sagt uns etwas, was nicht erst an diesem bewußten Tage Gültigkeit bekommen soll. Es ist dazu bestimmt, uns jetzt schon an einem wesentlichen Punkt unseres Daseins frei zu machen. Wir sollen wissen, daß der Tod und die Finsternis keine endgültige Macht über uns haben, sondern daß wir ihnen gegenüber eine Reserve behalten, nämlich die Liebe Gottes. Dieses Wissen soll unser Denken und Handeln bestimmen. Dann wird es auch jetzt schon mehr Freudigkeit und weniger Angst in unserer Welt geben.

Christus – der Hohepriester

HEBRÄER 4, 14–16

Dieweil wir denn einen großen Hohenpriester haben, Jesum, den Sohn Gottes, der gen Himmel gefahren ist, so lasset uns halten an dem Bekenntnis. Denn wir haben nicht einen Hohenpriester, der nicht könnte Mitleiden haben mit unsern Schwachheiten, sondern der versucht ist allenthalben gleichwie wir, doch ohne Sünde. Darum lasset uns hinzutreten mit Freudigkeit zu dem Gnadenstuhl, auf daß wir Barmherzigkeit empfangen und Gnade finden auf die Zeit, wenn uns Hilfe not sein wird.

Die Verfasser des Neuen Testaments, die Apostel und Evangelisten, bedienen sich der verschiedensten Namen und Vergleiche, wenn sie den Menschen klarmachen wollen, wer Jesus Christus ist. Dabei bemühen sie sich, auf die Vorstellungswelt derer einzugehen, an die sie sich wenden, und knüpfen nach Möglichkeit da an, wo sie mit einem Verständnis rechnen können. So erklärt es sich, daß Jesus nicht nur eine, sondern viele Bezeichnungen bekommen hat – Gottes Sohn, Erretter, Erlöser, König, Freund – je nachdem, welche Seite seines Wesens gerade besonders wichtig ist. Hier in unserem Bibeltext wird er der »Hohepriester« genannt. Für die Hebräer, an die der Brief gerichtet ist, ist der Hohepriester ein geläufiger Begriff. Er ist der wichtigste Mann im gottesdienstlichen Bereich, der Vermittler zwischen Gott und Volk. Er bringt die Sünden des Volkes vor Gott und bittet ihn für das Volk um Vergebung. Er stellt die gestörte Verbindung zwischen Gott und Mensch wieder her. Das geschieht im Rahmen einer gottesdienstlichen Feier, bei der ein kompliziertes Opfer dargebracht wird.

Hier knüpft nun der Schreiber des Hebräerbriefes an, wenn er Jesus als den idealen Hohenpriester bezeichnet.

Ideal deswegen, weil er als einziger die Bedingungen erfüllt, die es möglich machen, daß die Vergebung der Sünden auch wirklich funktioniert. Bisher hat das Handeln des Hohenpriesters immer nur Symbolcharakter haben können und ist nicht darüber hinausgekommen, einer von Menschen erdachten Form Genüge zu tun. Nun aber ist der Augenblick gekommen, wo das Behelfsmäßige, von jeher Fragwürdige, das dem Akt der Sündenvergebung anhing, zurücktreten kann, weil eine lebendige Brücke zwischen Gott und Mensch geschlagen worden ist. Diese Brücke heißt Jesus Christus. Er hat sich selbst zum Opfer gegeben, und sein Opfer hat deswegen ein so hohes Gewicht, weil er einerseits ein Mensch ist wie wir, ein Mensch, der die Sünde von Grund auf kennt und deshalb die menschliche Schwachheit wie kein anderer zu beurteilen weiß, auf der anderen Seite aber keiner der vielen Versuchungen, die auf ihn eingedrungen sind, jemals erlegen ist. Er ist deshalb der einzige, der das Maß kennt, nach dem Gott den Menschen beurteilt, und weiß deshalb, in welcher Weise er sein Amt als Fürsprecher wirksam wahrnehmen kann: nicht pauschal, wie es der Hohepriester des Volkes Israel in seiner Machtlosigkeit vollzog, sondern individuell, gezielt und auf jeden einzelnen Menschen persönlich zugeschnitten.

Brauchen auch wir heutigen Menschen einen solchen Hohenpriester? Wenn nicht, so sollten wir uns dieses Wort dennoch in die Seele schreiben lassen, weil sehr schnell der Augenblick kommen kann, in dem auch uns Hilfe not tut.

Werfet euer Vertrauen nicht weg

HEBRÄER 10, 32–39

Gedenket aber an die vorigen Tage, in welchen ihr, nachdem ihr erleuchtet waret, erduldet habt einen großen Kampf des Leidens und zum Teil selbst durch Schmach und Trübsal ein Schauspiel wurdet, zum Teil Gemeinschaft hattet mit denen, welchen es also geht. Denn ihr habt mit den Gebundenen Mitleiden gehabt und den Raub eurer Güter mit Freuden erduldet, als die ihr wisset, daß ihr bei euch selbst eine bessere und bleibende Habe im Himmel habt.

Werfet euer Vertrauen nicht weg, welches eine große Belohnung hat. Geduld aber ist euch not, auf daß ihr den Willen Gottes tut und die Verheißung empfanget. Denn noch über eine kleine Weile, so wird kommen, der da kommen soll, und nicht verziehen.

Der Gerechte wird des Glaubens leben. Wer aber weichen wird, an dem wird meine Seele kein Gefallen haben. Wir aber sind nicht von denen, die da weichen und verdammt werden, sondern von denen, die da glauben und die Seele erretten.

In diesen Sätzen weist uns die Heilige Schrift noch einmal auf das Ende aller Dinge und das Wiederkommen des Herrn Jesus Christus hin, und zwar in einem besonderen Zusammenhang. Es waren große Tage im Leben der Christenheit, in denen sie sich ihrer selbst und ihrer Sonderstellung bewußt wurde, wenn sie nämlich wegen ihres Christseins, das heißt wegen ihres Verhaltens zur Welt, vom Staat und seinen Organen zur Rechenschaft gezogen wurde. Deshalb weist der Schreiber des Hebräerbriefes die Gemeinde auf eine solche Zeit hin, in der sie das erlebt hat, in der sie einen großen Kampf des Leidens durchgestanden, den Raub ihrer Güter erduldet und erfahren hat, wieviel wichtiger und größer als aller sichtbare Besitz die Auszeichnungen und Garantien sind, die Gott uns bietet und zuteil werden läßt.

Die Menschen, an welche dieser Brief gerichtet ist, werden aufgefordert, an diese Zeiten zu denken, in denen sie ihren Mann gestanden haben. Denn offenbar erleben sie jetzt andere, weniger reiche Zeiten – Tage, in denen das Leben als Christ weniger deutlich spürbar wird, in denen der Glaube nicht so stark herausgefordert wird und in denen viele Gemeindeglieder in der Gefahr sind, von dem nicht mehr so deutlich erkennbaren Weg abzukommen. Angesichts der Tatsache, daß sie nun wieder oberflächlichere Zeiten erleben, fangen sie an, die Geduld zu verlieren. Sie hatten die Wiederkunft ihres Herrn für unmittelbar bevorstehend gehalten und ganz darauf hin gelebt. Und nun erscheint das alles wieder so in weite Ferne gerückt, und die Gemeinde sieht sich gezwungen, ein mehr oder minder normales Leben zu führen und sich im Alltag zurechtzufinden. Ihnen ruft dieser Brief zu: Werft euer Vertrauen nicht weg. Denn gerade das wird eine große Belohnung finden.

Zeiten, in denen alle mitgerissen werden durch eine große Kraft, die sichtbar wirkt und mit Händen zu greifen ist, fordern nur die eine Seite des gläubigen Menschen heraus, nämlich Hingabe und Mut. Die andere, aber ebenso wichtige liegt da, wo Besonnenheit, Geduld und klare Sicht auf das scheinbar ferner gerückte Ziel gefordert wird. Deshalb heißt es hier: Geduld ist euch not, damit ihr den Willen Gottes tut und die Verheißungen empfangen könnt.

Vom Wesen der Geduld

JAKOBUS 5, 7-11

So habt nun Geduld, liebe Brüder, bis der Herr kommt.
Ein Bauer wartet ja auch auf die köstliche Frucht
der Erde und geduldet sich, bis sie den Frühregen und
den Spätregen erhalten hat. Seid ihr auch geduldig,
und stärkt eure Herzen, denn die Zukunft des Herrn
ist nahe. Seufzt nicht gegen einander, damit ihr euch
nicht schuldig macht.
Der Richter steht vor der Tür. Nehmt euch die Propheten,
die im Namen Gottes geredet haben, zum Vorbild
und lernt von ihnen, das Leiden in Geduld zu tragen.
Wir preisen die selig, die unter dem Leiden
ausgehalten haben. Die Geduld des Hiob ist euch bekannt,
und ihr wißt, wie Gott sein Leiden beendet hat.
Denn Gott ist barmherzig und ein Erbarmer.

Wenn ich das Wort Geduld höre, dann denke ich immer an
ein altes, treues Wagenpferd aus meiner Kinderzeit, das
diesen Namen trug und sich dementsprechend auch alles
gefallen ließ. Es ließ sich vor jeden Karren spannen und gab
nicht irgendwelche Zeichen von Gegenwehr zu erkennen.
Geduld erscheint also zunächst als eine passive Haltung;
und geduldig nennen wir einen Menschen, der sich alles
gefallen läßt.

Wenn wir aber unseren Bibeltext genauer lesen, dann
werden wir doch stutzig. Denn als beispielhaft geduldig
werden ausgerechnet die Propheten des Alten Testaments
genannt. Was waren das für Männer? Sie schrien ihre Buß-
predigten, ihre Straf- und Heilsankündigungen den Menschen ihrer Zeit in die Ohren, insbesondere den Macht-
habern, bis die es nicht mehr aushielten vor Wut und
Entsetzen. Sie geißelten alle Mißstände, die gegen Gottes

Gebote waren, damit die Menschen doch endlich zur Erkenntnis der Wahrheit kommen sollten. Wenn es also Geduld war, was sie vorlebten, dann war es ganz gewiß keine passive, sondern eine höchst aktive, auf ein Ziel gerichtete und von diesem Ziel her bestimmte Geduld. Ihre Haltung war keine Schwäche, sondern im Gegenteil eine Kraft, ein Beharrungsvermögen, das sich aus Quellen außerhalb der normalen Zeit speist.

Auch Hiob war durchaus kein lethargischer Packesel, sondern ein Mensch voller Vitalität, der nichts von dem, was ihm aufgebürdet wurde, schweigend hinnahm, der vielmehr aufbegehrte gegen Gott und gegen seine Freunde, die ihm Geduld predigten. Was kann man ihm für eine Geduld nachsagen, wenn nicht die, daß er einen langen Atem hatte und daß er trotz allem an Gott festhielt? Auch hier erscheint also Geduld nicht als Schwäche, sondern als Kraft und Stärke.

Woher aber kommt diese Kraft? Sie ist ganz offenbar keine natürliche menschliche Eigenschaft. Sie entsteht aus der Hinwendung und Ausrichtung auf ein ganz bestimmtes Ziel, das in der Zukunft liegt. Der glaubende Mensch hat ein solches Ziel, auf das er zugeht und das auf ihn zukommt, vor Augen. Das befähigt ihn, sich anders zu verhalten, als wenn er nur von der Gegenwart bestimmt wäre. Wenn eine Gruppe von Menschen in ein tiefes Loch gefallen ist, aus dem sie mit eigener Kraft nicht wieder herauskommen können, dann werden sich diejenigen unter ihnen, die wissen, daß sie nach einiger Zeit gerettet werden, ganz anders verhalten als die, die davon nichts wissen. Sie werden ruhig bleiben, ihre Mitmenschen trösten und ermutigen und trotz Gefahr und Leiden nicht resignieren und aufgeben.

Diese Art von Geduld meint Jakobus. Die gläubige, auf ein Ziel gerichtete Geduld, von der er spricht, kann sich in dreierlei Hinsicht auswirken: im Hinblick auf die Zeit, die uns gegeben ist; im Hinblick auf unsere Mitmenschen; im Hinblick auf uns selbst.

Geduld im Hinblick auf die Zeit wird uns am Beispiel des Bauern dargestellt, der ruhig auf die Früchte des Feldes wartet, weil er weiß, daß sie nicht zur Entfaltung und Reife kommen können, ehe sie nicht Winterschnee und Frühlingsregen bekommen haben. Es stört ihn nicht, daß eine lange Zeit vergeht, in der auf dem Acker nichts zu sehen ist, in der Stürme und Schauer darüber hingehen und der Frost in den Boden eindringt. Das muß ja alles sein, bevor etwas aus dem Erdreich herauswachsen kann. Wer in dieser Weise auch auf Gott und sein Wirken zu warten vermag, dessen Geduld hat einen langen Atem. Die Propheten haben auf den Messias hingewiesen, der erst Jahrhunderte später in Erscheinung trat. Aber für sie war sein Kommen so sicher, als stünde er schon vor der Tür. Deshalb vermochten sie auch, trotz aller Widerstände, beharrlich ihren Weg zu gehen, weil der Erfolg nicht ihre, sondern Gottes Sache war.

»Seufzet nicht gegen einander«, so heißt es in unserem Text. Das Wort Seufzen bezeichnet sehr treffend unsere Gefühle von Gereiztheit, Unsicherheit und Ungeduld, die uns den Umgang mit unseren Mitmenschen so oft erschweren. Es fehlt uns einfach die Freiheit, die anderen so zu sehen, wie sie wirklich sind, der Mut, auf sie zuzugehen, und der Abstand gegen uns selbst, der notwendig ist, wenn Klarheit und Unbefangenheit unsere Beziehungen zu den Menschen prägen sollen. In dieser Lage, in der wir alle irgendwie befangen sind, hilft uns der Gedanke an das Kommen Gottes. Denn im Blick auf dieses Kommen verblassen alle Unterschiede und Werturteile, die uns trennen. Es ist wie bei der Ankunft einer hohen, von allen verehrten Persönlichkeit, der Freund und Feind miteinander zujubeln, weil die Begeisterung sie eint. Müßte es nicht erst recht so sein, wenn Gott selber kommt?

Schließlich brauchen wir auch Geduld im Hinblick auf uns selbst. Das ist eine Sache, die nicht erst dann notwendig wird, wenn wir krank oder alt werden oder aus anderen Gründen nicht mehr so können, wie wir gerne wollen. Ich glaube, daß heute in unserer gehetzten Zeit gerade der Gesunde und Lebensfrische kaum etwas so nötig hat wie diese Geduld mit sich selbst. Sind wir nicht alle in einer ständigen Unruhe, weil wir fürchten, zu kurz zu kommen oder etwas zu verpassen? Es kann aber sehr befriedigend und heilsam für unsere Seele sein, auch einmal etwas nicht gekauft, ein Vergnügen nicht ausgekostet zu haben. Doch dazu müssen wir uns fast mit Gewalt frei machen von dem Wust von Anreizen, Reklame und Verlockungen, der uns zu ersticken droht. Jakobus spricht vom Leiden, dem es geduldig standzuhalten gilt; heute muß man manchmal darauf hinweisen, wie wichtig es sein kann, auch den Freuden standzuhalten. Es gibt Freuden und Vergnügungen, die die Vorstufe vieler Leiden sind, und es gibt Güter und Ziele, die mit einem Leben voller Unruhe und Ungeduld, in dem die Seele verkümmert, zu teuer bezahlt sind.

Die Geduld hat viele Gesichter, aber die Geduld, von der Jakobus spricht, ist kein passives Hinnehmen, sondern aktives Gestalten unseres Lebens. Die Kraft, die uns dazu befähigt, finden wir, wenn wir den Blick auf das Kommen Gottes richten. Lassen wir uns diesen Blick nicht trüben durch das, was die Gegenwart bietet oder auch verweigert! Es kommt der Tag, an dem das Bild, das wir uns von der Welt, von unseren Mitmenschen und von uns selbst machen, sich umkehrt und wir alle da stehen werden, wo wir wirklich hingehören. Wann das sein wird, wissen wir nicht; aber daß es sein wird, dessen dürfen wir gewiß sein. Gott schenke uns diese schöpferische Geduld für unsere Arbeit, unsere Familien, für unsere unruhigen und nach Frieden verlangenden Herzen!

Gedenket der Liebe zum Evangelium

OFFENBARUNG 2, 1–5

Dem Engel der Gemeinde zu Ephesus schreibe: Das sagt,
der da hält die sieben Sterne in seiner Rechten, der da
wandelt mitten unter den sieben goldenen Leuchtern:
Ich weiß deine Werke und deine Arbeit und deine Geduld
und daß du die Bösen nicht ertragen kannst; und hast geprüft
die, welche sagen, sie seien Apostel, und sind's nicht, und
hast sie als Lügner erfunden; und verträgst und hast Geduld,
und hast um meines Namens willen Last getragen und bist
nicht müde geworden. Aber ich habe wider dich, daß du die
erste Liebe verlässest.
Gedenke, wovon du gefallen bist, und tue Buße und tue die
ersten Werke. Wo aber nicht, werde ich über dich kommen
und deinen Leuchter wegstoßen von seiner Stätte, wenn du
nicht Buße tust.

Johannes schreibt in Gottes Auftrag an sieben christliche
Gemeinden. Der erste Brief geht an die Gemeinde in Ephesus. Gott läßt der Gemeinde sagen: Ich sehe wohl alles, was
du tust, und erkenne es auch an, daß du in deiner Kirche
Ordnung hältst, daß du die Geister prüfst, ob sie von Gott
sind, und vieles andere mehr. Aber das Wichtigste fehlt dir:
Man spürt nichts mehr von der ersten Liebe zum Evangelium. Es ist nichts mehr da von dem Überschwang der
ersten Zeit, von dem Geist, der die Menschen mitriß und
zusammenhielt in Freude und Dankbarkeit und alle sich in
Gottes Wort geborgen wußten.

Die Gemeinde von Ephesus war offenbar von einer Gefahr bedroht, in der jede Christengemeinde steht: Sie übt
wohl ihre Funktion aus und gibt sich Mühe, äußerlich und
innerlich in Ordnung zu bleiben, doch es reicht gerade noch
zur Aufrechterhaltung dieser Ordnung. Aber es ist kein

Überschuß mehr spürbar. Das eigentliche missionarische Element fehlt. Die Gemeinde wirkt nicht mehr überzeugend und begeisternd. Das Feuer beginnt zu verlöschen, und bald wird es damit ganz aus sein, wie es hier heißt: Gott spricht, ich werde bald kommen und deinen Leuchter wegstoßen.

Was können wir tun? Wie kann es eine Neubelebung geben, einen Anschluß an die erste Liebe, die ersten Werke der Liebe? Es wird bei uns viel versucht, um das Gemeindeleben in Gang zu bekommen. Viel Betrieb wird gemacht. Aber nichts davon ist wirklich effektvoll, solange es nicht zur Buße kommt. Aus der Buße kommt die Freude. Denn Buße ist Abkehr vom falschen Wege und Umkehr zu Gott. Wir halten Buße gewöhnlich für etwas Finsteres. Das liegt wohl an dem Klang des Wortes. So aber hat die Buße keinen Zweck. Sie kann ihren Sinn nur erfüllen, wenn sie uns auf den Weg zu Gott bringt aus der Erkenntnis, daß wir ohne Gott nichts Gutes zustande bringen.

Eine Gemeinde, die sich wirklich und nicht nur pro forma Gott zuwendet, in der wird immer diese Lebendigkeit der ersten Liebe, das missionarische Element, das die anderen Menschen anlockt und festhält, spürbar und wirksam sein, ganz unabhängig von Alter, Geistesbildung und Lebensverhältnissen. Vor Gott sind alle Menschen gleich, und in ihm sind alle geborgen. Das ist das Merkwürdige und Einzigartige, das wir in einer lebendigen Gemeinde erfahren.

Textregister für das Kirchenjahr

Wer dieses Buch gelesen hat, hat an einem Gang durch die Bibel teilgenommen; zwar hat der Leser damit noch lange nicht die ganze Bibel kennengelernt, aber die Lektüre hat ihm doch wichtige Punkte auf diesem Weg gezeigt und ihn dadurch vielleicht angeregt, selber die Heilige Schrift genauer zu erkunden. Das folgende Register schlägt nun noch eine andere Art des Umgangs mit dem biblischen Wort vor; es orientiert sich am Kirchenjahr, dessen Sonn- und Feiertagen jeweils ein Bibeltext zugeordnet wurde. Dadurch wird es möglich, sich von dieser Sammlung biblischer Betrachtungen, von denen etwa zwei Drittel in das nachstehend abgedruckte Verzeichnis aufgenommen wurden, durch das ganze Jahr hindurch begleiten zu lassen.

Liese Hoefer
Zu jeder Stunde

Begleitung durch Nacht und Tag

Herausgegeben von der Westfälischen Diakonissenanstalt Sarepta
320 Seiten mit 24 fotografischen Illustrationen, gebunden

Jeder Stunde von Tag und Nacht ist eines der 24 Kapitel
dieses Buches gewidmet. Darin finden sich Gedanken,
Geschichten und Gebete, die eine lebendige Beziehung
stiften zwischen unserem Zeiterleben und den Quellen, aus
denen unser Dasein Kraft, Ruhe und Zuversicht gewinnen
kann. Das Besondere jeder einzelnen Stunde spiegelt sich
in meditativen Texten der Autorin und in Gedichten, Gedanken und Gebeten unserer Tradition. Neuartig sind die
Geschichten von Begegnungen mit Jesus, die Liese Hoefer
der Gestalt des »alten Makarios« in den Mund legt und in
denen die biblische Botschaft unaufdringlich, aber deutlich
zu Worte kommt.
Wer bewußter, verantwortlicher, auch freier und fröhlicher
seinen Tag gestalten möchte, den begleitet dieses moderne
»Stundenbuch« zu jeder Zeit und schafft Atempausen für
Besinnung, Andacht und Gebet. Es ist kein Ersatz für den
Terminkalender, aber es gehört auf den Schreibtisch des
Vielbeschäftigten wie auch auf den Nachttisch des Schlaflo-
sen, des Kranken und Einsamen.

Kreuz Verlag